# 润物无声

## ——武侯区民生档案略览

RUN WU WU SHENG
Wuhouqu Minsheng Dangan Luelan

武侯区档案局◎编著

西南财经大学出版社

**图书在版编目（CIP）数据**

润物无声：武侯区民生档案略览/武侯区档案局编著.—成都：西南财经大学出版社，2015.12

ISBN 978-7-5504-2159-2

Ⅰ.①润…　Ⅱ.①武…　Ⅲ.①区（城市）—社会保障—档案资料—成都市　Ⅳ.①D632.1

中国版本图书馆CIP数据核字（2015）第221413号

**润物无声：武侯区民生档案略览**

武侯区档案局　编著

责任编辑　刘佳庆
助理编辑　孙志鹏
封面设计　锦见
责任印制　封俊川

| | |
|---|---|
| 出版发行 | 西南财经大学出版社（四川省成都市光华村街55号） |
| 网　　址 | http://www.bookcj.com |
| 电子邮件 | bookcj@foxmail.com |
| 邮政编码 | 610074 |
| 电　　话 | 028-87353785　87352368 |
| 照　　排 | 成都锦见文化传播有限公司 |
| 印　　刷 | 成都市前智印务有限责任公司 |
| 成品尺寸 | 185mm × 260mm |
| 印　　张 | 19 |
| 字　　数 | 360千字 |
| 版　　次 | 2015年12月第1版 |
| 印　　次 | 2015年12月第1次印刷 |
| 书　　号 | ISBN 978-7-5504-2159-2 |
| 定　　价 | 58.60元 |

Contents 目录

# 序

改革开放的30多年,是中国历史上最精彩的时代之一。进入20世纪90年代,随着社会主义市场经济体制的确立,中华民族蕴藏于神州大地上的能量空前爆发,中国走上了前所未有的伟大复兴之路。踏着时代的节拍,有着丰厚历史底蕴和文化传承的武侯区, 在1990年以行政区域的面貌走上了历史的前台。

20多年来,几届武侯区委区政府以接力的方式,立足高远,放宽视野,扎实工作,带领全区人民以前瞻的眼光和现代的理念艰苦创业、推动发展、经营城市、改善民生,赋予了千年武侯全新的面貌和丰富的内涵,为新一届区委区政府谋划建设现代武侯、品质武侯、创新武侯、法治武侯、幸福武侯奠定了坚实的基础。

回望来路,我们不能仅仅把目光停留在GDP翻番、街路拓宽、楼宇崛起这些有形的发展之上, 我们更应该把目光投向民生的改善和人民的幸福之上。这部由武侯区档案局牵头编撰出版的《润物无声——武侯区民生档案略览》,从书名到内容,都体现了民生工作的特点,填补了系统记录武侯区民生工作的空白。这不仅是十分有益的工作,也是我区文化建设的一件大事。

关注民生在中国有悠久的传统，古人将“民生”与“国计”相提并论，把民生问题放在了与国家兴废存亡密切关联的高度。“民惟邦本，本固邦宁”“以人为本，本治则国固，本乱则国危”“政之所兴，在顺民心”等等名句，无不反映了古人的智慧。当然，古人关注民生，更多地着眼于统治之术，把改善民生作为维护统治的手段而非治国的目的。作为把“为人民服务”写入党章的执政党，中国共产党把民生改善和人民幸福作为发展的出发点和落脚点，从根本上回归了民生的本义。党的十八大更是从“中国梦”、“幸福中国”的高度赋予了“民生”二字全新的时代意义。

作为党和国家的基层政权组织，我们不仅要把民生作为发展的理念，更需要实实在在的作为。这些作为也许没有疾风骤雨式的壮丽，但其和风细雨般的柔情，犹如春风化雨，更具有持久的感染力、凝聚力。诗圣杜甫“好雨知时节，当春乃发生。随风潜入夜，润物细无声”的绝句，无疑是作为历史文化名区的武侯民生工作的最好注脚。20多年来，武侯的民生改善与区域的经济文化社会建设和发展同步推进，通过体制机制创新，民生投入逐年加大，民生新政不断推出，民生设施逐渐完善，初步实现了从“宜居”到“宜人”的过渡，武侯区也成为了成都乃至西部居民幸福指数最高的区域之一。在此过程中，武侯各级党政部门顺应民心、遵从民意，以创造性的工作，立足高端，注重细节，从事关民生的教育、就业、社会保障、医疗卫生、文化建设、便民服务、社会治理、平安保障、基础建设、城市管理等各个方面入手，不断改进工作方式，不断增添工作内容，走过了一条从“管理为重”到“管理与服务并重”再到“服务为重管理次之”的路径，把民生工作推向了新的发展阶段。

《润物无声——武侯区民生档案略览》以叙事的手法，力求真实记录建区以来特别是进入新世纪后武侯区民生工作走过的历程，把民生主题从纷繁复杂的宏大画面中抽取出来，用以小见大、知微见著的叙述方式，较为清晰地勾勒出了全书主线，增强了阅读的方便性和全书的可读性，是同类书籍编撰方式的一种有益尝试。纵观全书内容，既有史实依据，也有细节叙述，更有经验总结，这对我们在今后的相关工作中吸取经验，改进不足，促进科学发展、和谐发展和转型升级发展具有借鉴意义。在此，向付出艰辛的本书编者表示诚挚的谢意。

# 第一章 教育发展篇

教育是治国大事，更是民生之重。清人朱舜水说：“敬教劝学，建国之大体；兴贤育才，为政之先务。”此话体现了先贤对教育地位的真知灼见。武侯区从建区开始，既把握这一优良的文化传承，以“有教无类”眼光，把“让每位学生享有均衡优质教育”作为区域教育发展的宗旨，立足本区实际，放眼先进理念，从体制改革、机制创新入手，先后实施了教育“捆绑”工程、名校集团工程、教育国际化工程，不但把武侯教育推向了高位均衡发展，更让其走上了开放的国际化道路。

纵观20多年来武侯教育走过的路，不是简单、被动地与城市极速扩张和城乡快速一体化的追赶式契合，而是主动、创造性地通过体制机制创新，探索出的一系列带有原创性、超前性的教育发展之路。城乡学校“捆绑”，破解了长期的“二元”壁垒，追求教育高位均衡发展，是统筹城乡发展民生的具体实践；教育国际化，影响的不仅是教育的品质，更为城市与国际的接轨找到了独特口径；教育帮扶，成了汉族与少数民族之间、区域与区域之间的融合发展和谐共荣的重要平台。今天，“武侯教育”已不是一个简单的模式，而是实实在在的民生名片、幸福标杆。

## 第一节 城乡学校“捆绑” 教育高位均衡发展

2007年7月31日，时任中共中央政治局常委、国务院总理温家宝同志就武侯实验中学校长李镇西的来信作出重要批示：“来信收读，甚为高兴。他走的乡村平民教育之路是正确的，他和同事们通过‘提升教师、关爱孩子和影响家长’三件事，让孩子们享受优质教育，富有创意，符合实际，抓住了素质教育的关键问题。他们所从事的事业是高尚的，我向他们表示敬意。”

看到这封信，不只是李镇西和全区教育工作者高兴，全区上下都非常振奋，说明武侯此前在教育均衡发展方面的探索是正确的，今后的方向也愈加明确。

### “捆绑”实现教育高位均衡发展

武侯高中的前身是簇桥中学。1997年，该校更名为“武侯高中”。

1997年年初，时任区委主要领导考察该校并现场拍板，将校园面积从37亩扩增至160余亩；2003年年初，时任区委书记敖锡贵在武侯高中现场决定，筹资300余万元用于购买设施设备，帮助该校争创“四川省重点中学”；2007年，时任区委书记刘守成在武侯高中

▲ 全国科学教育武侯实验区项目推进大会

现场办公，解决了“市政道路从校园内穿行”的难题；2013 年 6 月，区委书记巫敏到武侯高中调研，指示大力支持该校发展，使其办出特色，办出品牌。

如今，武侯高中占地 160 余亩，投资总额近 7000 万元，环境幽雅宜人，教学设施一流。从一所乡镇中学发展成为成都市城区学校中规模最大的公办高中之一，武侯高中的变迁正是武侯坚持区域教育高位均衡发展的缩影。

1993 年，武侯区完成“普九”工作，初步实现全区教育的基本均衡。区域教育向高位均衡发展方向进发。

2003 年对于武侯教育来说，无疑是一个值得铭记的年份。经过十多年的发展，到 2003 年，武侯区各类学校达到 46 所，其中村小 12 所，高中学校 2 所，在校学生人数 5 万余人。如何让这些孩子享受公平教育，成了解决民生问题的关键。

当年 5 月，区委、区政府出台《武侯教育现代化第二个五年发展规划》，响亮提出“农村教育城市化、城市教育现代化、城乡教育均衡化”的发展思路，拉开了城乡教育一体化的序幕。随后，区委、区政府出台了《关于完善农村义务教育管理体制的决定》，按照“以县为主”的要求，以学校管理权结构调整为核心，大胆改革农村义务教育管理体制，将原属乡镇管理的乡村中小学收归区教育局直管，实现城乡学校在人、财、物等方面的高度整合和统一调配，让城郊学校享受到同等待遇。这一创新之举使得武侯区率先在全省第一个告别了农村教育。

区域教育均衡发展的目的是缩小区域内城乡之间、学校之间的差距，为城乡居民提供均等化的教育服务，促进社会和谐、彰显教育公平。武侯区找准症结，制订措施，打破城乡教育二元分割格局，探索了一条城乡教育均衡发展的道路。

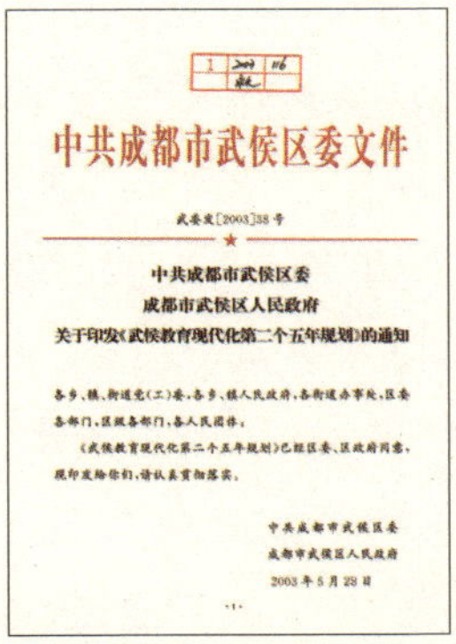
中共成都市武侯区委文件

武委发[2003]38 号

中共成都市武侯区委
成都市武侯区人民政府
关于印发《武侯教育现代化第二个五年规划》的通知

各乡、镇、街道党(工)委，各乡、镇人民政府，各街道办事处，区委各部门，区级各部门，各人民团体：

《武侯教育现代化第二个五年规划》已经区委、区政府同意，现印发给你们，请认真贯彻落实。

中共成都市武侯区委
成都市武侯区人民政府
2003 年 5 月 28 日

·1·

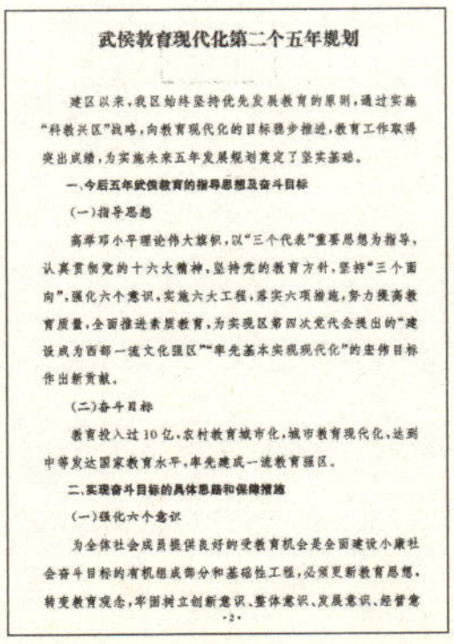
武侯教育现代化第二个五年规划

建区以来，我区始终坚持优先发展教育的原则，通过实施“科教兴区”战略，向教育现代化的目标稳步推进，教育工作取得突出成绩，为实施未来五年发展规划奠定了坚实基础。

一、今后五年武侯教育的指导思想及奋斗目标

(一)指导思想

高举邓小平理论伟大旗帜，以“三个代表”重要思想为指导，认真贯彻党的十六大精神，坚持党的教育方针，坚持“三个面向”，强化六个意识，实施六大工程，落实六项措施，努力提高教育质量，全面推进素质教育，为实现区第四次党代会提出的“建设成为西部一流文化强区”“率先基本实现现代化”的宏伟目标作出新贡献。

(二)奋斗目标

教育投入过 10 亿，农村教育城市化，城市教育现代化，达到中等发达国家教育水平，率先建成一流教育强区。

二、实现奋斗目标的具体思路和保障措施

(一)强化六个意识

为全体社会成员提供良好的受教育机会是全面建设小康社会奋斗目标的有机组成部分和基础性工程，必须更新教育思想，转变教育观念，牢固树立创新意识、整体意识、发展意识、经营意

·2·

◀全国科学教育武侯实验区项目推进大会

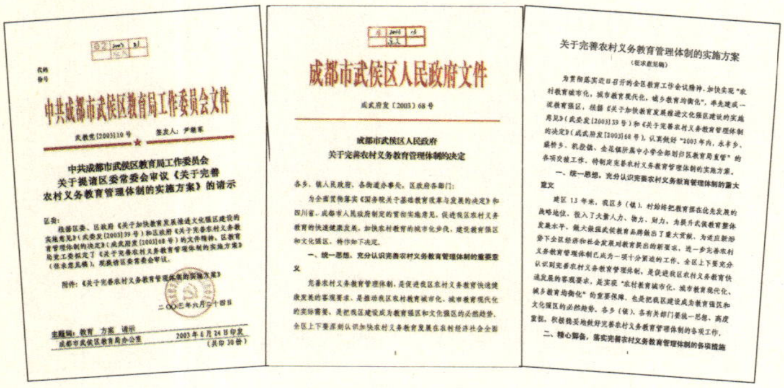


## 破除管理体制障碍　建立城乡教育统筹发展新模式

武侯区从破除管理体制障碍入手，实施了体制改革、捆绑发展、科学布局等系列创新举措，建立起城乡教育统筹发展新模式。其实质是教育权利的公平化，核心是教育资源的统筹化，关键是两权(所有权、经营权)分离的合理化。2003 年 7 月，武侯区出台《完善农村义务教育管理体制实施方案》，将原属乡(镇)管理的 18 所中小学全部收归区直管，推行以城郊学校收归区直管为主的教育行政体制改革，实现城乡教育一体化，让城郊学校享受到同等的“国民待遇”，从根本上扭转全区办学条件年年改却年年不变的现状，使区内各校成为当地最具吸引力的一道亮丽风景线。

改善办学需要“软”、“硬”兼施，既要加强基础设施建设，又要加强学校科学管理。武侯区创新性地提出了以城乡教育“捆绑发展”为核心的管理体制改革，促进城乡教育均衡化。武侯区紧扣“城乡教育一体化”发展战略，2003 年 10 月出台《提高城郊小学办学水平的实施办法》，将 12 所城区学校与 12 所村小捆绑成 12 个“城乡教育共同体”，实行“两个法人单位、一个法定代表、一套领导班子、独立核算、独立核编”的管理体制，构建以服务城乡学校发展为指向的督导评估体系，整合教育资源，促使城乡教育互动、优势互补，快速提升城郊教育水平和质量。这种独特的方式，最大限度地将薄弱学校与城市名校捆绑在一起，使农村教育实现了高点着陆。

当年制订的武侯区教育现代化第二个五年规划提出：教育投入十亿元以上，在成都市二三环路新建 10 余所中小学，新创建 3~5 个有相当影响力的教育集团，使人均受教育年限超过 14 年，全区教育达到中等发达国家水平。于是，一批学校通过“先结婚，后恋爱”的捆绑方式，与名校一起发展，携手前行，优势互补，上对了“花轿”嫁对了“郎”。多所乡村学校加入名校教育集团后，实现了“优生优育”，走出了特色办学之路。

在此后不到十年的时间里，全区先后成立以川大附中、棕北中学、成都现代服务业职教集团、龙江路小学、川大附小、玉林小学和省机关实验幼儿园等七个教育集团。

龙江路小学先后创办龙江路小学分校、龙江路小学南区，捆绑外双楠小学，与新希望集团强强联合，创办龙江路锦官新城小学；2005 年成功推动锦官新城小学独立发展，2010 年又建立龙江路小学集团龙祥路小学。棕北中学早在 1999 年就率先创办公办民助的联合中学，2002 年该校又与棕北联合中学组建棕北教育集团，2003 年成都市 50 中又加入棕北教育集团，形成合力发展。金兴北路小学成为城区名校棕北小学的捆绑对象后，成为一所现代化的学校。2006 年教育部副部长陈小娅到校视察，给予充分肯定。

太平小学加入玉林小学教育集团后，形成“小篮球转动大校园”的特色。川大附小与龙爪小学“联姻”后，加快了龙爪小学的快速发展。武顺街小学在城区名校红专西路小学的捆绑帮扶下，该校由“丑小鸭”变成了“白天鹅”，成功承办全国首届心理健康教育与智能开发学术研讨会。新苗小学、百草园小学、行知实

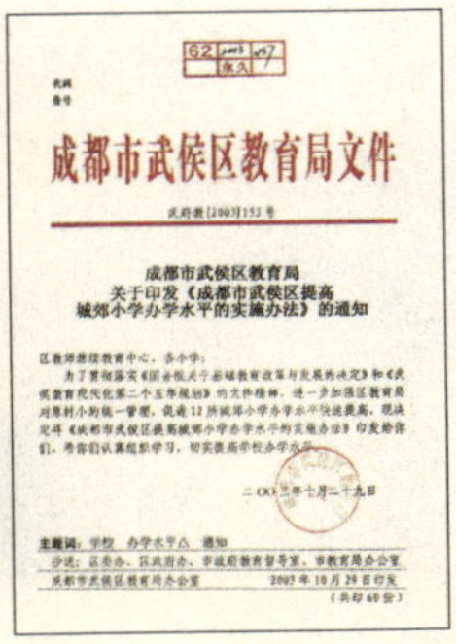
成都市武侯区教育局文件

成都市武侯区教育局
关于印发《成都市武侯区提高城郊小学办学水平的实施办法》的通知

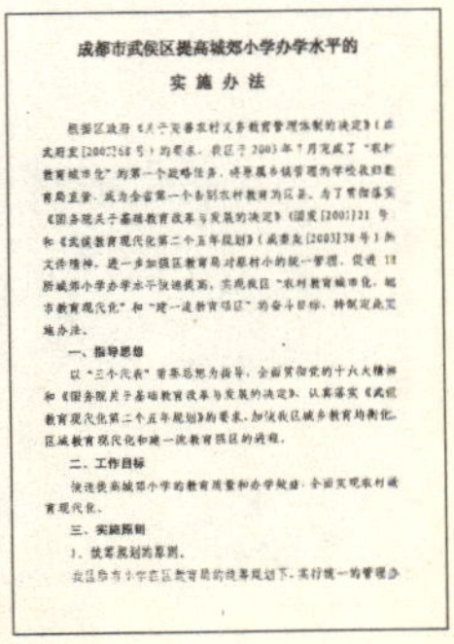
成都市武侯区提高城郊小学办学水平的
实施办法

一、指导思想

二、工作目标

三、实施原则

▲武侯区成为“全国城乡教育一体化”实验区

验小学、双楠实验学校通过捆绑帮扶，面貌焕然一新，成为优质学校。玉林小学与四川齐盛公司、四川美术学院创建群星美术学校，还吸纳社会投资创办译华学校和西川中学。

“捆绑”学校双方通过实施“区域联动、密切合作、优势互补”的策略，在扩大和融合优质教育资源，加强区域教育交流，教学上打破初高中学段界限，实现课程上有效对口衔接等措施上相互渗透、协同发展。据统计，武侯区涉农学校中，外来务工人员子女占80%，最高时达到90%。武侯区为此承担了巨大的财政付出，使外来子女在这里享受着免费的优质教育。

这种“结对”、“联体”的“捆绑”发展模式还走出区外，与市级优质教育资源建立密切的合作关系。2009年6月19日，我区锦城外国语学校、双楠实验学校加入成都石室教育集团，分别更名为“成都石室锦城外国语学校”、“成都石室双楠实验学校”。石室中学将与两所学校在教育教学管理、队伍建设、教学科研等方面进行指导合作。与此同时，成都七中教育集团也与我区棕北中学、棕北联中签署协议，建立“指导合作办学”的联盟关系。

2006年，武侯区被国家确定为全国首个“城乡教育一体化实验区”，一个具有区域特色、统筹城乡教育发展的“武侯模式”就此全面形成。温家宝同志曾作出重要批示：“鼓励他们走的乡村平民教育之路，称赞他们所做的工作抓住了素质教育的关键。”

问渠哪得清如许，为有源头活水来。武侯区教育的高位均衡发展，正是得益于打破传统体制，建立灵活的机制带来的活力。“紧密型学校、混合型学校、松散型学校、联盟型学校”四朵金花争奇斗艳，正是武侯教育集团办学、高位均衡的生动写照。（紧密型——花团锦簇，集团直管，统一思想，统一决策，统一管理，实行分校定位，在集团共性基础上实现个性发展；混合型——竞相争鸣，集团统

▲内引外联抓外语教学

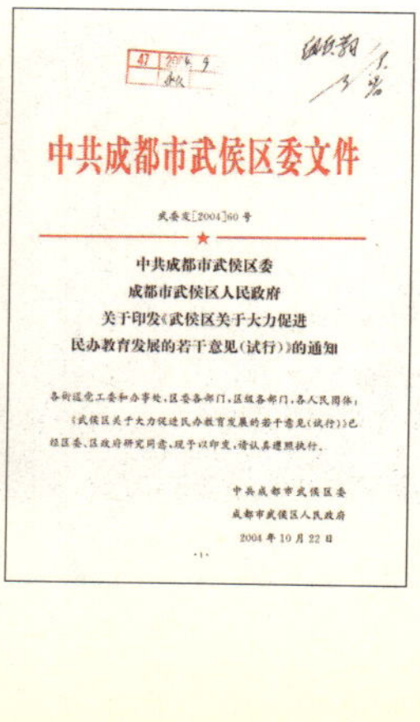

中共成都市武侯区委文件

武委发[2004]60号

中共成都市武侯区委
成都市武侯区人民政府
关于印发《武侯区关于大力促进民办教育发展的若干意见（试行）》的通知

各街道党工委和办事处，区委各部门，区级各部门，各人民团体：

《武侯区关于大力促进民办教育发展的若干意见（试行）》已经区委、区政府研究同意，现予以印发，请认真遵照执行。

中共成都市武侯区委
成都市武侯区人民政府
2004年10月22日

·1·

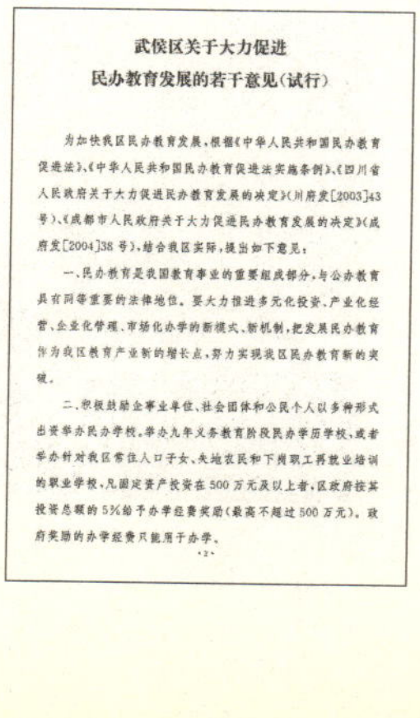

武侯区关于大力促进
民办教育发展的若干意见（试行）

为加快我区民办教育发展，根据《中华人民共和国民办教育促进法》、《中华人民共和国民办教育促进法实施条例》、《四川省人民政府关于大力促进民办教育发展的决定》（川府发[2003]43号）、《成都市人民政府关于大力促进民办教育发展的决定》（成府发[2004]38号），结合我区实际，提出如下意见：

一、民办教育是我国教育事业的重要组成部分，与公办教育具有同等重要的法律地位。要大力推进多元化投资、产业化经营、企业化管理、市场化办学的新模式、新机制，把发展民办教育作为我区教育产业新的增长点，努力实现我区民办教育新的突破。

二、积极鼓励企事业单位、社会团体和公民个人以多种形式出资举办民办学校。举办九年义务教育阶段民办学历学校，或者举办针对我区常住人口子女、失地农民和下岗职工再就业培训的职业学校，凡固定资产投资在500万元及以上者，区政府按其投资总额的5%给予办学经费奖励（最高不超过500万元）。政府奖励的办学经费只能用于办学。

·2·

领，尊重不同办学体制和理事会办学决策，分校定位，特色发展；松散型和联盟型——芳香四溢，文化背景、发展历史、管理习惯和发展轨迹自主遵循，完全按照自主自愿的原则定位发展。）

## 破除投入机制瓶颈　建立城乡教育均衡发展新渠道

如何保持强劲的发展后劲？教育高位均衡发展的支撑在哪里？武侯区始终坚持"财政预算向教育事业倾斜、教育投入向城郊学校倾斜"的原则，不断完善教育投入优先保障机制，确保教育经费"三个增长"。2003 年武侯区实施城乡教育统筹后，政府加大投入，建设重点向城郊学校倾斜。

为彻底消除薄弱学校，武侯区先后调整城乡学校布局和基础设施建设，改造、新建、扩建学校 30 所，新增学位 20 290 个，彻底改善了城乡学校硬件条件。此外，在现代化教育教学设施设备的提升上，区里投入资金，加大信息技术硬件建设。到 2007 年，全区 100%学校完成了综合布线，所有公办学校建成校园网、校园广播系统、闭路电视系统，校园网建设达到 100%。在全市率先实现互联网 100%"班班通"，并在成都市率先实现义务教育阶段学校技术装备标准化配置的满覆盖，成为成都市扶薄工作唯一免检区。

据统计，2005—2010 年，全区教育总投入超过 31 亿。其中，2010 年达到了 10 亿元，是 2003 年的 6.17 倍，教育总投入的年增长率均高于同期财政经常性收入增幅。2010 年与 2003 年相比，生均教育费用从 2 670 元提高到 7 962 元，增幅达到 198%；生均公用经费从 1 134 元增加到 1 982 元，增幅达到 74.8%，从而实现了全区高位教育均衡的发展目标。

大胆探索，初步建立了吸引民间资金投入教育的市场化运作机制。2004 年 10 月，武侯区还在全省率先出台了《关于大力促进民办教育发展的若干意见》（以下简称《意见》），积极探索多元化的办学体制，鼓励多种形式的招教引资和投资办学。《意见》产生了重大的社会影响，形成了强有力的民间办教育资金引力场，办学者、投资者纷纷走进武侯这片教育热土。高峰期时，民办学历教育学校达到 28 所，投资金额 3 亿元，在校学生近 3 万人，学校所数、学生人数超过或接近公办学校的 1/2，规模质量等走在省、市前列。建立弱势群体就学资助体系保障城乡教育机会均等。2005 年，全区开始对区内的农民和失地农民子女实施免费义务教育。到 2007 年，武侯区已接纳 30 553 名流动人口子女就读，为农民和失地农民子女免除"一费制"费用约 863 万元。

破除低速低效症结 建立城乡教育品牌发展新途径

三维互动,着力提升城郊学校办学质量和效益。通过校长、教研员、教师三维互动,有力带动了城郊学校的发展。区教育局先后选派16名校长到城郊学校工作。区教师继续教育中心采取"包干负责"的办法,将教研员分组派往12所城郊小学进行"捆绑蹲点"服务。同时,创新评价体系,引导学校探索发展新路。完善和修订了学校督导评估方案,将年度的综合性督导与不定期的专项督导、随访督导结合;让校长作为考评组成员参与到考核过程中;将督导评估与对学校发展诊断和业务指导、与对干部的考查和培养结合。此外,还强化品牌意识,打造武侯教育品牌,以区域品牌学校、名校长和名教师为中心,组建名牌教育管理集团,努力促进教育品牌化发展。一批城郊优质教育学校脱颖而出。

2005年10月14日,中央教科所负责人来到武侯,向我区郑重授牌,宣布武侯成为全国首个城乡教育一体化实验区。

2006年1月,国务委员陈至立作出批示,称赞武侯区城乡学校捆绑发展"这种'一对一'的办法,对促进教育均衡发展作用显著"。2006年4月以来,国务院副秘书长陈进玉、教育部副部长陈小娅也先后到武侯区进行专题调研。教育部在成都召开全国义务教育均衡发展研讨会期间,也选择了武侯区作为观摩现场。《人民日报》、《光明日报》、《中国教育报》、中央电视台等国家级媒体曾多次对武侯教育进行专题报道。北京、上海、河北等20多个省、市、区的同行们先后到武侯区学习城乡教育一体化工作经验。

"武侯区在成都市统筹城乡发展的大背景下,以城乡一体化为核心,积极探索区域教育均衡发展的'武侯模式',全面提速区域教育的城市化、现代化水平,成为中西部地区教育综合改革和均衡发展的典范,被命名为'全国城乡教育一体化实验区'和'全国区域教育发展特色示范区',成为全国高位教育均衡发展的一面旗帜。"2011年4月19日出版的《中国青年报》不惜笔墨,赞扬武侯区在区域教育高位均衡方面的做法。

## 科学教育成区域特色

武侯区是国务院命名的高科技文化区,科技是区域产业特色,也是区域教育特色。

20多年来,武侯学校的科学教育走过了"从科技教育试点校到科技教育特色校再到科学教育品牌校"的全过程。全区涌现出了一批个性鲜明、有较大影响力和知名度的科技教育示范学校,有市级以上科学示范校或科技基点校6所,其中,省

丰富多彩的科教活动

级科技教育示范校3所，市级以上科技教育示范校4所，区级科普特色学校2所。

武侯区重视科技教育，努力促成科技教育成为区域教育特色。全区46所中小学都开设了科学素质教育课程，每个学校都专门配备了专职科技辅导员，同时各学校还聘请了由大专院校、科研院所科普志愿者组成的校外科技辅导员近200人。各中小学共成立了青少年科学兴趣小组162个。

有数据显示：仅2004—2006年，全区共有10 718名学生参加科技小发明活动，16 982名学生参加科技小制作活动，28 792名学生参加撰写科技小论文活动，57 565名学生参加科学小实验，21 847名学生参加科学小种植活动。同时，积极参加和承办区、市级各项科技竞赛活动，承办了成都市第21、22届青少年科技制作比赛（武侯分赛场）活动；承办了2006年成都市第26届青少年电子作品制作比赛（武侯分赛场）活动；参加2004、2005、2006年成都市青少年科技制作比赛；同时在全区组织开展了武侯区青少年科技创新大赛。

不懈的努力，让科技教育结出了累累硕果。武侯区孩子在省、全国性各项科技比赛中成绩突出，先后获得省、国家级各类奖项多项。参加第19、20届全国青少年科技创新大赛，获得3个全国一等奖，2个三等奖；参加第四届中国电脑机器人大赛获小学组2个三等奖；参加省青少年科技创新大赛、省青少年机器人大赛等竞赛活动，并获得多个奖项。2001年，武侯通过中国科协"科普示范城区"验收；2003年，成为全国"科普志愿者队伍"示范单位；2004年，成为中国科协"全民科学素质行动计划'2049青少年科学素质培育行动计划'"试点区；2006年3月25日，武侯获授全国科学教育实验区牌。

在科学教育成为区域性的教育优势的同时，"平民教育"、"愉快教育"、"生活教育"、"阳光教育"等模式在全国产生广泛影响。武侯特色化教育成为全国各地教育工作者学习的样板。

## 第二节 教育国际化 从顶层设计到扎实实施

2012年4月,武侯区制定并率先启动教育国际化五年行动计划。根据行动计划,在随后的五年时间里,武侯区将累计投入2.5亿元,加快推进教育国际化先导区建设步伐,实施"八大任务",完成"三十项目标"。

与该计划配套的,还包括教师国际交流能力提升工程、中小学生国际化基本能力培养工程、教育国际化进社区等一系列实施方案。该计划将确保武侯率先成为中西部地区区域教育国际化高地,旨在为武侯区培养具有民族情怀、国际视野、国际交流能力,能够参与国际事务和国际竞争的国际化人才打下坚实基础。

这是全国首个教育国际化"五年行动计划",武侯区为此可谓呕心沥血,从前面的着力铺垫到未来的充满期许,都能从这份计划中看出。

### 水到渠成 武侯系统推进教育国际化

随着全球一体化趋势的加强,各个国家在国际分工基础上形成相互联系,相互依赖,共同发展,中国与世界的联系越来越紧密。地处大

◀第二届武侯教育国际交流月启动仪式暨中美基础教育比较研究学术报告会

西南核心的成都国际化迫在眉睫。2012 年 2 月 12 日，在市十五届人大五次会议期间，市委领导参加武侯代表团审议人大报告时，希望武侯加快推进城市现代化、国际化进程，着力形成西部的产业高地、科技高地、教育高地、开放高地、文明高地和资本洼地、人才洼地、项目洼地，进一步助力成都“具有全球比较优势、全国速度优势、西部高端优势的西部经济核心增长极”建设。2012 年 4 月 17 日，武侯区在召开传达市第十二次党代会精神大会时，武侯区委明确提出，武侯区要在成都市争当基本实现现代化和国际化的“排头兵”。

可是，武侯国际化的路怎么走？突破口又在哪里呢？

正如当年城市现代化、城乡一体化把突破口选择在教育上一样，区委、区政府又一次把目光投向了教育。在完成了教育现代化和教育高位均衡发展后，武侯区又开始迈出国际化的新步伐。

其实，此前，武侯区已经开始了区域教育国际化的探索。

2008 年，武侯正式将区域教育国际化工作纳入区域教育发展规划，并坚持实施“1”“4”“6”“13”“32”“50”计划，取得初步成效。“1”是成功结对 1 个国际友好地区。通过参加国家汉语国际推广办公室及英国驻重庆总领事馆组织的中英“校际连线”项目，武侯区与英国维克菲尔德地区结为友好伙伴地区。“4”是 4 名汉语教师被派往香港担任为期 1 年的汉语教学指导老师，指导香港中小学的汉语及普通话教学工作；协助香港中小学推进汉语教学的校本课程的建设和发展；与香港幼儿园、中小学教师合作进行教学研究。“6”是 6 名英语教师被派往英、美两国担任汉语助教，进行汉语及中国文化的传播工作。“13”是 13 所中小学参加中央教科所外语研究中心主持进行的“英汉双语教学实验”。国际交流合作范围辐射美国、日本、德国、英国、新加坡、法国、澳大利亚、新西兰、泰国、加拿大、奥地利、乌克兰、韩国 13 个国家。“32”是指棕北中学、四川省成都第十二中学、成都市棕北小学、成都市玉林小学、成都市红牌楼小学、成都市龙江路小学分校、成都市武侯区特殊教育学校等 32 所中小学校的近 1000 名师生与境外友好学校成功建立友好合作伙伴关系。“50”是全区参与或开展的国际交流合作项目数量累计超过 50 个，交流合作活动方式包括校长及师生交流互访、举办教育交流研讨会、领导力培训会等，内容涉及外语教学、艺术教育、文化交流、心理健康教育、生命教育、环境教育、科学教育、科技创新、跨文化校本课程的开发、跨学科实践活动的开展等。

其中，尤为引人注目的特色项目有两个：中英校际连线项目和汉语推广中小学基地项目。2010 年 5 月，通过国家汉语言文化国际推广办公室与英国总领事馆组织的中英校际连线项目，中国成都市武侯区与英国维克菲尔德地区，武侯区13所中小学与维克菲尔德地区13所中小学，签订了友好合作协议；2010年6月，武侯区向该地区派送3名汉语助教。2010年9月，双方共同成功申请到了英国政府出资的"社区点亮生活"主题课程共建项目；10月，双方已正式展开跨课程、跨文化的校本课程研究。此外，各结对学校还充分利用友好伙伴关系，通过定期的电子邮件，商讨课程共建及开展教育教学交流。红牌楼小学与戴恩罗伊德小学通过电子邮件、Skype联系，实现美术、音乐、体育学科教学的交流与资源共享。在实施汉语国际推广中小学基地项目时，成都市棕北中学教育集团利用"汉语国际推广中小学基地"及AFS项目学校这两个主要平台，组织开展师生年度交流和接待、短期短训等系列项目，与多个国家的兄弟学校建立起了良好的合作交流关系，先后向美国、日本、古巴、新加坡南洋女子学校派出多批次公费留学学生。

从2008年起，区教育局就成立了由局长担任推荐工作组长，分管局长任副组长，牵头科室及学校校长为成员的工作小组；区内所有中小学成立了由校长领导、分工明确、职责清楚的教育对外交流的工作小组。教育局制订了《武侯区教育国际化推进工作方案》，将推进教育国际交流与合作列为区域及学校的重点工作，纳入办学水平考核。

2010年3月，经过对区内50多所公办中小学对外交流情况的调研以及对各学校的对外合作交流能力的评估，本着"均衡配置教育交流合作"机会的原则，武侯从区域层面进行合理统筹，实现学校对外交流资源的最优质配置。经过慎重选择，最终确定了以西北中学、棕北中学西区实验学校、玉林小学、红牌楼小学、机投小学、武侯区特殊教育学校等13所对外交流机会不多，但具备较强对外交流能力的学校与英国维克菲尔德地区的13所姊妹校进行结对。实践证明，这些学校在对外交流中，不仅开阔了师生的眼界，锻炼了一大批具备较强外事能力的教师队伍，提升了学校办学品质，还通过创造性地开展工作，为武侯区取得"优质教育均衡化"阶段性成果注入了新鲜的活力。

2010年5月，武侯区教育代表团考察访问了台湾多所学校后，邀请台湾成功大学的李坤崇教授率其团队于6月来到武侯区，与武侯区中小学校长及老师近100人就综合实践课程的开发与开展进行了交流与探讨。

2010年9月，成都市武侯区特殊教育学校成功申请到美国铁姆肯基金会近50 000美金的资助基金，解决了该校语言障碍及自闭症儿童研究项目资金匮乏的问题，为武侯区"三残"儿童少年教育提供了强有力的教学支持。

……

武侯教育国际化已经处于蓄势待发的状态，系统推进教育国际化进程可谓水到渠成。

## “五年计划”教育国际化的顶层设计

2012 年 4 月，几易其稿，一份凝聚了很多人心血，更成体系、更为完备、更具操作性的文件——《教育国际化五年行动计划(2012—2016)》(以下简称《计划》)出炉。

武侯区教育国际化五年行动计划提出，五年内投入 2.5 亿元，加快区域教育国际化发展，增强教育国际影响力和竞争力，全面提升教育国际化水平，努力建成教育国际化先导区。《计划》将发展目标锁定为：率先成为中西部地区区域教育国际化高地。到 2016 年，区域教育国际交流与合作极大繁荣，优质国际教育资源总量大幅增加，率先建设成为中西部地区区域教育国际化高地，成为全国基础教育国际化创新实验样板，为国家制定相关政策提供样本与依据，为培养具有民族情怀、国际视野、国际交流能力，能够参与国际事务和国际竞争的国际化人才打下坚实基础。

《计划》确定了 5 年内将要完成的八大发展任务。

推动教育理念国际化。借鉴国际通行的规则、方法和示范，服务武侯教育发展，在比较研究中形成国际视野和行为导向；形成立足本土的国际化办学理念，彰显办学优势的特色教育，奠基学生发展的教育体系；将国际化理念渗透到学

▶中外教学交流

校各个层面，促进国际化研究与实践，培养教师、学生的国际视野和全球意识。同时强化课题研究，形成能为国家教育决策提供依据的标志性成果，填补基础教育国际化领域理论研究的空白，成为全国区域基础教育国际化先进区县；到2016年，全区中小学校开展教育国际化课题研究参与面达100%。

推动教育队伍国际化。加大教师国际化培训力度，建设10个教师国(境)外培训基地，增加教师海外教育背景或海外培训、工作经历，提升教育理念。实现中小学教师赴国(境)外学习进修人数年均增长20%，中小学校长赴国(境)外学习进修人数年均增长10%。100%的教师参加国际交流能力提升工程，全面提升武侯教师外语交流能力、国际礼仪能力、国际理解能力和学习、吸收、实践、建设国际课程的能力。通过五年努力，实现90%的教师能用外语进行简单日常交流；60%的教师能在教育教学活动中使用简单外语；30%的教师能用外语进行教育教学活动；100%的教师接受国际礼仪能力教育；100%的教师接受国际理解能力教育；60%的教师具有参与、实施、建设国际课程的能力。实现教师队伍结构国际化，设立"海归教师工作室"，实施"武侯教育学科领军人物培养计划"，实现具有海外高学历、海外工作经历的教师人数比率年均增长12%以上。实施"武侯教师全球招募计划"，实现每所学校至少有一名外籍教师。

推进教育内容国际化。中小学校100%开展国际理解教育，100%中小学生接受外语综合运用、国际理解、国际交往、国际文化融合四项能力的培养。通过"课程共建"项目，与海外友好学校共同开发校本国际交流课程。成立国际课程比较研究中心，建成武侯教育国际化"科研平台、信息共享与发布平台、专家资源平台"，加强对中外课程的比较研究，在国际上具有一定影响力的特色课程的研发。推进课堂改革，开展小学全科教学试点，在样本学校的低学段试点引进国外优质课程体系。开展"中外课堂大碰撞"系列活动，通过与国外教学理念、教学方式的比较研究，进一步推进课程与课堂教学改革。建设智能校园，全力推动教育智能网络建设，充分运用现代化教育技术手段，初步实现武侯优质课程资源与国外友好地区共享，实现国内外课程同步教学。到2016年，100%中小学校参与数字化智能校园建设，85%中小学教师熟练使用互联网和交互式白板开展教育教学活动。

推动国际交流多元化。实施"世界课堂计划"，让师生走出去，参与深度课程、文化的学习体验活动，提升教师队伍的国际视野与课程的反思力，培养有国际视野的未来"世界公民"。到2016年，100%中小学普及国际交流活动，实现师生海外游学体验人数较2011年增长3倍。推动"校际连线"，全区100%中小学与国(境)外学校结对,建立双向的常态交流机制;到2016年,中小学师生参与交流互访达4000人次以上。开展“国际教育交流月”活动,增进师生对不同国家、文化的认知,锻炼师生参与国际交往与合作的能力,提高交流合作水平。

推进教育合作国际化。积极开展中外合作办学项目,办好10个区域示范性国外课程班或中外合作办学项目。全区高中与教育集团100%设立国际部,开展引进、整合、优化国际教育资源工作。采用“国内学习、国际认证”等国际化办学模式,大力支持职业教育学校开展国际合作,培养与区域经济社会发展相适应的、满足国际劳动力市场需求的高素质职业人。到2016年,至少与15家教育国际化社会服务机构(组织)建立合作关系,职业学校至少取得国际职业资格认证,吸引外籍学生就读武侯中小学。实施“武侯留学计划”,实现高中毕业生被国(境)外高等院校录取人数年均增长30%。建设一批外籍人士子女随班就读学校和1所国际学校,到2016年,在武侯中小学就读的国(境)外学生规模达到1000人次,全区教育国际化示范学校比例达30%。

营造教育国际化的社会环境。打造国际化的校园文化,在教育国际化示范性幼儿园、中小学进行教育国际化软、硬环境的打造,形成多元文化特色,到2016年,100%中小学校园形态体现国际化元素。营造国际化的社区氛围,实施“武侯教育国际化工作进社区行动”,加快推进国际教育向社区辐射,帮助市民提高规则意识、文明意识与包容意识;帮助社区居民学习以英语为主的外语、国际礼仪等知识,100%中小学师生(含外籍)参与教育国际化进社区活动。

推动教育评价国际化。借鉴国际评估标准,结合《成都市教育国际化工作评估指标体系》,制定武侯区学校教育国际化工作评估标准,指导学校参与系统化的评估认证过程,推动区域教育国际化科学发展。

提升武侯教育国际化的影响力。与国家级科研单位、高校合作,举办“武侯教育国际论坛”和“幼教全球峰会”等高端国际论坛或承办国际学术会议,建立武侯教育参与国际学术合作与交流的长效机制。积极开展“汉语国际推广”项目,建设2个海外“孔子课堂”,培养、选派优秀教师赴海外担任汉语教师和汉语志愿者、并有计划地逐步扩大教师外派规模,承担传播汉语、汉文化的重任。推广本土特色文化课程,拓展武侯教育走出去的渠道,通过AFS、“汉语国际推广中小学基地”、“教育国际化进社区”等平台,采取多种途径树立武侯教育的国际口碑,让武侯成为中华文化的出发点和世界文化的落脚点。加大引智工程力度建立武侯教育“全球智库”。接受国际知名教育专家的指导,提升武侯教育国际水平与国际影响力。到2016年,进入“全球智库”专家人数100人。同时参与国家、省、市教育主管部门及教育部教育发展研究中心的教育国际援助项目，参与对东盟、非洲等的教育国际援助活动。

作为配套方案的《武侯区教师国际交流能力提升工程方案(2012—2016)》、《武侯区中小学生国际化基本能力培养方案(2012—2016)》、《武侯区教育国际化工作进社区方案(2012—2016)》等也同时出台。

《教师国际交流能力提升工程方案》提出，通过五年努力，全面提升武侯教师外语交流能力，国际礼仪能力，国际理解能力和学习、吸收、实践、建设国际课程的能力。实现90%的教师能用外语进行简单日常交流；60%的教师能在教育教学活动中使用简单外语；30%的教师能用外语进行教育教学活动；100%的教师接受国际礼仪能力教育；100%的教师接受国际理解能力教育；60%的教师具有参与、实施、建设国际课程的能力，为把武侯建成教育国际化先导区打下坚实的人才基础。具体内容由"四大工程"组成：教师外语交流能力提升工程，通过全员培训，到2016年，实现武侯区90%教师达到三级标准；60%的教师达到二级标准；30%的教师达到一级标准。教师国际礼仪能力提升工程，每年至少安排20学时进行国际礼仪培训，并纳入教师继续教育登记考核，到2016年，100%教师完成培训任务。教师国际理解能力提升工程，全域开展《区域教育国际化理论与实践》课题研究，实施"世界课堂计划"和海外培训基地教师培训，到2016年，100%的教师参加国际理解教育培训，中小学教师赴国（境）外学习进修人数年均增长20%。教师实践国际课程能力提升工程，成立区国际课程比较研究中心，到2016年，100%的学校与境外学校结为友好学校，100%的学校与友好学校合作开展教育教学主题活动；引进AP、A-LEVEL、IB等一批国外课程；建设"中国茶艺"、"武侯文化"等具有中国特色的文化课程；60%的教师具有参与、实施、建设国际课程的能力。

《武侯区中小学生国际化基本能力培养方案(2012—2016年)》提出，将着力培养学生外语综合运用、国际理解、国际交往、国际文化融入四项能力。到2016年，100%学生达到国家《英语课程标准》(2011年版)各类分级目标，100%学生接受国际理解教育，100%学生接受国际礼仪教育，100%学生参与教育国际化的多元活动。为培养具有民族情怀、国际视野、国际交流能力，能够参与国际事务和国际竞争，最快适应国际学习生活的国际化人才打下坚实基础。具体内容包括"四大行动"：切实提高学生外语语言综合运用能力，进一步提高中小学英语教学质量，大力开展外语综合运用实践活动，加大小语种课程建设，到2016年，达到80%中小学开设双语课程。加快培养学生国际理解能力，开设国际理解教育课程，在学科教学中融入国际理解教育，实施国际礼仪教育的培训。积极培养学生国际交往能力，拓展学生国际交往的渠道，促进友好学校交流常态化，加大学生国际交往互访力度。加大培养学生国际文化融入能力，建立适合学生个性化学习的教学环境，促进"国际课程本土化，本土课程国际化"双向互动，开展国际交往主题文化活动，进一步扩大武侯区的国(境)外学生规模。

《武侯区教育国际化工作进社区(2012—2016)方案》提出，推进教育国际化工作进社区，通过多层面、多维度、多样化的活动，率先对武侯社区居民进行国际理解、国际人文、国际交流等方面的教育。创新实施社区居民国际理解教育普及、中国文化浸润、"世界课堂"进社区、"中外社区共建"、社区数字课堂开放、社区居民国际大融合、武侯国际人文社区七大工程，全面营造武侯区国际理解、国际融合的良好社区氛围；广泛提升武侯市民的国际公民素养和国际人文素养；加快培养具有国际视野和国际交往能力的社区工作人员，为社区推进国际化进程奠定基础；建设一批具有武侯人文特色的国际社区，为社区国际化工作提供经验和样板。

## 永不停歇 教育国际化不断提速

目标既定，步伐自然加快。

2012 年 4 月 10 日，2012 武侯教育国际交流月暨"中英课堂碰撞 课程共建共享"活动在龙江路小学分校开幕。这是在《教育国际化五年行动计划》指导下的具体实践，教育部门对这个"开篇巨作"煞费苦心。这次共有美、英、法、西班牙、新加坡等国家的师生参与，五湖四海嘉宾会聚，中西文化碰撞交流，可谓盛况空前。

当月，幼儿教育中英民间体育游戏互动体验、中英校长沙龙、"多元与交融——从剑桥大学看教育国际化"学术报告、"环境科学"中美课堂碰撞、"中美科学课"课堂碰撞、"中法青少年成长足迹"课堂碰撞、"世界课堂·DELE 之窗"中西课堂碰撞、中新校长国际教育论坛等活动，既让武侯师生了解了世界，也让世界认识了武侯。

接下来，武侯教育的国际化动作更是精彩纷呈。当年 6 月 1 日，"未来教育家"奠基工程海外班正式开班。此次成立的武侯海外校长班和教师班，分别由 30 位中小学校长和 30 名中小学教师组成。他们分别前往武侯区校长、教师海外培训基地——美国乔治福克斯大学和美国马里兰大学，进行为期一个月的研修。8 月 7~8 日，"2012 年成都市中小学骨干教师英语教学策略及国际理解培训"开班仪式在我区石室锦城外国语学校举行，当天石室锦城外国语学校与美国班克罗夫特学校缔结姊妹学校。10月17日,由区教育局主办的2012中英新校长论坛在区教师继续教育中心举行,来自中国、英国、新加坡共200余名教育官员和校长参加论坛。论坛中,英国韦克菲尔德地区教育局局长苏珊女士、教育主管部门和教育机构作了主题发言,全面交流了新加坡、英国韦克菲尔德地区以及我区教育国际化的现状和未来。论坛期间,区教育局还与英国韦克菲尔德地区教育局签订《"影子校长"和"交换教师"合作协议》,与新加坡智源教育学院签订"幼儿教师培训"项目合作协议,深度推进武侯与韦克菲尔德地区、新加坡教育机构的交流与合作。10月11日,2012年"全民终身学习活动周"全国总开幕式在我区西南民族大学体育馆举行,教育部副部长鲁昕出席开幕式并讲话,联合国教科文组织终身学习研究所主任沃纳·莫赫到会发言。

2013年,武侯国际化的步伐并未有丝毫停顿。当年4月23日,第二届武侯教育国际交流月启动仪式暨中美基础教育比较研究学术报告会在四川大学附属中学望江校区举行。此次国际交流月紧密围绕国际理解教育,通过"中英校际连线"、"外籍教师体验式中国赛课"、"武侯区国际理解教育系列丛书发布会"、"社区:教育国际化在行动"等项目平台,开展艺术展、外籍教师教学技能竞赛、创意运动会、社区主题活动等。6月,《财富》全球论坛在成都举行。在这次全球性的盛会中,武侯区抓住机会,将"财富"融入教育国际交流月活动,开展了中美基础教育比较系列学术研讨、"中英校际连线"项目、武侯区外籍教师(助教)课堂教学比赛、在传统教育国际化活动中的传承与拓展项目、教育国际化进社区四大板块主题活动,并发布武侯区的国际理解教育丛书。

## 第三节 教育帮扶 融合发展促和谐共荣

汉族的繁荣离不开少数民族,少数民族的发展离不开汉族;大城市的发展与乡村的发展同样相互依存,不可分割。武侯区通过教育帮扶,实现了与藏族地区的融合发展,促进了城乡的和谐共荣。

### 康巴支教 润玉无声

2012年6月13日,在经过三个昼夜的颠簸后,武侯区党政代表团专程来到对口援建的甘孜州白玉县,考察部分对口援建项目,并看望慰问了我区支援白玉教育和卫生建设的干部。当天,武侯白玉两地政府签订对口支援框架协议,确定新一轮对口援助项目,其中包括继续派遣教师赴白玉支教等。

从2001年开始,为了加快民族地区教育发展,促进民族地区经济社会稳定,实现汉藏民族的共同繁荣进步,武侯区的教师们经过志愿报名,受区政府指派,顶风冒雪历经艰辛,一批又一批地来到甘孜藏族自治州白玉县支教。当地藏族群众称支教老师就是横跨天空的彩虹,孩子们透过"彩虹"看到了明天,看到了希望。

2001年5月,第一批支教的12名教师,有的婚期在即,有的孩子嗷嗷待哺,但他们怀着对教育事业的热爱,怀着对藏区学生的爱,远离家乡走向雪域高原。他们除了到一线学校上课外,还通过挂职、"传帮带"、现场献课、举办讲座等方式提高当地教育教学水平、教育管理水

康巴支教

平。当年,武侯还吸收了一批白玉孩子前来“留学”。

随后,武侯老师分批次来到白玉县支教。川大附中的庄斌许下了“白玉两载汉藏情,援智添力共征程。雪域高原树形象,无愧蓉甘两地人。”的支教誓言,这也正是武侯教育工作者无私援教白玉的真实写照。

### 城乡互动 共创未来

从2009年开始,武侯与新津就开始了教育领域的合作。随着圈层互动的深入推进,双方的合作更加规范。

在2009—2011年这两年多时间里,武侯区和新津县按照“全域成都”发展理念,以共享、联动、互补、个性为原则,以共享城乡优质教育资源为重点,以建立城乡教育互动交流机制为核心,充分发挥城市教育资源的骨干、示范、辐射、带动功能,开展教育联动发展深度合作。两地对8所学校进行了授牌;新津县4所学校分别加入武侯区4个教育集团;武侯区27所学校与新津县31所学校结成互动发展联盟,互动结对率100%,名师结对267对,开展教育教学研讨活动500余次,受益师生近8万人。

2012年4月10日,武侯区与新津县签署圈层融合战略合作协议,双方在教育深度合作中加强两地教育互动发展,通过在教育教学管理、队伍建设、教育科研、文化建设、学生活动等方面的相互学习、合作交流,大力提升两地学校的办学水平和教师专业化水平,进一步促进学生的综合素质全面发展。武侯区每年安排100万元、新津县每年安排50万元作为教育互动发展建设专项资金,加快圈层融合,结对交流,力争武侯名校在新津办两所分校,学校结对面达100%,干部教师交流学习面达100%,学生结对面达100%;新津到武侯挂职锻炼的校长(副校长)达50%;教师互派面达到30%。双方教育部门将联手推进集团学校建设,推动新津县万和小学、新津一小、五津中学、华润高中分别与武侯区龙江路小学、川大附小、棕北中学、十二中教育集团对接,实现集团内以优质教育资源为引导,带动集团学校实现超常规、跨越式发展。

2012年5月,两地教育局共同制定《城乡教育互动发展学校结对工作的指导实施意见》,进一步明确新形势下的理念、原则和途径,着力强化体制机制创新,强化政府主导与学校主体的作用。

此外,2006年6月,武侯区选派龙江路小学精英团队到富顺县东湖小学支教,促进了东湖小学的全面协调发展,受到了当地群众的好评。2007年,武侯区首批选派两名名校的校级干部到崇州市大划镇小学和梓橦镇中学任校长,全面进行学校管理和指导各项教育教学工作。

## 教育风云人物——李镇西与平民教育

2007 年 7 月 31 日,时任中共中央政治局常委、国务院总理的温家宝就武侯实验中学校长李镇西的来信作出重要批示:“……他走的乡村平民教育之路是正确的……抓住了素质教育的关键问题……我向他们表示敬意。”

7 月底,李镇西在给温总理的信中写道,总理 2006 年 3 月 14 日在十届全国人大四次会议闭幕后接受中外记者采访时,谈到要使教育成为面向平民的教育,从而使人人都能受到教育。正是总理的这次讲话,启发他走上了乡村平民教育之路。

李镇西是苏州大学教育哲学博士,是“全国优秀语文教师”、“成都市有突出贡献的优秀专家”、“成都市教育专家”,2000 年被教育部提名为“全国十杰教师”,苏联世界著名教育家苏霍姆林斯基的女儿、乌克兰教育科学院院士苏霍姆林斯基卡娅赞誉他是“中国的苏霍姆林斯基式的教师”。

李镇西的心中也一直有一个理想，那就是拥有一所由自己教育思想主导的学校，这所学校就是中国的帕夫雷什中学。为的是让最大多数的平民子女，享受到有理想的、有用的、有希望的教育。庆幸的是，成都市武侯区为李镇西提供了这样一个平台。

武侯实验中学位于成都郊外，有 3 000 余名学生，80%以上是当地失地农民和外来进城务工人员的孩子。2006 年 7 月，李镇西谢绝了东部发达地区的邀请，放弃了优厚的物质待遇，毅然来到武侯区一所城郊中学投身平民教育。自此，武侯区在实施平民教育的行进过程中，多了一位一线领军人物，多了一份实践坚守的希望。

## 三件事推进平民教育

为了让当地失地农民和外来进城务工人员的孩子和城里孩子一样享受同样优质的教育，李镇西校长和他的教育团队以提升教师素质为突破口，大力提倡教育平民化，教育大众化，教育人文化。他们的工作主要体现在三件事上：提升教师，关爱孩子，影响家长。

### 提升教师——“五个一”工程来“打磨”

李镇西对教师的培养与管理，采取了一种首先从“精神”上高要求的策略，希望教师要从心灵深处去追求教育的进步，追寻教育的真谛。

李镇西首先在教师中间开展“五个一”工程，即上好一堂课，每天至少找一个学生谈心或书面交流，每天思考一个教育问题，每天写一篇较有深度的教育随笔，每天读书不少于一万字。

“所谓‘平民教育’，就是通过提升教师的专业化水平，促进教育水平的提高，因此，对教师的‘打磨’是我们学校工作的核心。”李镇西说，要教育好孩子，爱心是非常重要的；但仅仅有爱心远远不够，还要有先进的教育理念，有平等与民主的教育情怀，有丰富的教育智慧和高水平的专业技能。

在他的带领下，学校老师坚持做好这“五个一”，每个老师平均每年读书 10 本以上，共写下教育随笔 4 600 余篇，回帖 8 000 余篇。教师们的精神面貌都发生了很大的变化，教育智慧也获得了极大的丰富。他们现在看孩子的眼光充满了爱和欣赏；他们现在的工作依然辛苦，却体验到了越来越多的成功感，有了越来越多的职业幸福感。

### 关爱孩子——和学生交朋友

李镇西认为，教育就是交往，就是人与人在交往的过程中情感的交融、心灵的交汇过程，爱学生就要走进学生的情感世界。因为他始终认为，孩子的心灵是一方净土，如果在他们幼小的心灵里播下健康美好快乐的种子，他们就可能健康快乐地成长。

李镇西在担任校长的同时，还兼任了三个班的副班主任，他经常给孩子们上课。现在，只要他走进学校，孩子们总会从四面八方走过来向他问好："李老师好！李校长好！""我们每个老师都要想一个朴素的问题：我给学生的将来留下了怎样的记忆？"这是李镇西常常对老师们的提醒。现在，"让学生因我的存在而感到幸福"已成为学校老师每一天的行动，许多老师利用各种机会放下老师的架子，跟学生聊天谈家庭聊社会，分享喜悦，分担痛苦，这拉近了师生之间的距离，也降低了教育的难度。

同时，每天中午，学校还开展了师生之间20分钟的"共读共写"活动，通过阅读《水浒传》《童年》《鲁滨孙漂流记》等中外名著，拓宽了孩子们的眼界，培养了孩子们追求真善美的志趣。

## 影响家长——学会做"新父母"

"'平民教育'有一项内容是激励所有家长学会做'新父母'，这点非常关键。"李镇西说，提高家长的素质，首先要提高他们对教育环境的认识。小孩多数时间与家人在一起，家长的言行与家庭环境对小孩的影响非常大，因此，努力使自己成为优秀的家长很重要——这既是为了今天的孩子，也是为了明天的父母，最终也是为了明天的孩子。

武侯实验中学学生家长的教育程度和文化素质普遍不高。针对这一情况，李镇西采取与家长通信、开家长座谈会、家访等形式，给家长提出四个要求："第一，成为孩子人格的榜样；第二，成为孩子的知心朋友；第三，和孩子一起阅读；第四，和孩子一起写作。"他向家长们推荐《做最好的家长》一书，鼓励家长成为孩子的榜样和孩子的知心朋友，并发起父母和子女"共读共写"的活动，推动家长和孩子一起交流，并结合自己的家庭教育情况写读后感，和孩子交心，勉励孩子。一年以后，许多家长的观念和家庭教育方式都发生了积极的变化，和学生家长的交流，推动了家长对孩子的良好教育方式的形成。把家庭教育与学校教育有机地结合起来，这才是"面对一切人的教育，面对人的一切"。

## 教育生命的思考者

李镇西的独特之处在于对教育实践一直保持着一种反思的状态。这种反思又和他不停地阅读、写作相联系。他把教育当作自己的生命体现方式，将思考、阅读和写作视为自己的生活常态。参加教育工作后,他阅读了大量的古今中外的教育名著和人文著作,特别是系统阅读了陶行知和苏霍姆林斯基的著作。2000 年 9 月,他已经 42 岁,还考上了苏州大学朱永新教授的教育哲学博士生,三年后获得博士学位。难能可贵的是,博士毕业后,他又毅然回到一线讲台和孩子们一起享受教育的幸福和成功。25 年来,他写下了几百万字的教育笔记、论文和著作,先后正式出版有《爱心与教育——素质教育探索手记》《走进心灵——民主教育手记》《教育是心灵的艺术——李镇西教育论文随笔选》《风中芦苇在思索——李镇西散文随笔选》《李镇西与语文民主教育》《心灵写诗——李镇西班主任日记》《做最好的家长》《做最好的老师》《李镇西茶馆——语文新课改:从思考到操作》等 21 部著作。其中,《爱心与教育》获中宣部"五个一工程"奖、冰心图书大奖和中国教育学会优秀教育成果一等奖,《走进心灵》获中国图书大奖。

作为一个优秀的教师,李镇西的教育事迹受到越来越多教育同行的认可。20 多年来,他先后在北京、上海、广东、贵州、新疆、黑龙江等 31 个省、市、自治区 100 多个城市作教育学术报告数百场,上语文教学示范公开课 100 多堂。2006 年 3 月应邀赴新加坡讲学。2007 年应邀赴澳门等地讲学。

武侯实验中学

## 武侯区委号召向李镇西学习

2007年8月9日下午，省委书记、省人大常委会主任杜青林接见了成都市武侯实验中学校长李镇西。接见中，杜青林告诉李镇西：你寄给总理的信，总理看到了，并作了重要批示，他委托我们转达对你和你的同事的亲切问候。总理在百忙中亲自阅批你的去信，并给予高度评价，这既是对你们工作成绩的充分肯定，也是对全省广大教育工作者的巨大鼓舞和殷切希望！

李镇西向杜青林介绍了学校注重教育公平，走乡村平民教育之路的探索，遵循“提升教师、关爱孩子、影响家长”的教育理念和思路，把学校、学生、家庭紧密联系在一起，把教书育人、提升素质紧密结合起来的做法和取得的良好效果。听完介绍，杜青林说：武侯实验中学新时期的教育实践成效显著，经验宝贵。你们无限忠诚教育事业，体现了强烈的责任感和使命感；坚持走乡村平民教育之路，遵循了正确的办学方向；突出素质教育优质教育，抓住了教育的根本；深化教学改革，展示了创新求实的精神风貌。这些先进教育理念和开拓进取精神，值得认真总结和大力弘扬。希望你们发扬成绩，再接再厉，在新的实践中作出更优的业绩，创造出更多的宝贵经验，不辜负总理对我们的期望。

8月15日，武侯区委第13次常委会议作出决定，号召全体党员、干部、教师和广大群众向李镇西同志学习。常委会议对李镇西同志积极投身于城乡统筹改革事业，在推进平民教育、素质教育方面作出的积极探索和实践给予高度评价。同时区委、区政府号召全体党员、干部、教师和广大群众向李镇西同志学习，学习他对党忠诚，不怕艰苦，投身乡村教育、实践城乡统筹的高尚情操；学习他坚定信念，服务人民，无私奉献的可贵品质；学习他把工作当事业去追求、当学问去研究的思想境界；学习他锲而不舍、勇于钻研，肯为理想不懈努力的忘我精神；学习他敢想敢干、求真务实的工作作风。

# 第二章 就业增收篇

国以民为本，民以生为先。实现发展成果更多更公平地惠及全体人民，必须加快社会事业改革，解决好人民最关心的最直接最现实的利益问题。就业创业作为关注民生、重视民生、保障民生、改善民生的重要部分，既是民众共享改革发展成果的深切心愿，又是武侯区委、区政府的工作着力点和构建和谐武侯的重要保证。

就业创业，成为幸福武侯的载体。就业是民生之本，创业是就业之源，技能是创业就业之基。建区以来，武侯区在就业和再就业，以及创业带动就业方面做了大量探索，在经济社会的发展和城乡统筹的快速推进中，与时俱进地建立完善了一系列的政策和措施。在就业创业和技能培训方面通过“三个同步”，创建“充分就业区”，构建“15分钟就业圈”，实现灵活就业、居家就业、转移就业，确保有就业愿望的人员24小时内上岗。同时以“3+3+3”培训一体化，实现技能培训全覆盖；建立大学生创业园，出台小额贷款办法，采取“三三三”模式，促进有创业愿望的农转非人员和大学生创业就业，让创业就业成为幸福生活的载体，不断提升广大群众的幸福指数。

2013年《武侯区国民经济和社会发展统计公报》显示，全年城镇新增就业人数13 874人，城乡失业人员再就业10 413人；动态消除“零就业”家庭，城镇登记失业率控制在2.37%以内。培训农民工10 966人，其中农村劳动力技能培训7 212人。累计实现居家就业6 500人次。开发公益性岗位712个，吸纳就业困难人员502人就业。发放就业困难人员各类补贴639.18万元。通过建立实名制信息库和举办“成都武侯大学生就业‘千百十’工程大型公益活动”，686名武侯籍高校毕业生落实就业岗位，初次就业率达到93.1%。加大对小微企业的融资贴息服务，全年提供贴息贷款4 385万元，帮扶创业项目109个，让广大群众在更大范围内享受到区域经济社会发展的成果。

## 第一节 三个同步　建立充分就业区

2014 年 2 月 18 日，虽然春寒料峭，仍挡不住求职人员的就业热情。武侯区人社局、总工会等单位按照《武侯区就业和社会保障第十二个五年规划》，在诚信人力资源市场举行的“2014 年春风行动”现场招聘会上人山人海，拉开了一年一度的就业援助“春风行动”序幕。150 家企业提供岗位 2 000 余个，吸引了 1 180 余人前来应聘，600 多名有转移就业意愿的农村劳动者实现了就地就近就业，取得了良好的社会效果。

### 审时度势　提出“充分就业”

把时间回溯到 1991 年，武侯区建区后依照劳动部制定的“先培训、后就业”的原则，采取多种形式对待业人员进行就业前培训、从业人员职业道德培训和技能培训，培训大批待业人员、失业人员、转岗人员和失地农民，全年培训待业人员 388 人。1992 年，培训待业人员 693 人。1993 年，武侯区发挥区内大专院校多、学科门类齐全、智力资源雄厚等优势，采取自办或与各大专院校、培训单位联合办学的形式，完成培训 600 人。1995 年，武侯区成立就业培训中心，发挥劳动保障部门的优势，充分调动街道（乡镇）就业所的积极性，对全区下岗失业人员

◀武侯就业·爱心援助启动仪式

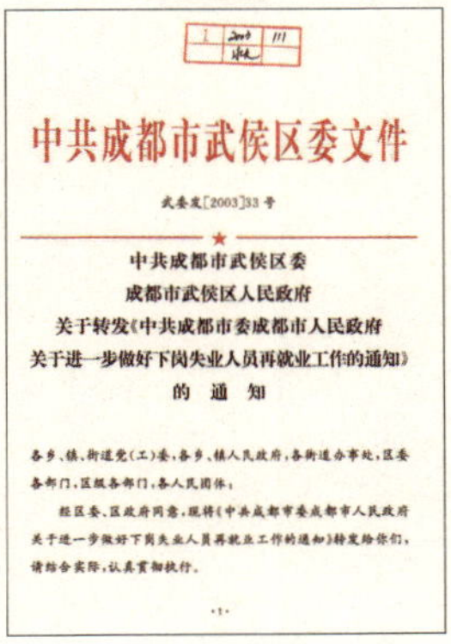

# 中共成都市武侯区委文件

武委发[2003]33 号

中共成都市武侯区委
成都市武侯区人民政府
关于转发《中共成都市委成都市人民政府
关于进一步做好下岗失业人员再就业工作的通知》
的 通 知

各乡、镇、街道党(工)委，各乡、镇人民政府，各街道办事处，区委各部门，区级各部门，各人民团体：

经区委、区政府同意，现将《中共成都市委成都市人民政府关于进一步做好下岗失业人员再就业工作的通知》转发给你们，请结合实际，认真贯彻执行。

·1·

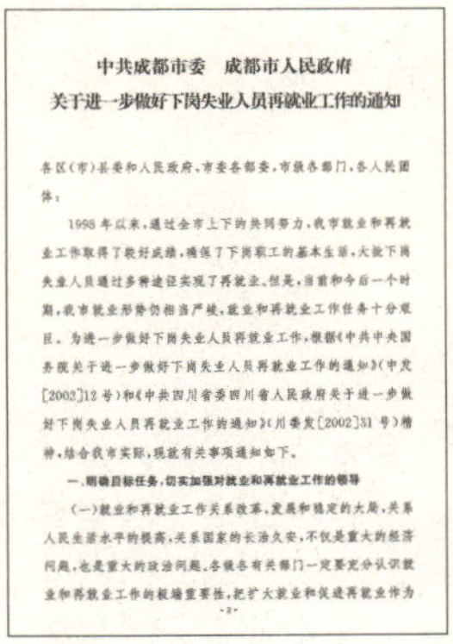

中共成都市委　成都市人民政府
关于进一步做好下岗失业人员再就业工作的通知

各区(市)县委和人民政府，市委各部委，市级各部门，各人民团体：

1998 年以来，通过全市上下的共同努力，我市就业和再就业工作取得了较好成绩，确保了下岗职工的基本生活，大批下岗失业人员通过多种途径实现了再就业。但是，当前和今后一个时期，我市就业形势仍相当严峻，就业和再就业工作任务十分艰巨。为进一步做好下岗失业人员再就业工作，根据《中共中央国务院关于进一步做好下岗失业人员再就业工作的通知》(中发[2002]12 号)和《中共四川省委四川省人民政府关于进一步做好下岗失业人员再就业工作的通知》(川委发[2002]31 号)精神，结合我市实际，现就有关事项通知如下。

一、明确目标任务，切实加强对就业和再就业工作的领导

(一)就业和再就业工作关系改革、发展和稳定的大局，关系人民生活水平的提高，关系国家的长治久安，不仅是重大的经济问题，也是重大的政治问题。各级各有关部门一定要充分认识就业和再就业工作的极端重要性，把扩大就业和促进再就业作为

·2·

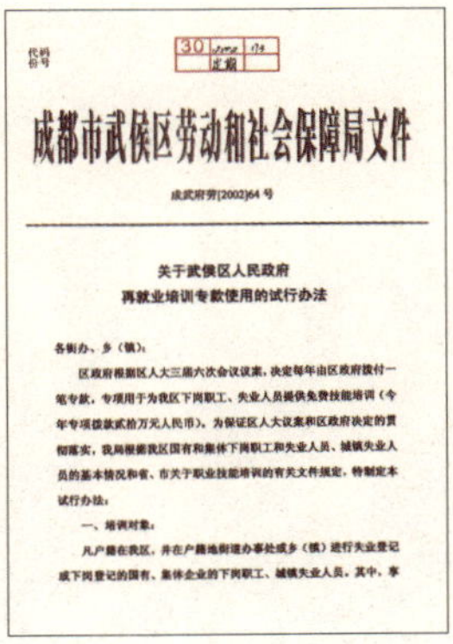

代码
份号

# 成都市武侯区劳动和社会保障局文件

成武府劳[2002]64 号

关于武侯区人民政府
再就业培训专款使用的试行办法

各街办、乡(镇)：

区政府根据区人大三届六次会议议案，决定每年由区政府拨付一笔专款，专项用于为我区下岗职工、失业人员提供免费技能培训(今年专项拨款贰拾万元人民币)。为保证区人大议案和区政府决定的贯彻落实，我局根据我区国有和集体下岗职工和失业人员、城镇失业人员的基本情况和省、市关于职业技能培训的有关文件规定，特制定本试行办法：

一、培训对象：

凡户籍在我区，并在户籍地街道办事处或乡(镇)进行失业登记或下岗登记的国有、集体企业的下岗职工、城镇失业人员，其中，享

免费举办再就业培训班，开展就业和再就业培训工作。

2001 年，共培训待业人员 6 629 名，组织开展下岗、失业职工培训 1 765 人。2002 年，武侯区政府加大对就业培训的投入，拨出 20 万元专项资金，用于对下岗、失业人员的培训工作。武侯区政府出台《再就业培训专款使用的试行办法》，武侯区劳动局下发《关于对下岗、失业人员享受低保人员开展免费培训的通知》，对全区符合条件的培训人员进行摸底调查和统计，根据培训人员的需求和条件，开设计算机操作、家电维修、美容美发、厨师等专业，全年共举办 5 期培训班，免费为 509 名下岗、失业人员中生活特别困难的人员、残疾人进行培训。武侯区就业训练中心通过自办和联办的形式对 1 925 名其他失业人员进行培训，实现再就业。

2003 年，武侯区再次加大对下岗职工、失业人员培训资金的投入，拨出 25 万元专项资金，免费培训下岗、失业人员中生活特别困难的人员、残疾人和失地农民，分别向各街道(乡镇)下达培训计划，全年培训各类人员 6 207 人，其中再就业培训 2 856 人。

特别是 2003 年 1 月 7 日，在武侯区委常委会上，武侯区提出，要高度重视就业、再就业和社会保障工作，用发展的办法、创新的思路切实解决下岗失业人员等困难群众生活，探索进一步搞好就业、再就业和社会保障工作的路子，还建立了“武侯区再就业援助中心”，并向各乡镇、街道劳动保障所下发《关于建立武侯区再就业援助中心的通知》，为进一步做好再就业工作提供了组织保障。

与此同时，2003 年 1 月 8 日召开的区三届四次党代会明确提出，建立起较为完善的就业、再就业和社会保障体系，通过多渠道拓宽就业门路，发展具有比较优势和市场需求的劳动密集型产业；以社区为重点，加强就业培训，推动劳动市场信息化建设，进一步建立健全就业服务体系，促进就业形式多样化和就业

切实搞好就业技能培训工作

机制市场化，千方百计增加就业岗位，引导广大劳动者转变就业观念，推行灵活多样的就业形式，鼓励自谋职业和自主创业，并做好“两个确保”(确保企业离退休人员基本养老金按时足额发放和国有企业下岗职工基本生活)和“三条保障线”(国有企业下岗职工基本生活保障、失业保险、城市居民最低生活保障制度)的衔接，加快社会保障体系建设。这次会议标志着武侯区城乡就业工作全面铺开，并具有历史性意义。

就业，是关系千家万户的基本民生问题，在日益加快的城市化进程中，实现充分就业，不仅与社会稳定有关，更影响着未来城市发展的方向。随着《武侯区关于创建充分就业区的意见》等一系列举措出台，2003 年 6 月 26 日，武侯区全面启动就业援助工程，通过两年的努力，为区内常住人口中的“4050”人员，国有、集体企业下岗失业人员和低保人员等提供一次以上的免费技能培训，提供两次以上的就业后会推荐，力争使这些人群中有工作能力，并愿意在武侯区就业的人员人人有岗位。为保障这一目标的实现，武侯区当年就投入 200 万元以上的专项资金用于构建街道、社区劳动保障平台和再就业技能培训等工作。

2004 年，武侯区提出了“用两年时间把武侯区建设成为充分就业区”的目标，投入培训资金 447 万元，培训人数 22 524 人，培训外来务工人员 2 000 余名。2005 年 6 月 3 日，在武侯区召开的创建“充分就业区”工作会上，回顾了 2003、2004 年劳动保障工作。2005 年年底，武侯区全部消除“零就业”家庭，武侯区的就业培训工作走在了成都市前列。

2006 年，武侯区 13 个街道全部实现“充分就业街道”，社区创建“充分就业社区”达标率达到 100%，社区内有就业能力并有就业要求的失业人员年度再就业比例达到 92%以上，率先创建成为全市“充分就业区”。从 2006 年年底至今，武侯区13个街道和社区全部实现“充分就业”，就业率达到98%，并一直动态保持全区城乡充分就业。

## “三个同步” 破解就业之困

“三个同步”就是：企业改制与分流人员培训就业同步、土地征用与农民培训就业同步、项目引进与扩大就业同步。为实现城乡劳动者充分就业目标，从2005年开始，武侯区以“三个同步”为抓手解决就业难题，并在实践中使“三个同步”逐步得以完善和充实。

2005年，武侯区找到了实现城乡比较充分就业的突破口，在全市率先提出了创建充分就业区的目标。实现这一目标的有力抓手，正是“三个同步”，它不仅体现出武侯区统筹充分就业的全局思维，更将政府的服务不断细化。

——企业改制与分流人员培训就业同步：下岗分流人员实现再就业，除了岗位，更重要的是观念。为此武侯区提出，在企业改制的同时，首先要为分流人员提供观念转变的新机会，帮助他们走好下岗后的“第一步”。相关政策要求，在企业改制时劳动保障部门要及时介入，企业要制订详细的职工安置方案，明确安置方向、费用、再就业培训资金等事项，在征得多数职工同意后提交劳动保障部门备案；向企业职工宣传技能培训和再就业优惠等政策，鼓励下岗失业人员参加创业培训；鼓励企业优先吸纳下岗后经过培训的职工，并给予培训部门50%的培训费用补贴。

——土地征用与农民就业同步：随着失地农民逐年增多，失地同时伴随着无业。如何通过有效的服务，让他们转向第二、第三产业？将失地农民诉求和政府服务结合起来，土地征用与农民培训就业同步，武侯区在全市率先走出了“城

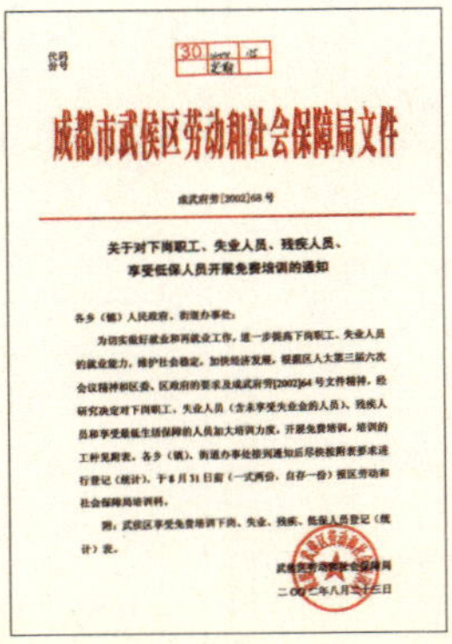
成都市武侯区劳动和社会保障局文件

成武府劳[2002]68号

关于对下岗职工、失业人员、残疾人员、享受低保人员开展免费培训的通知

各乡（镇）人民政府、街道办事处：

为切实做好就业和再就业工作，进一步提高下岗职工、失业人员的就业能力，维护社会稳定，加快经济发展，根据区人大第三届六次会议精神和区委、区政府的要求及成武府劳[2002]64号文件精神，经研究决定对下岗职工、失业人员（含未享受失业金的人员）、残疾人员和享受最低生活保障的人员加大培训力度，开展免费培训，培训的工种见附表。各乡（镇）、街道办事处接到通知后尽快按附表要求进行登记（统计），于8月31日前（一式两份，自存一份）报区劳动和社会保障局培训科。

附：武侯区享受免费培训下岗、失业、残疾、低保人员登记（统计）表。

武侯区劳动和社会保障局

二〇〇二年八月二十三日

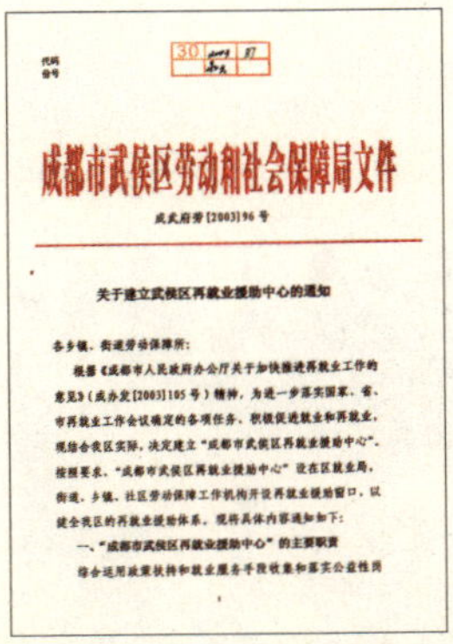
成都市武侯区劳动和社会保障局文件

成武府劳[2003]96号

关于建立武侯区再就业援助中心的通知

各乡镇、街道劳动保障所：

根据《成都市人民政府办公厅关于加快推进再就业工作的意见》（成办发[2003]105号）精神，为进一步落实国家、省、市再就业工作会议确定的各项任务，积极促进就业和再就业，现结合我区实际，决定建立“成都市武侯区再就业援助中心”。按照要求，“成都市武侯区再就业援助中心”设在区就业局，街道、乡镇、社区劳动保障工作机构开设再就业援助窗口，以健全我区的再就业援助体系。现将具体内容通知如下：

一、“成都市武侯区再就业援助中心”的主要职责

综合运用政策扶持和就业服务手段收集和落实公益性岗

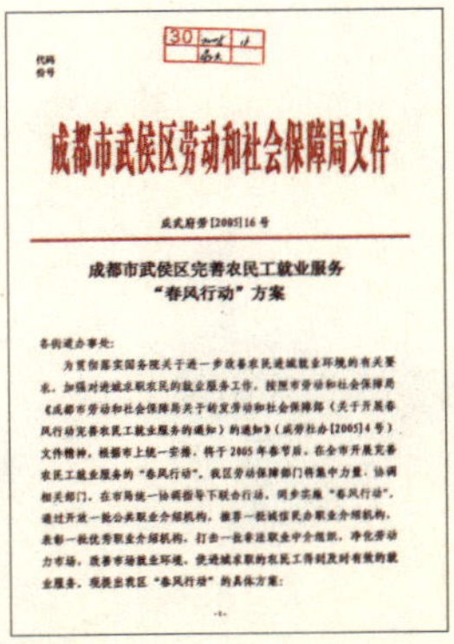
成都市武侯区劳动和社会保障局文件

成武府劳[2005]16号

成都市武侯区完善农民工就业服务“春风行动”方案

各街道办事处：

为贯彻落实国务院关于进一步改善农民进城就业环境的有关要求，加强对进城求职农民的就业服务工作，按照市劳动和社会保障局《成都市劳动和社会保障局关于转发劳动和社会保障部〈关于开展春风行动完善农民工就业服务的通知〉的通知》（成劳社办[2005]4号）文件精神，根据市上统一安排，将于2005年春节后，在全市开展完善农民工就业服务的“春风行动”。我区劳动保障部门将集中力量，协调相关部门，在市局统一协调指导下联合行动，同步实施“春风行动”，通过开放一批公共职业介绍机构，推荐一批诚信民办职业介绍机构，表彰一批优秀职业介绍机构，打击一批非法职业中介组织，净化劳动力市场，改善市场就业环境，使进城求职的农民工得到及时有效的就业服务。现提出我区“春风行动”的具体方案：

-1-

乡产业互动、城乡资源共享”的城乡发展模式，利用城市产业的先发优势带动涉农地区发展和失地农民就业。区政府在制定劳动就业规划、就业政策和实施相关措施时，将城乡纳入一体考虑，将城乡居民纳入统一的劳动力就业保障网络，提供统一的管理与服务。

在土地被征用时，要求征地单位必须提交农民培训和就业的具体方案，提供不低于失地农民人数30%的低技能岗位；为失地农民进行培训和求职登记，分步实施培训。政府引导与市场推动相结合，消除了失地农民再就业的体制障碍。

——项目引进与扩大就业同步：从“项目年”、“加快产业发展年”到“‘三新’突破年”，产业的整合、升级，带来我区三次产业的蓬勃发展，筑巢引来了“金凤凰”，项目落户、投产，原有土地上的劳动力向何处转移？武侯区提出，项目引进与扩大就业同步。企业将岗位提供给政府，20%~30%的低技能岗位优先给街道、社区人员，而企业就能享受到相关优惠政策。

武侯区劳动保障部门与招商部门配合，主动出击，了解企业用工情况、岗位性质、岗位要求等，积极宣传就业、再就业的优惠政策，引导吸纳下岗失业人员和失地农民就业，指导办理享受招聘下岗失业人员和失地农民优惠政策的认定。在引进国美电器超级旗舰店时，区就业局与国美多次磋商达成协议，国美提供了近2 000个就业岗位。“百世达”、五星电器等家电营销连锁企业落户武侯区时，劳动就业部门也为下岗人员和失地农民争取到了用工订单。

## 新“三同步” 提高稳定就业

2006年，武侯区城乡充分就业工作重心经历了三个转变：从注重数量向注重质量转变，从建立覆盖城乡的就业体系到着力破解失地农民就业的难题转变，从搭建充分就业基础平台到精细化服务转变。“三个同步”的内涵开始不断

农民工求职现场

▲插花技能培训

丰富和完善，从而构建起实现比较充分就业的制度体系。

2007年，在原"三个同步"的基础上进一步归纳、提升、丰富和完善，武侯区提出了"新三个同步"，提高稳定充分就业思路，以此来实现经济增长方式转变与就业促进方式转变的有机结合，政府公共服务的细化与劳动力就业需求满足的有机结合，就业数量提升与就业质量提高、稳定就业的有机结合。

新"三同步"就是：细化服务，就业的质量提升与城市升级同步；规划先行，就业与农民集中居住区建设同步；三三模式，就业职业规划和稳定就业同步。

——细化服务，就业质量提升与城市升级同步。2006年，武侯区经过两年的努力，提前实现了"充分就业区"目标。在巩固"充分就业区"创建成果中，武侯区提出"统筹布局，规划先行"，将就业和城市空间发展布局规划有机结合，将就业和城乡居民的素质提升结合考虑，不断提升就业的稳定性。随着财力的不断壮大，全区投入更多资金对城乡劳动者提供就业培训、扶持、援助，让更多群众分享发展的红利。

——规划先行，就业与农民集中居住区建设同步。规划是龙头。2006年开始，全区在编制城乡统筹规划时，从产业布局、城市形态、区域功能配套等方面进行科学规划，就业与区域发展统筹布局，拓宽了失地农民就业路。

武侯区已建成的集中居住区簇锦团结社区、晋阳吉静苑社区，就业率均达到94%，实现了充分就业。大量的农民全面入城，要求全区每年保证所有农村劳动力在征地转非前转移到二、三产业，就业率需达90%以上。

2006年，武侯区提出，在制订集中居住区规划时，必须充分考虑农民集中居住区的就业问题，制订相关就业促进方案。对已建和在建的集中居住区，要进一

多种形式实现充分就业

步完善社区办公、就业服务、培训场所等公共服务配套设施，为集中居住区开展社区就业服务提供条件。在集中居住区建设中，因地制宜地修建经营性用房或其他配套用房，由集体经济组织统一进行管理，其经营收益可全部用于开展社区公共服务，开发就业岗位。

武侯区结合农民集中居住区住宅小区的分布位置，选择较好的商业口岸，集中修建商业用房或出租用房，由失地农民和农村富余劳动力通过入股方式组建的管理公司，统一经营管理，所得的经营收益按股份进行分红。

有了这些措施，集中居住区的农民实现了就业有岗位、发展有路子、居住有环境、增收有来源、生活有保障。

——三三模式，就业职业规划和稳定就业同步。2006 年以来，武侯区建立了以“三级分工”“三个细分”“三定培训”的“三三模式”为基础的促进培训就业一体化工作机制，全面提升居民的劳动技能，拓宽了就业之路。

“三级分工”即通过区、街道、社区整合培训资源，形成培训合力。目前，全区有民办培训机构 17 家，再就业培训基地 8 个，形成了近 50 个专业的培训体系，建立了拥有 286 个创业项目的项目资源库。培训机构规模、师资力量居全市各区(市)县之首。

武侯区劳动保障部门着力推进创业培训，依托 SIYB（发展、完善你的企业）、SYB(创办你的企业)教师资源，广泛征集、整理、储备创业项目，为自主创业的开办者免费提供咨询、指导、策划等服务，已培训学员 913 名。

各街办着力推进实用技能培训，以自主办学、联合办学和委托办学的形式，开展皮鞋制作、汽车美容等数十类易学实用、就业容易的专业技能培训，已培训学员7816人(次),办理劳动技能证书3360份、职业培训合格证4258份,培训合格率达97.4%。

各社区利用底数清楚、贴近群众、服务快捷的优势,在创业或技能培训前,积极开展引导性培训,引导下岗职工、失地农民转变观念,融入城市。

同时,武侯区通过定岗培训、定单培训、定员培训的"三定培训"搭建培训的互动平台。从2003年年底以来,武侯区已创建了自主办学、联合办学、委托办学的就业培训体系,并围绕产业、项目、市场、农民需求,不断加大农民技能培训力度,促进农村劳动力转移。培训全部由政府买单,形成了以政府主导与市场推动相结合的培训机制。

"三个细分"即明晰就业者职业规划,提高就业创业能力。针对失地农民和城镇下岗职工对自己估价不准,职业定位不明确,不少人陷入盲目选择的误区等现状,武侯区按性别和不同年龄、文化层次对劳动力进行细分,对培训人员进行职业规划,有效地减少了就业人员选择职业的盲目性。

对大龄失业人员,培训方向主攻低技能和家政服务等第三产业;对技能单一的失业人员,选择技能简单、就业率高的劳动密集型岗位进行岗前培训;对年轻的失业人员,从产业结构调整上安排集约型新技能培训;对有创业意愿且具备基本条件的人员,进行创业能力的培训等等。

"三定培训"即通过定岗培训、定单培训、定员培训搭建培训的互动平台。从2003年年底以来,武侯区已创建了自主办学、联合办学、委托办学的就业培训体系,并围绕产业、项目、市场、农民需求,不断加大农民技能培训力度,促进农村劳动力转移。培训全部由政府买单,形成了以政府主导与市场推动相结合的培训机制。

"三三模式"促进了培训与就业的有机结合,使武侯区充分就业工作实现了由简单劳动型向技术复杂型转变、低收入型向高收入型转变、就业不稳定型向长期稳定型转变。

## "三个提升" 构建充分就业新格局

"三个提升":提升载体,提高稳定就业质量;提升保障,构筑稳定就业安全网络;提升辐射力,融入城乡就业大统筹。

2007年,区域发展步入新的轨道。深化城乡统筹,建设和谐文明新武侯,高效率、大手笔推进"三个集中",争创中心城区全面城市化的示范区,争创中西部一流经济强区,建设城乡统筹质量最高、经济发展速度最快、社会和谐环境最优的现代化中心城区。一个个新的目标为全区统筹城乡社会事业发展勾画出新的蓝图，实现高质量的充分就业，加快发展促就业，扩大就业促发展，为“三个同步”增添了新的内涵。

——提升载体，提高稳定就业质量。从有稳定收入到更高收入，从有职业到稳定就业，从单技能到多技能，从单就业到多就业，站在新的起点上，充分就业大提速。

开发公益岗位与市场自主择业相结合。2006 年，武侯区率先在全市为每个社区都配备了高档的电子触摸屏，实现了劳动保障平台数据集中、服务下延、全区联网、就业求职和需求信息共享。各街办组建了就业促进协会，与辖区内单位、企业定期召开联系会，建立起长期的岗位互通信息渠道，定期组织企业将岗位送到社区。

培育社区就业实体与开发就业园区相结合。“楼上失业、楼下就业”。在玉林街道黉门街社区，新成立的黉门服务有限公司为辖区失业人员提供家政、家电维修等多个就业岗位，安置下岗失业人员，社区实现了“零失业”。

武侯区还出台奖励政策，鼓励社区创办生产经营和服务型经济实体。全区 88 个社区共创办就业实体 96 家，吸纳就业困难人员。

为让求职者精挑细选，2006 年，武侯区为实现准确定员供岗，提高就业成功率，将就业渠道细分成公益性岗位、自主创业和市场化自主择业，把工作的重点放在促进困难群体就业上，着力点放在营造自主创业的良好氛围上，突破点放在引导就业期望高的市民走市场化的自主择业上。武侯区已形成了“三保”、“三托”、“三大服务”、“三大管理”的就业服务体系，建立了各单位空岗申报制，对各部门、街道及社区开发岗位都给予经济补贴，建立了区公共职介，劳动力资源市场，街道、社区多级和多层次岗位储备库，实行岗位逐级调节、岗位共享。

同时，实行“量体裁衣”式的就业援助服务，对 30 岁以下具有一定文化程度或一定职业技能的失业人员，鼓励他们自谋职业或自主创业；对再就业援助重点的六类困难人员实行“一对一”职业指导、岗位推荐以及就业后跟踪等全过程的帮助，对年龄较大、劳动技能较差的提供公益性岗位。

——提升保障，构筑持续稳定的就业安全网络。武侯区委、区政府认为，实现充分就业的大就业目标，不仅要提供稳定的岗位来源，更要将就业服务与监督、就业稳定和社会保障结合起来，消除就业后又失业的怪圈。

2005 年以来，武侯区累计新签订劳动合同 10 万余份，劳动合同的签订率由过去的不到 30%提高到现在的接近 80%，形成了全员签订合同、缴纳社会保险

▲ 招聘会现场

的良性竞争机制，营造了和谐稳定的城乡劳动关系氛围。2006 年，武侯区开始全面实施劳动保障监察“网格化”管理工作，全区已有 9 149 户企业纳入劳动保障监察信息网。

——扩大辐射，融入城乡就业大统筹。推进城乡一体化进程以来，武侯区通过集中集约发展第二、三产业，加快升级提档，提高单位投资强度和产出回报率，形成强大的工业后劲和现代服务业新优势，产生强劲的辐射带动能力。

2006 年，自中国女鞋之都“一都两园”模式建立和“武崇结对，岗位对接”开展以来，武侯区在产业升级的同时，主动帮助崇州等地的劳动力转移和劳动力培训，共帮助崇州市 4 000 余人在武侯区实现就业。武侯区不仅把就业与产业、项目有机结合起来，解决了本辖区的劳动力转移问题，还向全市及省内其他地区提供了近 10 万人的就业岗位。

从 2003 年以来，武侯区委、区政府经过 11 年的不懈努力，武侯区一直动态保持“充分就业区”，实现社会保险体系城乡满覆盖，城乡劳动关系和谐稳定，摸索创造出了统筹城乡充分就业的武侯模式。

## 第二节 订单培训　为失地农民就业托底

金花桥街道金花社区37岁的周彩霞，以前出去都是随便打个零工，随时都面临着失业的风险。2014年3月，她参加了武侯区人社局、街道和社区联合举办的“订单式”职业培训后，去武侯新城的一家鞋厂当了出纳，工作稳定了，在家门口就实现了就业。

### “三无”农民　家门口实现就业

随着城市化进程加快，无地种、无就业、无技能的“三无”农民逐渐增多。为解决失地农民的后顾之忧，确保社会稳定及加快经济发展，武侯区组织街道、社区工作人员进院入户，调查摸底，重点摸清18岁至50周岁劳动力人口的就业现状、知识结构、劳动技能和就业愿望等。根据劳动力需求和当地就业特点有针对性地开设培训班，加强失地农民职业技能培训，增强就业能力，帮助失地农民向新职业和新身份转变，力争农民失地不失业。对劳动技能不高、年龄偏大的人员着重开展家政服务、保洁绿化、物业管理、小型交通运输等职业培训，并输送到辖区桃海宾馆、桃海市场、物业公司等单位就业。

2005年，簇桥辖区的张晓峰与周边的失地农民参加了车工、磨工培训，这是武侯区根据企业用人需求，在为失地农民量身定做培训

◀武侯区成立农民就业培训服务中心

▲为残疾人、失地农民送岗位

计划的同时，与企业签订协议，使通过培训具备一定技能的失地农民优先转变为普通产业工人，进一步拓宽失地农民的就业渠道的有力举措。

2005年以来，武侯区培训以创业意识教育和就业技术指导为主，以注重培训实效为出发点，内容包括物流管理、酒店服务、保安、保洁、家政服务、月嫂、SYB等专业技能培训，很大地提高了失地农民的就业创业意识，有效地提升了被征地农民自主创业就业的能力。

武侯区加快普工培养，将失地群众逐渐由体力型用工向技能型用工转变，为企业提供人才保障的积极尝试，此举措能加快统筹城乡发展，让发展成果惠及更多群众的具体实践。随着武侯新城等功能区建设的加速推进，失地农民也随之增加，武侯人社局除了加大培训力度外，还通过举办专场招聘会，在用工单位和求职者之间搭建有效桥梁，切实解决失地农民就业问题，推动统筹城乡发展。

在创建充分就业区进程中，武侯区为了促进失业人员和失地农民就业，积极开展“五清”、“五送”服务，即通过调查摸底，做到对下岗人员和失地农民无业原因清、家庭状况清、社保关系清、就业愿望清、就业去向清，送技能、送信息、送就业岗位、送优惠政策、送创业项目。该区还建立了区、街道、社区三级就业服务网络体系，提高工作效率和服务质量。

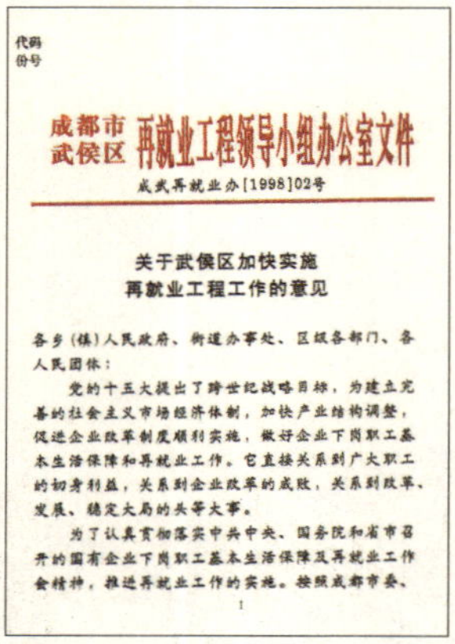

代码
份号

成都市武侯区再就业工程领导小组办公室文件

成武再就业办[1998]02号

关于武侯区加快实施
再就业工程工作的意见

各乡（镇）人民政府、街道办事处、区级各部门、各人民团体：

党的十五大提出了跨世纪战略目标，为建立完善的社会主义市场经济体制，加快产业结构调整，促进企业改革制度顺利实施，做好企业下岗职工基本生活保障和再就业工作。它直接关系到广大职工的切身利益，关系到企业改革的成败，关系到改革、发展、稳定大局的头等大事。

为了认真贯彻落实中央、国务院和省市召开的国有企业下岗职工基本生活保障及再就业工作会精神，推进再就业工作的实施。按照成都市委、

1

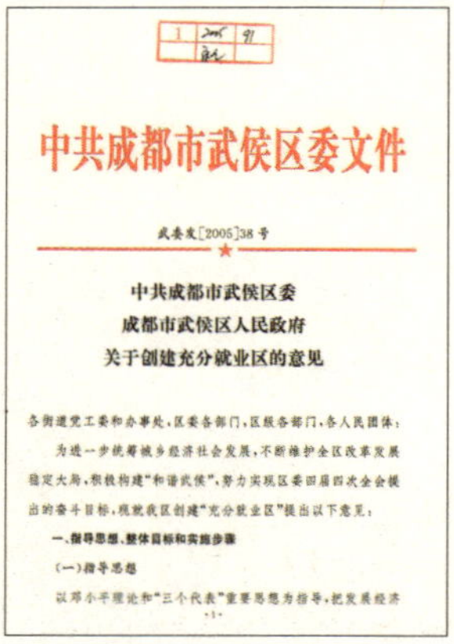

中共成都市武侯区委文件

武委发[2005]38号

中共成都市武侯区委
成都市武侯区人民政府
关于创建充分就业区的意见

各街道党工委和办事处，区委各部门，区级各部门，各人民团体：

为进一步统筹城乡经济社会发展，不断维护全区改革发展稳定大局，积极构建"和谐武侯"，努力实现区委四届四次全会提出的奋斗目标，现就我区创建"充分就业区"提出以下意见：

一、指导思想、整体目标和实施步骤

（一）指导思想

以邓小平理论和"三个代表"重要思想为指导，把发展经济

·1·

## "就业计划"多元格局的就业风景线

2005年，武侯区在创建充分就业区工作中，变政府"包办"为市场化运作，拓展就业工作新渠道，构筑城乡就业"快车道"。在一些综合性、专业性市场和社区，名为"武侯区就业风景线"的小百货亭格外引人注目，包子、点心、凉面等快餐食品和饮料等，一应俱全。这是武侯区由政府与企业联合推出的"就业项目计划"。

武侯区为解决市民早餐问题，经过市场调研，一个就业项目基本成型：组织下岗人员和失地农民开展快餐服务。在研究项目推行方案时，武侯区又大胆"思变"，把市场调节就业与政府促进就业结合起来，把政府引导与企业参与结合起来，形成了政府重视、企业参与、社会联动的就业工作互动机制。经过多次协商，与成都一家餐饮公司达成合作意向，由该公司统一建设市场、社区快餐连锁便利店，采取统一生产、统一配送、统一销售、品牌化运作的模式，为社区居民提供营养速食；由武侯区劳动和社会保障局培训下岗人员和失地农民，并组织上岗，政府与企业联手打造"武侯区就业风景线"，一时间，"武侯区就业风景线"快速发展，网点达到20个，解决了部分下岗失业人员和失地农民就业。

这一成功之举令人鼓舞，进一步开拓了思路，充分运用市场手段、广泛调动企业积极性参与培训就业工作，由政府发给培训补贴，实施引导和监管，成为武侯区实现充分就业区的又一重要举措。目前，通过社会公开招投标，成都市武侯区诚信技能培训学校、雅致培训学校、成都市大众职业技能培训学校等8家培训机构成为武侯区首批就业培训基地；成都天宇实验设备有限公司等3家机构成为武侯区首批青年见习基地。

为促进充分就业，武侯区还出台了一系列对企业的激励政策，对吸纳下岗人员和失地农民就业并与之签订了两年以上劳动合同的企业进行奖励，标准为吸纳1人奖励500元。

与此同时，武侯区大胆尝试，变单一的就业方式为多元格局，将目光放到了社区就业实体的建设之上。

2005 年 8 月，金花桥街道永康村的 1 176 名“农民”签订了同意意见书，自愿缴纳人均 370 元的股金，组建了成都兴鑫永康投资管理有限公司，实施现金入股、土地流转、两次分红的新型农村经济合作组织。而且，在股份公司引进项目签订租赁协议的时候，要与企业签订使用当地村民的用工协议。当年，永康森林公园现就引进项目 6 个，总投资 8 500 万元，提供就业岗位 128 个。

跳伞塔街道成科路社区，是一个科研院所多，大单位多，破产企业也多的城区社区，从 2002 年到 2004 年，有求职愿望的失业人员达 315 名。为了实现辖区下岗失业人员的充分就业，在开展就业培训、挖掘辖区就业岗位资源推动就业的基础上，社区干部针对辖区实际，创办了两个就业实体，一个是自行车守候服务站，一个是开展家政服务、便民中介、社区物管等的社区服务站。成科路社区实现就业 287 人，社区内有就业能力并有就业要求的失业人员再就业比例达 92%以上。

▲失地农民喜上岗

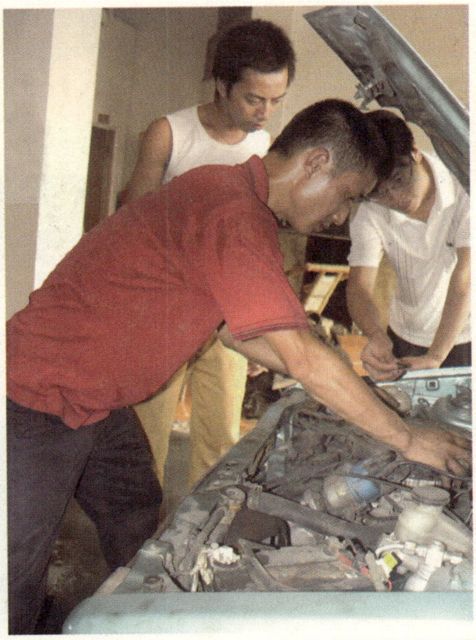

▲汽修技能培训

▲制鞋技术培训

## “四维模式” 促进城乡居民增收

2003年，武侯区以创建“充分就业区”为统揽，以破除城乡就业二元结构、实现城乡居民持续增收为着眼点，抓重点、破难点、求实效，创造性地提出了“革新机制、就业培训、充分就业、发展为民”的四维就业工作模式，搭建起促进城乡充分就业的牢固平台。到2005年，有11个街道创建为“充分就业街道”，83个社区创建成为“充分就业社区”，成功创建社区就业服务实体94个。

——革新体制，破除城乡就业二元结构壁垒。培训就业要适应时代的发展变化，武侯区将重点放在政策体制创新上，政府在制定劳动就业规划、就业政策和实施相关措施时，将城乡纳入“一体”考虑，将城乡居民纳入统一的劳动力就业保障网络，提供统一的管理与服务。一是改革管理体制和机制，建立了目标考核机制和领导责任制，制定了《关于创建充分就业区的实施意见》和《关于进一步推进创建充分就业区工作的实施办法》等纲领性文件，建立了合力推进的长效工作机制，强势推进城乡统筹就业工作。二是夯实就业基础，建立并完善区、街道、社区三级就业服务网络体系，实现了基层劳动保障机构建设和管理机制的城乡并轨。全区13个街道、88个社区劳动保障平台建设全部达到市局验收合格标准。三是加强统筹协调。实现了就业扶持政策城乡并轨，积极鼓励社区创办生产经营和服务型经济实体94个，吸纳下岗失业人员和失地农民等就业困难人员3 552人。

——突出重点，着力强化培训的针对性和实效性。培训是为了就业，将培训

▲现场招聘

与就业挂钩是促进城乡实现充分就业的重点。武侯区将就业纳入规划整体考虑，建立了促进城乡培训、就业一体化的工作机制。一是夯实根基，狠抓培训源头。坚持土地征用与农民培训就业同步，项目引进与扩大就业同步，企业改制与分流人员培训再就业同步，对土地被征用的失地农民进行培训，帮助失地农民成功实现转移就业，为下岗失业人员提供了大量岗位。二是整合资源，形成培训合力。全区广泛开展创业培训、技能培训和引导性培训。三是筑牢基础，实现稳定就业。全区开展定员培训、定岗培训、订单培训，实现稳定就业。

——破解难点，全力促进全区充分就业。实现城乡居民充分就业是创新体制和加大培训力度的根本目标。武侯区通过多种方式，结合区域实际，广泛创岗寻岗，取得明显成效。一是以“三个结合”创岗寻岗，扩充就业载体。在实践中，逐步探索总结出一条以“小额贷款与自主创业结合、开发公益性岗位与市场自主择业结合、培育社区就业实体与推荐就业结合”，破解“创岗、寻岗”难题的新路子，突破了制约武侯区实现充分就业的“瓶颈”。二是以“三类细分”定员供岗，提高就业成功率。细分就业渠道，细分就业岗位，细分就业对象，增强了就业的针对性和实效性。三是依托新居工程、新经济模式、新型产业经济搭建平台，扩大就业覆盖面。在统一规划建设新居工程时，配套一定面积的商业设施建设，帮助农民实现自主创业。特别是永康村探索出“永康模式”，1 352 名村民当年人均分得股份红利 500 元。

——注重利用产业发展优势带动乡村发展和失地农民就业，实现城乡互

▲就业登记

▲招聘会现场

▲成立村级集体公司促失地农民就业

动、共促共进。劳动部门将城乡居民纳入统一的劳动力就业保障网络，提供统一的管理与服务；全区成立了5个“促进农村劳动力充分就业工作组”，深入涉农街道和社区帮助开展劳动就业工作，促进了涉农社区年内全部实现充分就业；每年区财政、各街道足额安排和投入各项专项资金用于创建充分就业社区工作，为创建工作提供了强大的资金保障。经济和产业的发展提供了大量的就业机会和岗位，使更多的人实现就业，同时就业者的劳动又推动企业和区域经济更快更好的发展。

## 第三节 打造“15分钟就业圈” 破解城乡居民就业难

2014年3月，机投桥街道举行每年一届的“15分钟就业圈”招聘会，机投桥街道潮音村1组的李荣听说过后便过去看了看，当时便和四川彩虹集团股份有限公司签订了就业意向。他现在是成都彩虹集团的包装工，公司效益不错，收入还可以；关键是上下班很规律，公司离家也很近，还不到15分钟路程，工作的地方离家近了，孩子的学习和家庭都能照顾到，单位还给买了社保。

这是武侯区从2007年6月以来一直坚持打造“15分钟就业圈”，解决城乡居民就业问题的载体之一。2008年12月19日，人民日报情况汇编刊登了武侯区搭建“15分钟就业圈”的报道，时任人力资源和社会保障部部长尹蔚民就该报道做出批示，要总结成都武侯区的经验向全国推广。

### 一个核心理念：以人为本实现充分转移就业

2007年6月，武侯区从实际出发提出了“15分钟就业圈”模式，即：根据农民集中居住区周边的产业形态，以就近就地实现就业为目标，将求职者“15分钟自行车车程”范围内的用工单位的空岗信息纳入人力资源信息库，打造“15分钟就业圈”模式，解决失地农民就业问题。

农民工求职现场

残疾人充分就业

让我们把时间定格在 2008 年 10 月 15 日上午，一场以“15 分钟就业圈，实现你就近就地就业愿望”为主题的大型招聘会在武侯区机投桥广场隆重举行。成都市就业局、区劳动保障局、机头桥街道相关领导参加了招聘会。

“‘15 分钟就业圈’+现场招聘会”是武侯区在实践中根据区情摸索、总结出来的促进就业工作新思路，有效缓解了全区失地农民和下岗失业人员普遍不愿外出务工，就业积极性差，就业不稳定的问题。同时，在机投桥街道进行试点，加强与周边涉农街道的联系，储备充足的用工岗位，积极探索建立长效机制，建立“不散场”的招聘会。

“从家里到岗位上，10 分钟都要不了。”当年 24 岁的张满飞是武侯区簇桥街道龙锦社区龙井桂苑的保安，他的家就在自己管辖的楼盘里。“家里有啥事完全能照顾得到。”像张满飞一样，在这个社区上班的辖区居民就有 100 多人。这是武侯区构建“15 分钟就业圈”实践的一个生动缩影。

加快城乡统筹，实现城市化，促进失地农民、农村富余劳动力转移就业是武侯区实现城乡一体化，巩固城乡充分就业的一项主要工作。以往的实践证明，大包大揽式的群体化、整体性异地转移就业安置带来了留守儿童、留守老人、外出务工维权难等家庭、社会问题，从而影响转移就业的稳定性。

如何从农村劳动者转移就业的愿望和集中居住区的就业问题出发，创新就业方式，搭建新的就业桥梁，实现快速稳定就业，成为武侯区劳动保障部门肩负的历史使命。武侯区相关部门调查发现，城乡结合处的涉农街道辖区内居民由于长期的农村自由劳动和生活，在转移就业愿望上倾向就业范围大约在 15 分钟自行车车程(约离居住地 3 公里)范围。一方面，工作之余便于照顾家庭和家中子女、老人;另一方面,大部分农村居民由于地域观念、文化和技能等原因,转移就业后就业的层次较低,因此集中居住后不愿离家到外地就业。

本着以人为本的核心服务理念,2008 年初,武侯区深化“15 分钟就业圈”工作,构建起以一个服务平台——定期互动招聘会、一个就业抓手——全民就业培训体系、一套保障制度——六大促进就业举措、一个发展引擎——以创业带动就业的“武侯模式”。经过大胆探索和实践,“15 分钟就业圈”在武侯区 13 个街道、4 个已建农民集中居住区全面推广实施。这个被称为“转移就业与民愿和谐对接”的实践也受到国家人力资源和社会保障部的充分肯定,并建议在全国推广。

“公共服务核心理念是以人为本。”武侯区劳动保障部门在经过大量调研、征求社区居民意见和试点基础上,通过打造“15 分钟就业圈”,将促进就业工作重点从以往的异地安置转移到搭建“15 分钟就业圈”就业桥梁上来,并根据圈内企业的用工信息和用工要求等建立“15 分钟就业圈”岗位信息库,然后对照用工企业用工岗位的要求,对失地农民进行免费的个性化职业就业技能培训,通过与企业对接,实现农民就近就地就业,在实现农村劳动力转移上取得了明显效果。

“15 分钟就业圈“有旺盛生命力,武侯区通过进一步创新和完善制度。在此基础上,建设了就业、社保等一体的“15 分钟劳动保障圈”。劳动保障工作所涉及的就业、社会保险和劳动关系被誉为民生的三大支柱,每一项工作都与人民群众的切身利益息息相关,都是涉及民生的根本性问题。

失地农民就近就业

为此，在进一步不断完善“15 分钟就业圈”的同时，武侯区针对全区各办事处的地理环境和群众居住特点，考虑行政成本及服务半径、服务事项、服务人群数量等因素，本着可持续、分阶段、循序渐进的原则，以安全、方便、高效为目的，按三级管理、四级服务、经办业务分层次和科学发展观的要求，强力推进社保业务下沉至其余 10 个街道办事处和 28 个社区工作，进一步方便群众 15 分钟路程办社保的模式。

## 一个服务载体：构建“永不落幕”的互动招聘会

“距离家走路都不到 20 分钟。”2013 年 6 月 10 日，家住浆洗街街道的刘敏在自家附近找到一份理想的收银工作，高兴得合不拢嘴。这得益于武侯区一直组织的“15 分钟就业圈”现场招聘活动。

2007 年，武侯区“15 分钟就业圈”模式提出以后，率先在涉农街道机投桥成功试点，截至 2008 年年底，纳入机投桥街办“15 分钟就业圈”信息库的用人单位（企业）已达 165 家，先后召开 10 余场现场招聘会，实现成功就业 4000 余人（次）。并在机投桥成功践行“15 分钟就业圈”模式的基础上，向全区所有涉农街道推行这一模式，以解决好农民集中居住后转移就业问题。

武侯区除了定期在涉农街道举行“15 分钟就业圈”现场招聘会，邀请“15 分钟就业圈”空岗企业到现场或提供空岗信息，将最新的岗位信息提供给辖区失地农民外，还在城区街道坚持举行“15 分钟就业圈”现场招聘会，为下岗失业人员提供各种岗位。

为保证“15 分钟就业圈”现场招聘活动的定期开展，武侯区建立了“永不落幕”的招聘会制度，把“就业赶场”观念深入到失地农民、农村富余劳动力和下岗失业人员心中，不仅为用人单位提供了一个人才录用的平台，还为失地农民、农

◀十五分钟就业圈

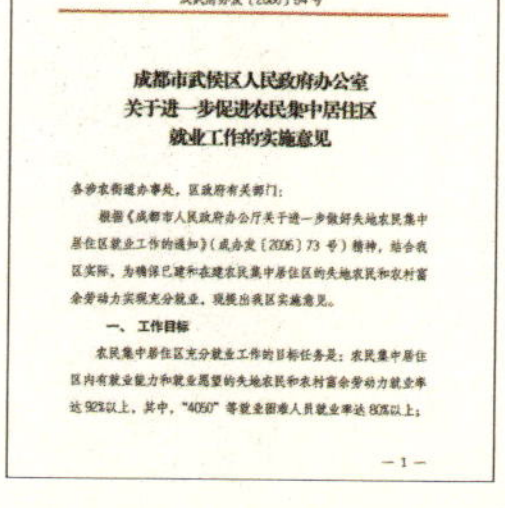
成都市武侯区人民政府办公室文件

成武府办发〔2006〕84 号

成都市武侯区人民政府办公室
关于进一步促进农民集中居住区
就业工作的实施意见

各涉农街道办事处，区政府有关部门：

根据《成都市人民政府办公厅关于进一步做好失地农民集中居住区就业工作的通知》（成办发〔2006〕73 号）精神，结合我区实际，为确保已建和在建农民集中居住区的失地农民和农村富余劳动力实现充分就业，现提出我区实施意见。

一、工作目标

农民集中居住区充分就业工作的目标任务是：农民集中居住区内有就业能力和就业愿望的失地农民和农村富余劳动力就业率达 92%以上，其中，“4050”等就业困难人员就业率达 80%以上；

— 1 —

◀致民路辖区残疾人按摩培训会现场

村富余劳动力和下岗失业人员提供了丰富而广泛的岗位信息，使用人单位和求职者各取所需，实现企业和劳动者双赢。

“15 分钟就业圈”的打造确实方便了农民集中居住区的失地农民和城区的失业人员，但是 15 分钟范围内的企业提供的岗位是否都能满足该范围内的待就业者的需要，这些待就业者的能力素质都能适应这些岗位吗？显然都不完全。如果这个矛盾不解决，那就会形成“圈内企业吃不饱，圈内人员往外跑”的局面，那“15 分钟就业圈”也只能流于形式了。

如果劳动就业部门能够结合就业培训，有针对性地根据该区域内的企业的用工岗位对区域内待就业者进行培训，真正把这个工作做实做透，用工单位和就业者就能真正受惠于“15 分钟就业圈”。

为此，武侯区探索企业用工与培训就业的新模式——“订单式组织+菜单式培训=定向式就业”。武侯区人社局在工作调研中发现，虽然年年都在搞就业培训、现场招聘、推荐岗位，不挑不拣保证失业人员 24 小时上岗，但还是存在一方面是企业用工难，另一方面是失业人员难上岗的情况。如何杜绝“两张皮”现象？2013 年年初，武侯区在浆洗街街道就如何实现居民就业与促进辖区经济发展紧密结合进行了研究。

随着经济的快速发展，越来越多的知名厂家商家进驻浆洗街辖区，街道一手抓经济，一手抓民生，组织全体机关人员深入辖区企业开展问需服务，除了帮助协调解决安全、消防、城管、卫生、年检、增资等问题外，还重点调研企业用工情况，将用工数量、用工标准、用工计划，以及劳动者年龄、学历、技能等要求记录在案，并建立了空岗台账。

浆洗街街道有一家科技型企业，正处在发展期，需要 30 名电子应用方面的

制鞋工人定向就业

研发人员，从2013年元月份以来就一直在人才市场招人，期望能招到综合素质高、上岗就能很快上手的员工。与此同时，另一家餐饮服务业，在招聘"4050"人员时，对学历要求也不高，但有的应聘人员没有技能，在工资待遇方面又漫天要价，也难以接受。很快，浆洗街街道将辖区科技、电子、餐饮、酒店、超市、物业等20多家企业的400多个岗位收集上来，并与企业一起研究后，由企业向街道开出"订单"，街道针对企业所需和岗位要求，有的放矢地实施技能培训，为"两张皮现象"找到了"破局"之路。

菜单式培训，居民缺啥补啥。"下单"的是企业，"接单"的是街道。既然企业有大量的用工需求，居民也想通过就业增加收入，街道如何保证企业用工之需？浆洗街街道采取"两条腿"走路的方式，一方面按照"订单"要求组织下岗失业人员和辖区内西南民族大学、成都体育学院的大学毕业生参加技能等培训；另一方面结合居民的基本状况、文化层次、就业愿望、技能培训等情况，按照居民提出的"菜单"量身制订培训计划，引导居民结合自身条件选择合适的家政、物管、电工、营销、主管、会计等培训课程。

在"菜单式"培训中，浆洗街街道进行分层次、分类别的培训，既邀请辖区的电工、会计、厨师等"土"专家以实际操作的形式"一对一"培训，又聘请在计算机、市场营销、企业管理等方面的"洋"专家进行集中培训，确保培训人员上岗率在98%以上。

实用的教学内容，通俗易懂的授课方式，吸引了840位居民和大学毕业生参加技能培训。以前45岁的李曼萍做家政就只有做保洁，通过参加技能培训后，现在他不仅会护理老人、婴儿、病人，还会做厨艺、用电脑，每月工资也比以前翻了一倍。

定向式就业，供需双方满意。2013年4月12日上午10时，浆洗街街道在洗面桥小游园举行惠民工程大型招聘会，26个用工单位一共有酒店管理、服务员、保安、迎宾等450多个岗位，用工单位和求职者供需满意，做到了两全其美。

为了更好地解决企业“用工难”与辖区居民、大学生“就业难”，武侯区在继续完善“订单式组织+菜单式培训=定向式就业”模式后向全区推广，并通过与企业、大学、职教、社会组织的合作，对准需求抓组织、对准岗位设培训、对准市场抓定向，实现供需双方就业与培训无缝对接，最终促进企业和居民共同发展。

## 一个体系建设：六大举措夯实就业圈基础

龙井桂苑有1 589户，有相当多的居民在武侯区簇桥街办龙锦社区社会事务服务中心有就业档案，以便让社区求职居民和附近企业用工需求能顺利对接，厚厚的一本台账是武侯区构建“15分钟就业圈”制度保障的一个见证。

在武侯区劳动保障部门看来，“15分钟就业圈”要实现可持续发展，必须建立一套完善的制度来保障实施。目前，武侯区在各个街道逐步形成并完善了六大保障制度：建立以就业实名制为基础的劳动保障台账，做到区域内失业人员失业原因、个人状况、就业意愿、技能水平清楚明晰，实现动态管理；建立空岗储岗制度，街道相关工作人员定期到驻区单位收集用工信息，详细归类登记，进行岗位储备；各个街道定期召开“15分钟就业圈现场招聘会”；建立失地农民随访、回访制度，对辖区内失地农民情况进行登记；建立用人单位随访、回访制度，收集用人单位用工反馈意见和建议；建立奖励制度，每年度对通过“15分钟就业圈”安置就业人数多的企业和创业明星进行表彰和奖励。

如果说，制度保障是构建“15分钟就业圈”的一个关键平台，那么，差异化、个性化就业技能培训体系建设则是构建“15分钟就业圈”的前提基础，对失地农民和下岗失业人员的培训是维持“15分钟就业圈”的关键。近年来，武侯区改变以前一厢情愿大包大揽的群体培训、群体安置的理念，以提高就业稳定性为重点，以重视失地农民和下岗失业人员的培训和就业愿望为主，根据个体特点，以及培训愿望和就业倾向，为其制订全民个体化培训计划，开展个体化培训服务，最终实现就业。

“全民个体化培训是有的放矢。”为达到通过培训，帮助社区居民转移就业的目的，武侯区劳动保障部门建立了一个庞大的数据库，将距离农民集中居住地15分钟自行车车程范围内的企业圈定，根据圈内企业的用工信息和用工要求等建立岗位信息库。然后对照用工企业用工岗位的要求，对失地农民进行免费的个性化职业就业技能培训，最后通过现场招聘活动这一桥梁的搭建，实现用人单位与求职者面对面的双向选择，满足双方的需求。

武侯区建立了“十五分钟就业圈”信息库，通过用人单位年检工作开展上门服务，发放联系卡等方式主动与用人单位建立联系，用人单位一旦有空岗信息就通过电话、传真、QQ 等将信息传递到街道或社区，获取的空岗信息在工作中不断更新，实行信息库动态管理，使其不断充实和完善。在此基础上，街办对社区居民按照意愿进行一对一的岗位培训，从而实现了培训和就业的无缝对接。

此外，武侯区还建立制度，为残疾人、“4050”人员和大龄女性等就业困难的人群，提供“15 分钟就业圈”特殊就业援助：在“15 分钟就业圈”岗位信息库里挑选适合他们的岗位，优先提供给就业困难人员；根据企业用工要求，为就业困难人员量身定做个性化的职业技能培训计划，帮助其顺利实现就业；将辖区公益性岗位纳入“15 分钟就业圈”岗位信息库，提供给辖区就业困难人员。

同时，武侯区全面推进充分就业惠民工程“居家就业、适岗培训、社会保障全覆盖”，改变了过去“不挑不选，保证 48 小时就业”的传统就业观念，充分尊重劳动者的就业意愿，呈现出了“劳动岗位充足，让老百姓去挑去选”的景象。2008 年，武侯区顺利实现并保持着动态消除“零就业”家庭的纪录。

过去，为了舒缓和解决老百姓的就业压力，劳动保障部门在实施就业培训的时候，往往不会过多地去考虑就业者的意愿，安排好一个人的就业后就没了下文，也很少去关心他们上岗后的感受，出现了上岗不久就因为不适应工作岗位而被迫下岗的情况。个别街道劳动保障所存在过分强调就业指标，不考虑解决就业质量，就业者也没有了择业的自主选择权和职业的长期稳定性。

这种做法充分尊重了劳动者的兴趣和爱好，对就业者提供有针对性的培训，并提供合适的工作岗位，同时也强化了他们的就业竞争意识，并顺利实现了全区有就业愿望的残疾人等特殊人群的充分就业。正是由于政府开展就业培训不盲目，充分考虑了就业者的个人意愿，才实现了他们长期而稳定的就业，也给用工单位和企业解决了员工不稳定的压力。

在居家就业方面，部分居民有加工小商品的习惯，他们大多不愿意背井离乡到外地去打工，很多居民也期望能实现就近就业，同时也便于照顾家里的老小。针对这部分人的就业心理，武侯区劳动和社会保障局对这部分人进行了有针对性的培训，并会同社区与一些制鞋、工艺品等类型的企业签下订单，以计件计酬的方式，由企业统一收购，老百姓在家就可以得到报酬。

## 第四节　创业扶持　鼓励创业扩大就业

“贷款无担保、无抵押，全额贴息，真是一项好政策。”武侯区金花桥辖区的张继伟想办一家小型汽修厂，却没有筹集到足够的启动资金。正在一筹莫展之际，金花桥街办向他伸出了援助之手，帮助他成了武侯区首批小额贷款户。这是武侯区出台政策以鼓励创业带动就业的一个样本。

### 就业工作重心从数量就业向质量就业转变
### 自主创业带动全域就业

自2002年再就业扶持政策开始实施以来，下岗失业人员小额担保贷款一直是政策落实中的重点，也是制约政策落实的瓶颈。担保公司要控制风险，实行财产抵押和第三者反担保贷款，导致审核门槛过高，审批程序繁杂、审批期限过长，严重打击了申贷者的积极性，使得贷款工作开展不顺。截至2005年4月，武侯区3年来只有50人获得小额担保贷款，贷款资金总计83万元，人平均贷款不到2万元且按期还款率不到50%。贷款政策促进就业的作用在社会上的影响力微乎其微。

武侯区委、区政府认为要做好贷款工作，关键是要以建立信用为

创业项目推介会

大学生创业就业

基础,以充足的资金储备和完善的风险分担制度作保证,破解担保难题,降低贷款门槛。2005 年 7 月出台了《武侯区再就业小额贷款管理办法》,突破了以往的政策规定,将贷款范围从城镇下岗失业人员扩大到失地农民、企业军转干部和社区就业实体;同时加大资金扶持力度,将单笔贷款最高额度从 2 万元提高到 5 万元,并实行财政全额贴息。

武侯区小额贷款的最大特点是政府组织增信,这是社区金融试点取得成功的核心和保证。2005 年 7 月,由国家开发银行四川省分行将 2 000 万社区金融专项基金,专户储存、封闭运行,以统借统还款形式放款;由借款平台——武侯区就业训练中心组织全区符合贷款条件的个人和社区就业实体以自律小组形式分批向四川省分行申请贷款。由委托代理经办行负责按委托合同办理贷款发放、结算、管理和回收等业务,并对贷款资金进行监管。它通过绩效考核和目标约束将政府的组织优势与银行的融资优势相结合,以制度建设和组织建设来弥补下岗失业人员、微型企业等弱势群体实力的不足及信用缺损,取消了财产抵押和第三者反担保措施,以贷款申请者互保联保形式申请贷款。单笔贷款额度最高不超过 5 万元,贷款期限最长不超过三年,并采用“先收后返”方式由基金据实全额贴息。同时,积极推广“创业培训与小额信贷相结合”的经验,有效利用街道社区劳动保障工作平台,开展信用社区的创建工作。

扶持失业人员自主创业,以创业带动就业,是政府实施充分就业目标中重要的路径选择。2005 年 8 月武侯区联手国家开发银行四川省分行建立了 2 000 万元创业基金,实施了社区金融试点,以政府组织、民主评议、群众监督、利益约束,无担保、无抵押、按月等额还款的信用贷款模式,率先在全市启动了区级小额贷款工作。运行了三年后,到 2008 年已为全区 314 名下岗失业人员和失地农民提供了两年期贴息贷款资金 1 416 万元，使 286 个项目创业成功，吸纳了 2 000 余人实现了就业。已到期收回贷款 226 笔，占贷款总数的 72%，实际还款率平均达到了 95%，初步形成了有自身特点的融资模式和管理体制，从源头上解决了以往小额贷款中反映突出的门槛高、手续杂、反担保条件不切实际的难题，以创业带动就业，促进了基层信用体系的建立，小额贷款撬动了大家的创业激情。

作为涉农区域试点的机投桥街道通过无息小额贷款、专项资金资助等政策扶持，使辖区自主创业人群不断扩大；创业成功人群扩大生产经营的同时，不断增加岗位需求，新的岗位源源不断地纳入就业岗位信息库，带动了辖区失业人员的就业。

从 2008 年开始，成都市全面实施“3+1”工程（城乡充分就业工程、全民社会保障工程、和谐劳动关系工程和劳动保障公共服务体系建设工程），通过三至五年的努力，实现城乡充分就业，人人享有基本社会保险。在统筹城乡充分就业中不断创造新经验的武侯区，继续先行先试，为“全域成都”创造更多统筹城乡充分就业的新经验。

随后，武侯区又探索研究放宽劳动密集型小企业和合伙企业贷款政策，将单笔贷款额度提高到 5-20 万元，帮助企业渡过难关，保住就业岗位，维护社会稳定。2009 年，全区又发出小额贷款共计 24 笔 120 万元，通过国家开发银行四川省分行审批，全部发放到了 24 位贷款者的手中。小额贷款工作覆盖了全区所有的社区，使越来越多的需要创业帮助的弱势群体能够及时得到政府有效的资金扶持，实现成功创业，并带动 200 多人就业。

大学生专场招聘会

## 创业层次从基础覆盖向梯次优化转变

## 创业就业结构优化无边界

创业是更好的就业。过去，家住簇桥街道龙井村的村民杨勤军、雷丽在鞋厂当过工人，做过钟点工。夫妇俩觉得，自己没有专长，只能找干体力的工作。2007年，他们参加了街道办组织的创业培训，自己当上了小老板，并通过小额贷款5万元投资开办了一个小茶坊。茶坊生意很红火，一年后，他们不仅还清了贷款，还有了搬进龙井桂苑新家的装修款。

创业是积极的就业，像杨勤军、雷丽这样越来越多的城乡居民，在区委、区政府的激励下，开始了就业方式的新转变。龙井桂苑是我区新型农民集中居住区，2007年，一期工程竣工后，入住416户。从村民入住之初，武侯区委、区政府和簇桥街办就把稳定村民就业作为工作重点。2007年，龙井村劳动保障站在小区内设立了服务机构。2008年，簇桥街办成立了龙井桂苑社区工作站筹委会，负责社区日常公共服务事务。截至2008年12月，小区登记失业人员101人，其中安置了97人，实现了充分就业。

动态保持充分就业，难度最大的是转变居民的就业观念。在龙井桂苑，目前有30%以上的劳动力自主创业。近年来，武侯区积极开展创业培训，提高有创业意愿村民的创业能力，帮助缺乏创业资金的失业人员申请小额贷款扶持，促进他们自主创业自谋职业。2008年，在晋阳街道“明康盲人瘦身香疗中心”，10名

青年（大学生）创业辅导

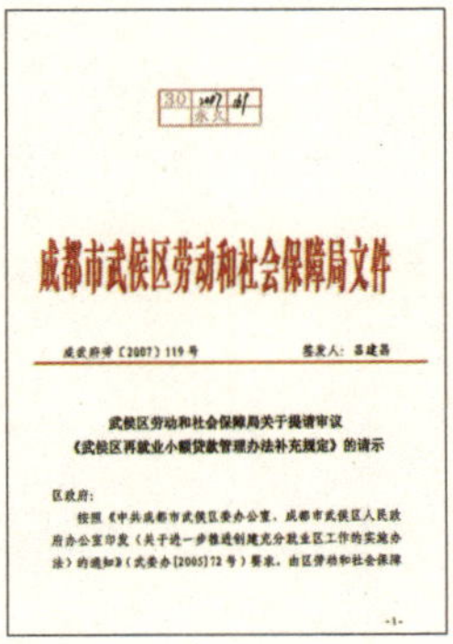

成都市武侯区劳动和社会保障局文件

成武府劳〔2007〕119号　　签发人：

武侯区劳动和社会保障局关于提请审议
《武侯区再就业小额贷款管理办法补充规定》的请示

区政府：

按照《中共成都市武侯区委办公室、成都市武侯区人民政府办公室印发〈关于进一步推进创建充分就业区工作的实施办法〉的通知》（武委办[2005]72号）要求，由区劳动和社会保障

-1-

成都市武侯区人民政府办公室文件

成武府办发〔2009〕99号

成都市武侯区人民政府办公室
关于印发《武侯区高校毕业生园外创业房租补贴暂行办法》的通知

各街道办事处、区政府各部门：

《武侯区高校毕业生园外创业房租补贴暂行办法》已经区政府第67次常务会讨论通过，现印发你们，请认真贯彻执行。

— 1 —

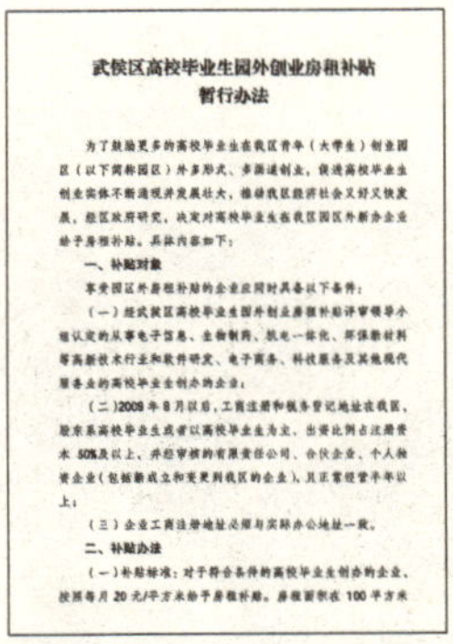

武侯区高校毕业生园外创业房租补贴
暂行办法

为了鼓励更多的高校毕业生在我区青年（大学生）创业园区（以下简称园区）外多形式、多渠道创业，促进高校毕业生创业实体不断涌现并发展壮大，推动我区经济社会又好又快发展，经区政府研究，决定对高校毕业生在我区园区外新办企业给予房租补贴。具体内容如下：

一、补贴对象

享受园区外房租补贴的企业应同时具备以下条件：

（一）经武侯区高校毕业生园外创业房租补贴评审领导小组认定的从事电子信息、生物制药、机电一体化、环保新材料等高新技术行业和软件研发、电子商务、科技服务及其他现代服务业的高校毕业生创办的企业；

（二）2009年8月以后，工商注册和税务登记地址在我区，股东系高校毕业生或者以高校毕业生为主、出资比例占注册资本50%及以上，并经审核的有限责任公司、合伙企业、个人独资企业（包括新成立和变更到我区的企业），且正常经营半年以上；

（三）企业工商注册地址必须与实际办公地址一致。

二、补贴办法

（一）补贴标准：对于符合条件的高校毕业生创办的企业，按照每月20元/平方米给予房租补贴，房租面积在100平方米

残疾人经过培训在这里就地就业。自开办以来，街道办在中心定点为残疾人提供免费技能培训和上岗实习，培训熟练后即可在中心就业。

从“输血”到“造血”，武侯区越来越多的残疾人在就业中更加自信、从容。近年来，武侯区委、区政府高度重视残疾人的就业工作，不断创新思路，将残疾人就业工作纳入到就业促进工作的总体规划并重点考虑，建立了覆盖城乡的促进残疾人就业的长效机制。在巩固“充分就业区”的基础上，在残疾人就业工作中摸索出一条“集中安置与分散安置相结合”，“单位就业与个体从业相结合”，“灵活就业与自主创业相结合”，多渠道、多层次、多形式安置残疾人的就业之路。目前，全区有就业愿望和就业能力的残疾人 2 023 人，已有 1 982 名残疾人实现就业，就业率达到 98%。

不只是全面促进残疾人就业，在武侯区，一条条“无障碍通道”，为城乡就业困难群众开辟出满意的就业空间。

## 创业服务从主动对接到体系完善转变
## 构建统筹城乡劳动保障公共服务体系

城乡群众的创业就业需求不断提升，促进城乡创业带动就业的公共服务边界也应不断延伸。近年来，武侯区着力构建完善劳动保障公共服务体系，继续完善就业援助“962110”服务体系，动态消除“零就业”家庭；持续开展向非农产业和城镇转移的农村劳动力的引导性培训、职业技能培训、创业培训；不断完善区、街道、社区（村）三级就业服务平台，及时跟踪城乡居民的创业就业需求。

在创业服务上，武侯区先后出台了《武侯区再就业小额贷款管理办法》和《武侯区再就业小额贷款管理办法补充规定》，将贷款工作作为创建“充分就业区”的一项重要内容，纳入区委、区政府一级目标进行管理。在区、街道、社区三级成立贷款工作审核机构，建立了部门协调机制。社区把好推荐关，街道把好审核关，劳动部门把好管理关，经办银行把好发放关，财政部门把好贴息关，形

大学生创业团队

成协调运作的工作机制，合力推进工作的高效运转。制定了从贷前辅导、贷款受理、审查联保、贷款发放到贷后管理的一整套操作流程，形成了贷前审核机制、贷中监管机制、贷后风险分担机制。尤其针对贷款规模的扩大，在不提高申贷门槛、不打击弱势群体创业积极性的基础上，积极探索提高还款率的途径，规范具体操作方式，为小额贷款工作的持续、健康、规范化发展提供了强有力的政策支撑。

为提高经济效应，调动创业者增收致富的积极性、主动性，武侯区为他们提供创业资本，并把工作重点放在具有创业能力但缺乏启动资金的失业人员、农村剩余劳动力上，帮助他们解决创业启动资金问题，增强创业的造血功能。

创业创造了更多就业机会，扶持了一批创业典型。从下岗到成为全市的创业明星，欧明霞如今是一家有着几十位工人的老总。39 岁时，由于所在的单位成都跃华食品厂破产，欧明霞下岗了。面对各用人单位要求的 35 岁以下的年龄，欧明霞参加了武侯区第一届创业培训班，决定自己当老板，创立自己的事业。她争取到丈夫的支持，卖掉丈夫开的出租车，卖掉自己的住房，通过武侯区小额贷款争取到 5 万元资金，开办了食品厂。现在，欧明霞创业取得了成功，产品销往省内外，其本人被评为 2005 年全市十大创业明星之一，企业也被评为“武侯区创业培训重点企业”。成功后的欧明霞对政府心存感激，厂里 98%的工人来自于全市各厂的下岗职工以及当地的失地农民。

创业带动就业的社会效应，增强了困难群体自主创业的勇气和信心；以创业带动就业，使解困工作方式从输血型向造血型、开发型转变。

与此同时，在大学生创业带动就业方面，武侯区在全市率先积极行动，按照

“政府引导、部门联动、政策支持、市场导向、社会参与”的工作思路，提出了“创业成功有重奖、创业失败有保障、五贴五贷加导师、创业武侯欢迎你”的宣传口号，确定了政府主导、园企合作、园校合作三种创业园运营模式，整体推进全区促进大学生创业就业工作。

武侯区通过整合政府、高校、企业及社会其他资源，确定了政府主导、园企合作、园校合作三种创业园运营模式，打造创业中心、神州数码研发大楼和川大科技园培训中心三个点位，共 5 000 平方米作为创业园起步区。即：武侯创业中心青年（大学生）创业园（1 500 平方米），采取政府主导模式运营，以政府为主体，实施园区的规划、建设、管理、运营以及项目的储备、甄选、辅导、孵化等工作；神州数码青年（大学生）创业园（2 000 平方米），采取园企合作，服务外包的方式，由成都神州数码有限公司实施园区的建设、管理、运营以及项目的储备、甄选、辅导、孵化等工作，发挥企业的培育带动作用，政府给予政策扶持、经费补贴，并实施考核监管，实现园区建设运营的市场化运作和社会化管理；川大科技园青年（大学生）创业园（1 500 平方米），采取园校合作、服务外包的方式，以“减二免三”补贴房租的形式与四川川大科技园发展有限公司合作共建创业园，充分发挥高校项目、学术、专家集中的优势，提供网络信息服务、投融资服务和公共技术服务等平台，负责项目引进、培育、孵化以及园区运营和管理，政府提供政策扶持、经费补贴，并实施考核监管，实现园区建设运营的市场化和管理的社会化。

武侯区还把在建的西部智谷大学生创业产业园暨中小企业创业孵化基地规划作为创业园的拓展区（总建筑面积 23.5 万平方米），在全省率先与四川大学、电子科技大学等 8 所高校结成合作联盟，将为每所高校免费提供 1 000 平方米的创业基地，引导大学生创业项目按产业布局向园区集中，形成项目、人才、资金集聚效应。

武侯区在全市率先搭建促进大学生创业就业服务中心、街道服务站和社区服务点“三级平台”，实现政府与高校、政府与企业、政府与大学生之间的“三向联动”，达到实训、创业、就业工作“三位一体”互为促进的“三三模式”，营造创业就业的良好氛围，为促进全区经济社会又好又快发展做好人才保障和项目储备。

同时，武侯区梳理和整合了过去那些较为分散的激励大学生创业的政策，出台了《武侯区大学生创业就业实施意见》《武侯区促进普通高校毕业生创业就业工作实施方案》，实行五类补贴（即培训补贴、岗位补贴、专利及专利成果转化补贴、房租补贴、创业成功补贴）、五类融资扶持（即小额贷款、“YBC”项目、“银团互动”工程、“金色翅膀”工程、社区金融和区中小担贷款扶持）、导师服务、激励政策、保障政策等，为促进青年（大学生）创业就业提供政策支持和资金保障。

武侯区的促进普通高校毕业生创业就业工作政策，除落实市上相关政策外，还有五项特有的扶持政策：建立1 000万元武侯区大学生创业就业专项资金；设立武侯区风险投资专项资金；奖励创业明星团队；按企业解缴的增值税、营业税、房产税、企业所得税地方留成部分提供税收扶持；实施房租补贴，即园内和园外创业均给予房租补贴。

为营造“全区创业、全民创业”的浓厚氛围，鼓励更多的青年（大学生）参与创业，武侯区还专门出台了《高校毕业生园外创业房租补贴暂行办法》，对符合相关条件的园外创业企业给予相应的房租补贴。截至目前，武侯区建成了5 000平方米的青年（大学生）创业园起步区，引进项目52个，扶持就业346人，实现产值1 595万元，逐步形成了“一区多园、一园多点”的青年（大学生）创业工作格局。

西部智谷大学生创业产业园开工仪式

## 数据链接

2003 年，武侯区指导帮助城镇下岗失业人员 5 133 人实现再就业，转移农村劳动力 6 218 人；2004 年培训 22 524 人，转移农村劳动力 22 593 人；2005 年培训 21 201 人，转移农村劳动力 10 685 人；2006 年，完成下岗失业人员、失地无业农民再就业培训 8 230 人次，对向非农产业和城镇转移的农转非人员实施就业前引导性培训 8 731 人，职业技能培训 8 230 人，实现失地农民和农村富余劳动力向非农产业转移就业 12 535 人，城镇新增就业 11 591 人；2007 年，城镇新增就业 10 007 人，领取再就业优惠证的下岗失业人员再就业人数 4 333 人，“4050”人员等援助对象就业 2 367 人，职业技能培训 7 096 人，转移农村劳动力 17 277 人；2008 年，城镇新增就业 10 655 人，“4050”人员等援助对象实现再就业 4 800 人，职业技能培训 6 551 人，就业前引导性培训 6 488 人，转移农村劳动力 14 782 人；2009 年，新增就业 11 045 人，开展技能性培训 15 360 人，再就业培训 4 011 人，转移农村劳动力 13 639 人；2010 年，新增就业 11 893 人，转移农村劳动力 14 388 人，为农民工及城镇失业人员发放培训券 11 000 张，培训城镇失业人员 3 622 人，培训进城农民工 3 250 人，农村劳动力技能培训 4 015 人；2011 年，新增就业 13 732 人，其中下岗失业人员再就业 8 754 人，农村富余劳动力向非农产业转移就业新增 2 532 人，为农民工及城镇失业人员发放培训券 11 000 张，培训城镇失业人员 484 人，培训进城农民工 9 350 人，农村劳动力技能培训 5 530 人；2012 年，城镇新增就业 13 263 人，下岗失业人员再就业 9 861 人，农村富余劳动力向非农产业转移就业新增 2 552 人，培训城镇失业人员 494 人，培训进城农民工 11 302 人，其中，农村劳动力技能培训 6 699 人。2013 年，城镇新增就业 13 874 人，城乡失业人员再就业 10 413 人，培训农民工 10 966 人，其中，农村劳动力技能培训 7 212 人，累计实现居家就业 6 500 人次。

新希望
老成都民俗公園
古玩字畫市場

# 第三章 城乡保障篇

社会保障是依据相关法律和规定，为保障社会成员的基本生活权利而提供的救助和补贴。广义而言，社会保障体系包括社会保险、社会救济、社会福利、优抚安置和社会互助、个人储蓄积累保障等。社会保障是解决民生问题最基础最有效的制度性措施之一，与民众的幸福息息相关，也是现代社会衡量政府诚信和负责任程度的重要标准，被称为社会治理的“稳定器”、经济运行的“减震器”和实现社会公平的“调节器”，在保障百姓基本生活、调节收入分配、拉动经济增长、维护社会稳定等方面，具有十分重要的作用。

建区以来，武侯区把“人人享有基本生活保障，人人享有基本医疗卫生服务”作为优先目标，以新的理念、新的举措，通过完善社会保险公共服务体系，着力扩大社会保险覆盖面；积极构建同经济发展水平相适应的社会保障和社会救助体系，加大对特殊困难群体、低保边缘群众的救助力度；加快推动社会化养老服务体系建设，全面落实养老机构建设扶持政策，积极引入社会组织参与社区养老服务。许多举措走在了前面，惠及了民生。

## 第一节 应保尽保 城乡居民社会保障全覆盖

随着社会保险覆盖面持续扩大,各项社保新政全面落实。到2013年,全区城镇职工五项社会保险基金累计征收33.42亿元,全年扩面净增城镇职工基本养老保险3.64万人、城镇职工基本医疗保险4.04万人、工伤保险2.52万人、生育保险3.62万人、失业保险2.46万人。城乡居民基本医疗保险参保19.94万人,参保覆盖率达到98%;城乡居民养老保险参保5 403人,参保覆盖率达到92%以上;重性精神病患者参保率达到100%。全年兑现支付各项社会保险待遇累计304.49万人次,总额13.5亿元。为符合条件按企业办法参保的26 135名企业和个体的领取养老金人员调整养老金待遇。

同时,创新机制,着力保障和改善民生。2013年,最低生活保障累计27 639人次,支出保障金905.83万元;医疗救助累计4 479人次,救助资金131.7万元;资助低保家庭学生233名,资助金额20.48万元。

多年来,武侯区的社会保障从城镇职工扩大覆盖到城镇居民,从城镇扩大覆盖到农村,从普通人群基本保障到特殊人群扶助性保障,不断从量上和质上提升着区域的幸福指数。

### 从城镇职工扩大覆盖到城镇居民

1991年,建区伊始,武侯区成立了区社会保险事业管理处,1992

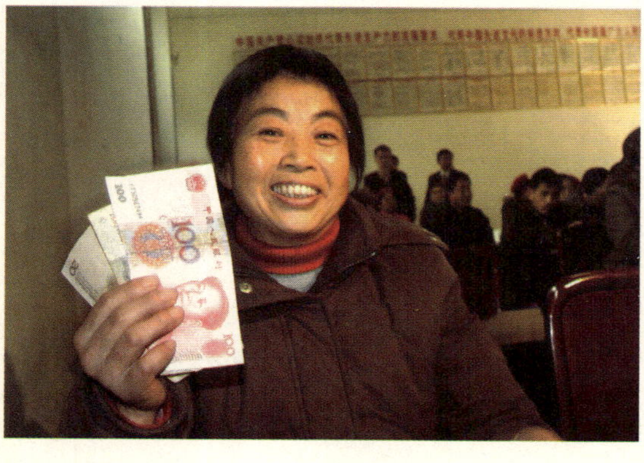

失地农民领到保险金

年更名为武侯区社会事业保险局。围绕“一个中心、两个确保、三条保障线”的目标建设新的社会保障机制，武侯区的基本养老保障模式从现收现付向“社会统筹与个人账户相结合”的体制转变。1995年，《关于深化企业职工养老保险制度改革的通知》提出，基本建立起适应社会主义市场经济体制要求，适用城镇各类企业职工和个体劳动者，资金来源多渠道、保障方式多层次、社会统筹与个人账户相结合，权利与义务相对应，管理服务社会化的养老保险体系。1998年，出台《关于建立城镇职工基本医疗保险制度的规定》，在此基础上，劳动和社会保障工作将社会保险体系建设的基本思路定位在“低水平、广覆盖、多层次、双方负担、统账结合”。至此，武侯区初步建立起了包括养老、失业、生育、医疗和大病统筹在内的多层次社会保障体系。

城镇养老保险覆盖面不断扩大。“社会统筹和个人账户相结合的城镇职工基本养老保险制度”于1995年建立、实施，其间不断扩展和完善。1998年国务院出台《关于建立城镇职工基本医疗保险制度的决定》，开始推行城镇医疗保险，其保障对象包括城镇所有用人单位。2001年8月，按照新出台的《成都市企业职工基本养老保险社会统筹与个人账户相结合实施办法》，制定了《成都市武侯区区属集体企业离退休人员基本养老金实行社会化发放的实施办法》，从2001年开始全额收缴基本养老保险，并为职工建立个人账户，结束区属集体企业单位职工退休统筹基金按差额征缴的办法，实行成都市统一的征缴办法和微机管理程序。

在城镇，社会保障体系建设以做实个人账户，将城镇居民、非公企业职工和灵活就业人员纳入保障范围为重点，不断扩大覆盖范围，突出解决了此前保障体系建设所存在的一些空白点。

做实个人账户。在1997年开始建立全国统一的企业职工基本养老保险制度时，武侯区同样采取的是“社会统筹与个人账户相结合”的模式。这个模式的好处是，比较好地均衡了企业、职工、政府三方的负担，体现了公平与效率的统一。但发展中也存在一些问题，最突出的就是个人账户一直是“空账运行”，预筹积累、防范老龄化风险的作用没有很好地发挥出来。

2005年12月，武侯区根据《关于完善企业职工基本养老保险制度的决定》明确提出，逐步做实个人账户，完善社会统筹与个人账户相结合的基本制度。明确职工按工资8%缴费建立养老保险个人账户，个人账户养老金根据个人缴费多少来确定。工作时间比较长，缴费数额比较多的，退休后就能相应地多得一些养老金，实现了可持续发展。

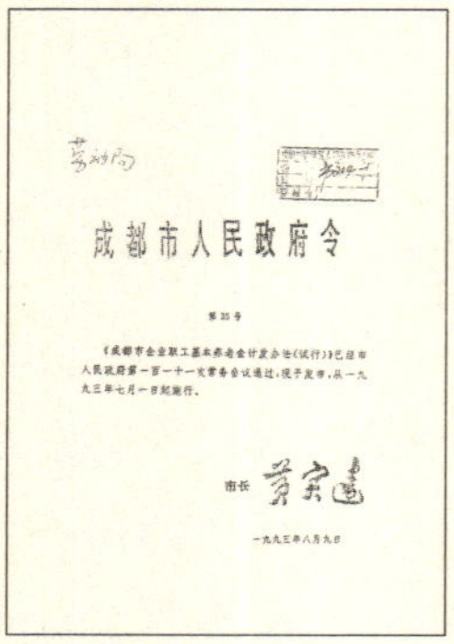
成都市人民政府令

第31号

市长 黄寅达

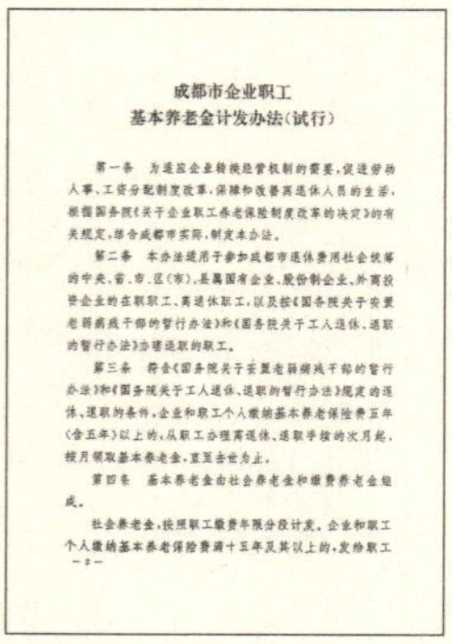
成都市企业职工基本养老金计发办法(试行)

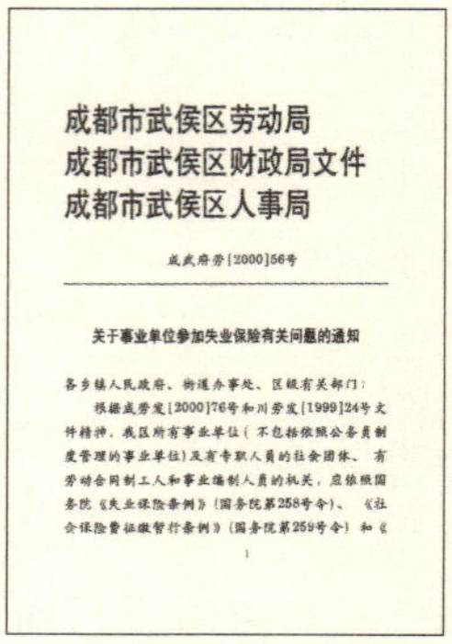
成都市武侯区劳动局
成都市武侯区财政局文件
成都市武侯区人事局

关于事业单位参加失业保险有关问题的通知

成都市武侯区人民政府文件

武府发〔1991〕59号

关于印发《成都市武侯区集体企事业单位正式职工退休统筹基金办法》的通知

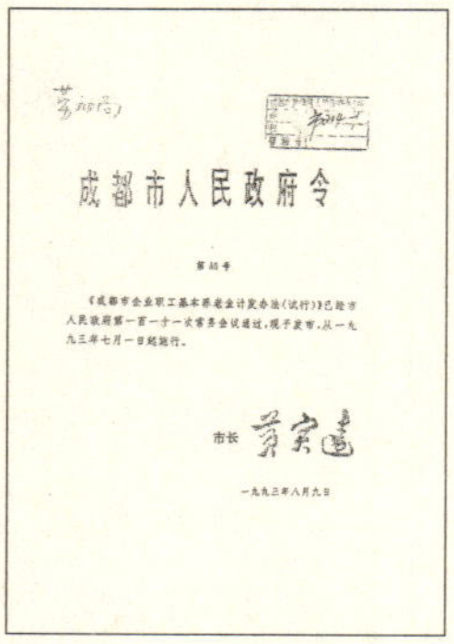
成都市人民政府令

第31号

市长 黄寅达

成都市人民政府文件

成都市人民政府印发关于建立新型农村合作医疗制度的意见的通知

一方面，武侯区将非公企业和灵活就业人员纳入养老保障范围。随着社会主义市场经济的发展，企业和从业人员的情况发生了很大的变化，非公有制经济从业人员、城镇个体劳动者和灵活就业人员数量大幅度增加。然而，这些从业人员的大多数还长期游离于基本养老保险、基本医疗保险等保障制度之外，长此以往不利于社会的和谐稳定。针对这种情况，武侯区将非公有制企业、城镇个体工商户和灵活就业人员参保为重点，扩大基本养老保险覆盖范围，将人数众多的非公企业和灵活就业人员纳入到保障范围。

另一方面，武侯区将城镇非从业居民纳入医保范围。继农民参加新农合，城镇职工参加医保之后，城镇居民中还有一个庞大的群体没有纳入医疗保障制度安排，这就是城镇儿童和未曾就业的老人。这个"一老一小"群体的医疗需求，既是医疗保险制度安排的最后一个空白点，也是基本建立覆盖城乡居民的社会保障体系亟须解决的一个突出问题。2007 年 7 月，武侯区根据《关于开展城镇居民基本医疗保险试点的指导意见》，决定从当年起开展城镇居民基本医疗保险试点，凡不属于城镇职工基本医疗保险制度覆盖范围的中小学阶段的学生(包括职业高中、中专、技校学生)、少年儿童和其他非从业城镇居民都可自愿参加城镇居民基本医疗保险。

建立城镇居民基本医疗保险制度，是武侯区在建立城镇职工基本医疗保险制度和新型农村合作医疗制度之后，解决群众看病难、看病贵问题的又一重大举措，是完善社会保障体系的一个重大步骤。由此，从制度上实现了基本医疗保险对城乡居民的全面覆盖。

### 从城镇扩大覆盖到农村

建区以来，武侯区高度重视“三农”问题，但在城乡二元经济结构的体制下，“三农”问题却是困扰区域发展的薄弱环节。在很长一段时间里，社会保障的设计，主要是面向城镇职工，广大的农村居民长期游离于这个制度之外。当时无论是“两个确保”，还是“三条保障线”，保障的对象主要是国企改革中的下岗职工、失业人员以及企业离退休人员的基本生活，工作重点仍然主要是在城镇；农村的社会保障，依然是社会保障建设中的薄弱环节。

武侯区在“三个集中”的统筹城乡经济社会发展中，更多地把目光关注农村，关心农民，在建设覆盖城乡的社会保障体系中，突出解决农村社会保障这块短板，新农合、农村低保、农村养老等一系列重大制度建设陆续出台。

2005 年 2 月底，武侯区出台了《农民参加社保的优惠政策》，规定女满 50 周岁，男满 60 周岁的农民，只要一次性付清 13 000 元，今后每个月就可以拿到 300 元的养老金；而且生病住院后，还可以按规定进行报销。当年江安河村的 48 位老人成了全区第一批参加社保的农民。

农民工、被征地农民、务农农民……随着这些人群逐渐被纳入社会保障体系，武侯区以城镇职工为主的社会保障体系开始向统筹城乡转变。2005 年是武侯区推进城乡一体化进程的重要一年，为加快农村发展，让农民真正从身份上、生活上及社会保障上同城市化接轨，武侯区委、区政府提出的统筹城乡经济社会发展的总体目标，切实解决农民的社会保障问题，先后根据《成都市农村社会养老保险方案（试行）》及《武侯区农民基本养老保险和基本医疗保险实施办法（试行）》等文件精神，开展了农民参加社会保险工作。通过及时的、有针对性地深入到各涉农街办进行调研、政策宣讲和组织动员，2005 年 7 月底，武侯区农民

失地农民保障无忧

参加社会保险的人数已达到13 382人,其中根据《成都市农村社会养老保险方案(试行)》参加农村社会养老保险的共计11 181人,根据《武侯区农民基本养老保险和基本医疗保险实施办法(试行)》参加农民社保的共计2 201人。

其实,从1992年开始,武侯区便根据《成都市农村社会养老保险方案(试行)》开展了农村社会养老保险工作(简称“老农保”),但是由于该项保险的养老金较低,且没有医疗保险,许多农民都不愿意参保。为此,2004年,武侯区委、区政府又根据成都市的相关政策,并结合我区的实际情况,拟订了《武侯区农民基本养老保险和基本医疗保险实施办法(试行)》(简称新农保)。新农保政策的出台一方面弥补了老农保政策的不足,使全区农民能够享受与城镇人员同等的待遇;另一方面又充分考虑了农民土地被征用,农转非后与城镇人员社会保险的衔接问题,切实消除了城乡差别,在社保方面真正实现了城乡一体化。

新农保针对户籍在武侯区的农民参加基本养老保险和医疗保险的情况,按照年龄不同分为两类参保人员。第一类是2004年12月31日前,女满50周岁、男满60周岁的农民,一次性缴纳13 000元,从缴纳次日起,每月领取养老金并享受同城镇人员同等的住院医保待遇;此外,区政府还会在农保基金里为每个人补贴5 000元。第二类是2004年12月31日前女未满50周岁、男未满60周岁的,实行逐年缴费制,其养老、医疗保险享受和城镇人员同等待遇。为鼓励这类人员积极参保,我区还特别规定,如果这类人员已达到退休年龄,允许其一次性补足15年的缴费年限;如果这类人员中有未就业的,政府还将每年在农保基金里为每位失业人员补贴100元,直至2007年12月31日。

为解决新老农保的政策衔接及参保农民农转非后与城镇社会保险的衔接问题,新农保还专门规定:农民在按新农保政策参加社会保险时,原已参加了老农保的人员,按规定办理退保手续,改按新农保政策参保。已达退休年龄的参保农民,农转非后按规定办理退保手续,并按照《成都市征地农转非人员社会保险办法》参加征地农转非人员社会保险,按时领取养老金,同时享受住院医疗保险待遇;未达退休年龄的参保农民农转非后,改按《成都市征地农转非人员社会保险办法》参加征地农转非人员社会保险,其原参加新农保时的缴费年限和缴费金额与现在的缴费年限和缴费金额合并计算。

新农保工作从2004年10月1日开始实施以来,运行状况良好,农民参保较为踊跃,切实解决了农民的养老和医疗问题,解决了他们的后顾之忧,实现了城乡社会保障体制的全覆盖。

## 第二节 大病统筹及困难人员救助

2014年3月6日，武侯区政府召开第42次常务会，审议通过了《武侯区救助政策情况的报告》，对全区救助政策进行了全面通报和梳理。会议要求进一步完善社会保障体系建设，加大财政对社会保障的投入力度，建立覆盖城乡居民的社会保障体系，落实医药卫生体制改革方案，加强覆盖城乡居民的公共卫生服务体系、医疗服务体系、医疗保障体系、药品供应保障体系建设，加大对低收入群众的帮扶救助力度，稳步提高社会保障水平。

### 城乡对接 构建社会保障新体系

一直以来，武侯区以努力实现“人人基本养得起老，人人基本看得起病”为目标，不断加大社会保障工作力度，初步建立起了与全区经济社会发展相适应的社会保障体系。1993年，武侯区下发《关于城镇企业职工实行大病医疗统筹有关问题的实施办法的通知》，规定用人单位和劳动者必须按照省市区有关规定参加大病医疗社会保障，缴纳大病医疗保险费，大病医疗保险费由参保单位和职工个人共同负担，具体比例由各单位自定，但职工每月负担不低于3元。

1997年，武侯区下发《关于进一步完善职工大病统筹医疗保险工作的通知》，对全区大病医疗保险缴费标准进行调整，在职和退休人员

关爱失地农民健康

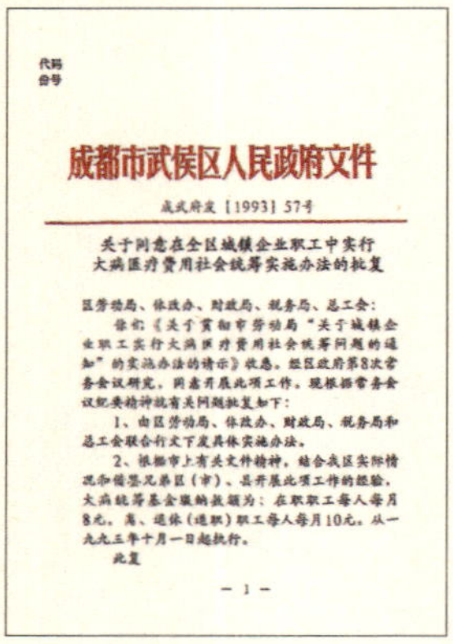
代码
台号

成都市武侯区人民政府文件

成武府发〔1993〕57号

关于同意在全区城镇企业职工中实行
大病医疗费用社会统筹实施办法的批复

区劳动局、体改办、财政局、税务局、总工会：

你们《关于贯彻市劳动局"关于城镇企业职工实行大病医疗费用社会统筹问题的通知"的实施办法的请示》收悉。经区政府第8次常务会议研究，同意开展此项工作。现根据常务会议纪要精神就有关问题批复如下：

1、由区劳动局、体改办、财政局、税务局和总工会联合行文下发具体实施办法。

2、根据市上有关文件精神，结合我区实际情况和借鉴兄弟区（市）、县开展此项工作的经验，大病统筹基金缴纳数额为：在职职工每人每月8元，离、退休（退职）职工每人每月10元，从一九九三年十月一日起执行。

此复

— 1 —

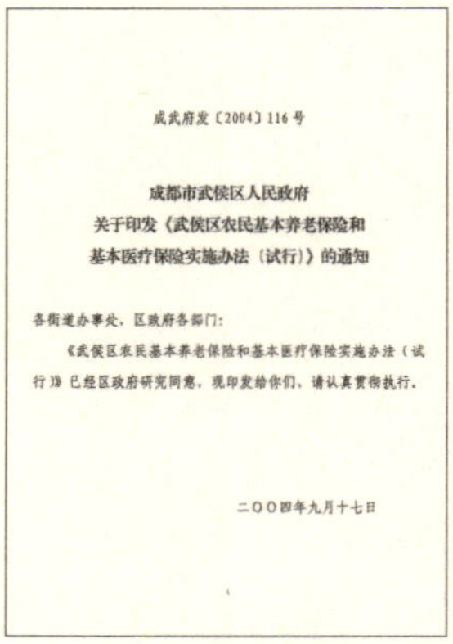
成武府发〔2004〕116号

成都市武侯区人民政府
关于印发《武侯区农民基本养老保险和
基本医疗保险实施办法（试行）》的通知

各街道办事处，区政府各部门：

《武侯区农民基本养老保险和基本医疗保险实施办法（试行）》已经区政府研究同意，现印发给你们，请认真贯彻执行。

二〇〇四年九月十七日

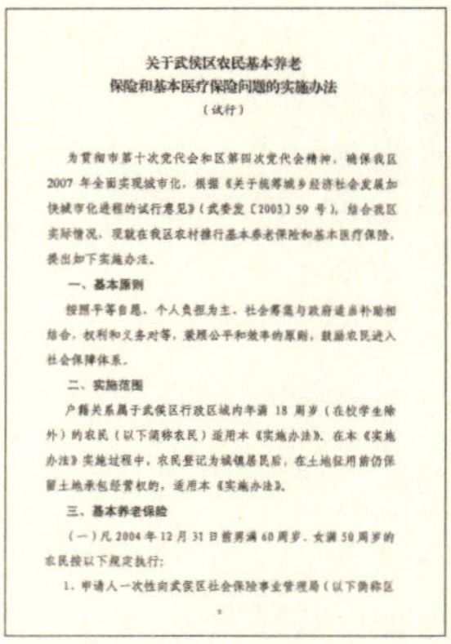
关于武侯区农民基本养老
保险和基本医疗保险问题的实施办法
（试行）

为贯彻市第十次党代会和区第四次党代会精神，确保我区2007年全面实现城市化，根据《关于统筹城乡经济社会发展加快城市化进程的试行意见》（武委发〔2003〕59号），结合我区实际情况，现就在我区农村推行基本养老保险和基本医疗保险，提出如下实施办法。

一、基本原则

按照平等自愿、个人负担为主、社会筹集与政府适当补助相结合，权利和义务对等，兼顾公平和效率的原则，鼓励农民进入社会保障体系。

二、实施范围

户籍关系属于武侯区行政区域内年满18周岁（在校学生除外）的农民（以下简称农民）适用本《实施办法》。在本《实施办法》实施过程中，农民登记为城镇居民后，在土地征用前仍保留土地承包经营权的，适用本《实施办法》。

三、基本养老保险

（一）凡2004年12月31日前男满60周岁、女满50周岁的农民按以下规定执行：

1、申请人一次性向武侯区社会保险事业管理局（以下简称区

统一标准，使大病医疗保险更加规范化。2001年7月，出台《武侯区城镇职工基本医疗保险暂行办法》，规定城镇所有用人单位及其职工，按属地管理必须参加基本医疗保险。

为加强城乡对接，构建社会保障新体制，2003年1月，武侯区按照《关于建立新型农村合作医疗的意见》，正式启动新型农村合作医疗制度。2003年开始实行的"新农合"，不是原来农村合作医疗的简单翻版。与过去相比，它实现了四个转变，即由农民自发互助转变为由政府主导，由主要依靠个人缴纳和集体经济补贴转变为主要依靠政府投入，由解决小伤小病转变为以"大病统筹"为主，由以村为单位转变为以县为单位统筹和管理。因此，它比原来的农村合作医疗明显提高了保障水平，它第一次让政府公共医疗卫生体系的阳光普照到广大农民，"新农合"大大减轻了农民群众的负担。

在深化医疗保险改革，扩大农村合作医疗覆盖面中，2004年，武侯区推行了以大病统筹为主的新型农村合作医疗制度，凡参加新型农村合作医疗的个人，以家庭为单位，每人每年筹资10元，区、街道财政每年分别按每人20元的标准进行补助，切实解决农民因病致贫、因病返贫的问题。同时深化医疗保险制度改革，加快建立多层次的医疗保障体系，满足各类人群不同水平的医疗保险需求。加强定点医疗机构和定点零售药店的管理服务工作，降低医疗和药品费用，完善结算办法。

武侯区着力深化社会保障制度改革，打破城乡二元社会结构，以养老和医疗保险为重点，以最低生活保障为基础，不断健全城乡一体的社会救助体系，使农民在养老、医疗、教育等社会保障方面逐步达到与城市同等水平。据统计，1991年1月至2003年12月，全区涉及农转非人员约53 000人，按规定应参保的已征地农转非人员18 095人，实际参保17 156人，参保率94.8%。2004年9

月出台的《武侯区农民基本养老保险和基本医疗保险实施办法（试行）》，率先在成都市为农民办理社会保险卡，农民参保率稳步上升，基本实现了城乡社会保障事业同步协调发展。

## 城乡并轨　建立城乡一体保障体系

为更好地保障城乡困难群众的基本生活，落实好对困难群众的各项救助帮扶措施，1995 年 4 月，武侯区按照《城市最低生活保障条例》和《成都市城市居民最低生活保障实施办法》的要求，部署全区城镇居民最低保障工作。城市居民最低生活保障对象分为三类：一类是无生活来源、无劳动能力、无法定赡养人或抚养人；二类是领取失业救济金或失业救济期满仍未能重新就业，家庭收入低于最低生活保障标准的居民；三类是在职人员和下岗职工在领取工资（最低工资）、基本生活费后以及退休人员领取退休金后，其家庭收入仍低于最低生活保障的居民。1996 年 3 月至 9 月，武侯区分两次向月人均收入低于 150 元的低收入城镇居民发放“帮困粮卡”，全区有 4401 户 1.11 万人领取。

2005 年，武侯区出台了《关于建立城乡一体化社会救助体系的实施意见》，除基本生活、养老、教育、住房救助外，增加了就业援助、司法援助、心理援助等方面内容，努力做到老有所养、少有所学、青有所业、贫有所济、弱有所扶、残有所帮。

在完善农村低保制度方面，农村最低生活保障标准由每人每年 800 元逐步提高到每人每月 210 元，农村低保每人每年可领到 2 520 元，实现了城乡低保完全并轨。同时将低保制度与失业保险制度、被征地农民保障等工作相结合，对符合低保条件失业保险到期仍未实现再就业，及被征地农民未实现就业的困难群众给予最低生活保障，对享受低保后仍有特殊困难的家庭实施临时救济。

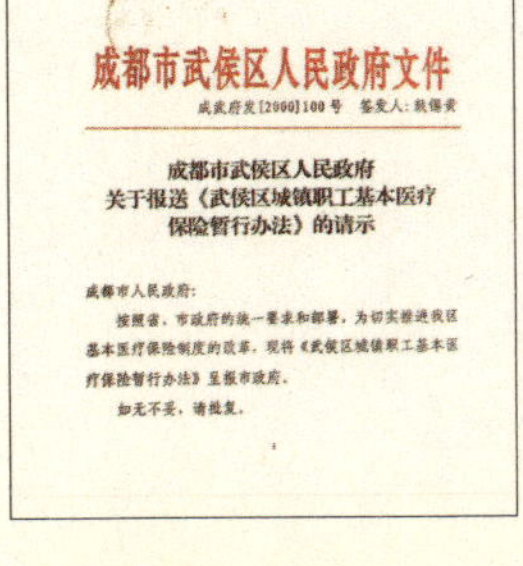
代码
份号

成都市武侯区人民政府文件

成武府发[2000]100号　签发人：[illegible]

成都市武侯区人民政府
关于报送《武侯区城镇职工基本医疗保险暂行办法》的请示

成都市人民政府：

按照省、市政府的统一要求和部署，为切实推进我区基本医疗保险制度的改革，现将《武侯区城镇职工基本医疗保险暂行办法》呈报市政府。

如无不妥，请批复。

1

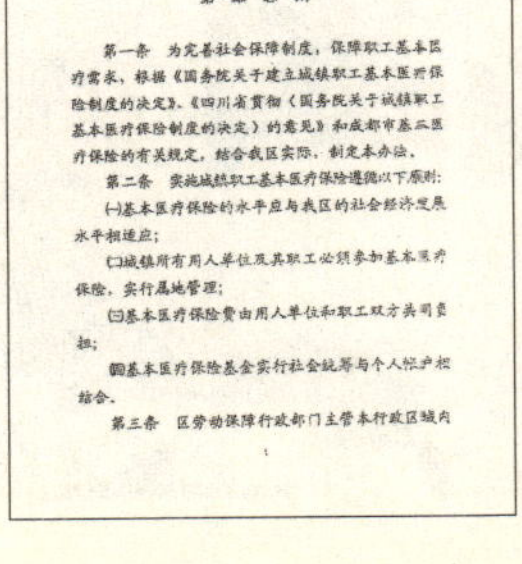
武侯区城镇职工基本医疗保险暂行办法

第一章　总　则

第一条　为完善社会保障制度，保障职工基本医疗需求，根据《国务院关于建立城镇职工基本医疗保险制度的决定》、《四川省贯彻〈国务院关于城镇职工基本医疗保险制度的决定〉的意见》和成都市基本医疗保险的有关规定，结合我区实际，制定本办法。

第二条　实施城镇职工基本医疗保险遵循以下原则：

㈠基本医疗保险的水平应与我区的社会经济发展水平相适应；

㈡城镇所有用人单位及其职工必须参加基本医疗保险，实行属地管理；

㈢基本医疗保险费由用人单位和职工双方共同负担；

㈣基本医疗保险基金实行社会统筹与个人帐户相结合。

第三条　区劳动保障行政部门主管本行政区域内

1

切实抓好帮困助学。全区领导干部、企事业单位、群众共资助低保家庭中小学生 592 人次，资助金额 52.9 万元；全区申请成都市慈善会资助的大中专生共计 438 人次，资助金额 55.98 万元。2001 年至 2004 年，全区筹集资金 320 万元，共为 134 户困难群众修建住房 10000 余平方米，部分城市困难群众享受了市政府廉租住房政策。全面开展社会捐助工作，共建立社会慈善捐助接收点 46 个，2004 年以来共接收捐款 267.9 万余元，用于资助困难群众生活。

在实施医疗救助方面，截至 2006 年 5 月，共救助城市困难群众 280 人次，农村医疗救助 38 人次。对因病致贫的困难群众采取临时救助办法，帮助解决困难群众的基本生活问题，同时积极进行帮困建房。

长期以来，武侯区坚持以人为本，创新体制，构建城乡社会保障新体制，促进了城乡和谐发展，建立了城乡最低生活保障制度，2007 年 7 月率先在成都市实行农村低保与城市低保并轨。2007 年年底，全区低保家庭累计 8 811 户次，保障人次 17 267 人次，累计发放保障金 176.9 万元。

社会保险覆盖面不断扩大。2007 年年底，武侯区参加基本养老保险 39 693 人，参加基本医疗保险 59 309 人，参加工伤保险 21 586 人，参加生育保险 39 693 人，参加综合保险 13 630 人，参加机关事业单位养老保险 1 136 人。共有 17 156 名已征地农转非人员参加了社会保险，有 7 111 人开始每月领取 300 元的养老金并享受住院医疗保险待遇。新征地农转非人员参保 2 332 人。农民参加养老保险和医疗保险达 3 127 名，2 999 名达到退休年龄的农民享受了每月 300 元的养老金和住院医疗保险待遇。企业参加各类保险的总人数达 261 893 人，社保基金征集率达 95%以上，领取养老金的参保对象 14 575 人，纳入社会化管理的企业退休人员 39 640 人。

◀失地农民领到社会保险证

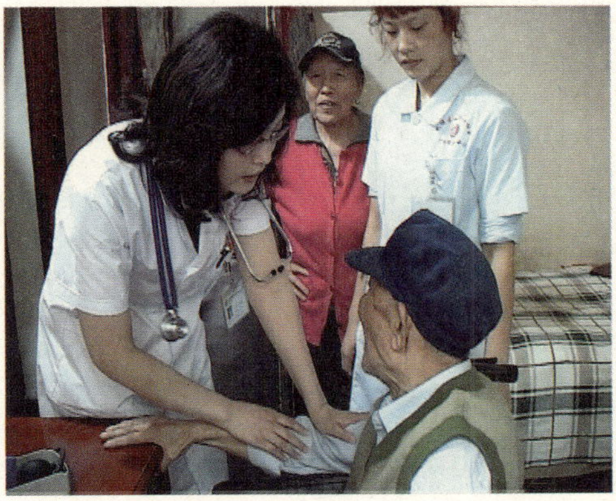

医疗保险『服务外包』

同时，武侯区失业、工伤、生育保险覆盖面逐步扩大，继国营企业职工待业保险制度之后，1999 年正式颁布《失业保险条例》，这标志着具有保障失业人员基本生活和促进其就业的双重功能的新型失业保险制度开始建立。保障对象由最初的城镇企事业单位及其职工，进一步扩大到了个体工商户及其雇佣人员及合同制农民工。2003 年《工伤保险条例》颁布实施，其保障范围为所有企业、个体工商户及其职工。1994 年《企业职工生育保险试行办法》开始实施，保障范围为城镇企业职工。

### 大胆创新　基本医保“公共服务外包”

2011 年初，武侯区在成都市率先尝试的医疗保险“公共服务外包”，让辖区居民在家门口的社区卫生服务中心一趟就搞定了。武侯区社保局将基本医疗保险门诊特殊疾病业务委托区人民医院、区第三人民医院、区第五人民医院和区属 12 个社区卫生服务中心等区属公立医疗机构办理，全区基本医疗保险参保病人在家门口就可以方便地办理门诊特殊疾病业务了。

家住红牌楼街道长城社区 75 岁的王洪仁被确诊患有糖尿病，患上这种病要长期坚持治疗。虽然他参加了基本医疗保险，大部分费用都可以报销，但是必须到社保大厅去才能报销医疗费用，到了社保大厅又要忍受排队之苦，来回跑几趟才能报到账，非常不便。

像王洪仁这种年龄，得了这种病，心情本来就不好，还要为了报账一天到晚跑来跑去，心里更是高兴不起来，最盼望的是在家门口就能方便地办理医保报销。他们的想法代表了所有特殊疾病患者的愿望。

2011年2月25日,经过充分调研论证,武侯区社保局与武侯区卫生局正式启动并实施了"门诊特殊疾病业务"下移工作。这为全区40多万名城镇职工基本医疗保险和城乡居民基本医疗保险的参保居民,及7 000多名申请"门诊特殊疾病业务"的居民打开了一扇便民惠民之门。报销社保的居民在社区卫生服务中心就可以申请办理"基本医疗保险门诊特殊疾病"业务。

武侯区基本医疗保险公共服务以"服务外包"的方式,把与基本医疗保险门诊特殊疾病的申请、审批、审核、结算业务等有关的人、财、物"一揽子"委托区属公立医疗机构,实行专业机构办理、经办机构指导、行政部门监管、政府给予补贴的"一站式"服务模式。与此前由区级医疗保险经办机构集中办理相比较,办事流程进一步简化,结算支付时间进一步缩短,业务成本进一步降低,群众往返办理次数显著减少,经办机构业务负担大幅减轻,医疗机构服务对象更加丰富,服务质量和办事效率明显提高,形成了经办机构、医疗机构、办事群众"多赢"的局面。

2001年前,门诊特殊疾病申请要经过这几个步骤:第一是申请,第二是对申请进行审批,第三是对费用进行审核,最后一步是结算。为简化程序,武侯区创新医疗保险公共服务新模式,把申请、审核、审批全部下放到社区卫生服务中心和区属公立医院,最后,应该支付给病人的费用由区社保局支付。"门诊特殊疾病业务"下移工作是武侯区对医疗保险服务开展实施的一种"公共服务外包"模式。这种新模式将以前结算后支付到账的1个月左右时间提前到为10个工作日。自开展门诊特殊疾病业务委托区属公立医疗机构办理以来,截至2011年7月5日,各区属公立医院共办理门诊特殊疾病业务4 164件,比上年同期增加近20%。

有关专家认为,基本医疗保险门诊特殊疾病业务委托区属公立医疗机构办理,不仅在全市率先创立了全新的医疗保险公共服务模式,更是积极探索医疗保险"公共服务外包"的一次有益尝试。区人社局表示,还将不断改进和完善门诊特殊疾病业务的经办流程和结算支付程序,进一步研究和探索扩大委托区属公立医疗机构办理医疗保险业务的范围,提升医疗保险公共服务水平。

## 第三节 扶贫济困及阳光救助

随着经济社会的发展，武侯区更加注重社会建设，着力保障和改善民生，建立完善了《关于进一步解决困难家庭人员住院医疗保障问题的实施意见（试行）》、《建立健全城乡困难群众临时救助制度的意见》等多元化城乡救助制度，加大对临界困难人员、因病致贫家庭的救助力度，逐步建立社会保险、社会救助、社会福利、慈善事业相衔接的覆盖城乡居民的社会保障体系；切实有效解决特殊困难人群住院医疗费用负担偏重，导致久病不医、小病拖成大病、因病致贫、因病返贫的问题，建立和完善覆盖城乡居民的基本医疗卫生保障体系，让他们病有所医、看得起病、放心看病。

### 多元救助　因病致贫得到有效帮扶

2011 年 8 月，武侯区按照新出台的《关于进一步解决困难家庭人员住院医疗保障问题的实施意见（试行）》规定，对低保对象和困难家庭重度残疾人两类救助对象，在基本医疗保险定点医疗机构发生的符合基本医疗保险规定的住院医疗费用，实施一般救助，救助标准有所提高。此举旨在切实有效解决特殊困难人群住院医疗费用负担偏重，导致久病不医、小病拖成大病的问题。该政策实施后，大大减轻了困难群众看病就医的负担，受到群众好评。

捐款扶贫

党代表为困难群众募捐

家住簇锦社区的魏光群，患有冠心病和胆囊炎，老伴儿和儿子都患有精神类疾病，一家人的生活非常困难，全靠低保金和社会资助度日。她患的病属于慢性病，需要调养控制。虽然政府帮买了基本医疗保险，保险会报销大部分医疗费用，但自己哪怕承担几百块钱也是很大的困难。

自武侯区《关于进一步解决困难家庭人员住院医疗保障问题的实施意见（试行）》实施后，像魏光群这样的困难群众的住院费大大降低。

魏光群于 2011 年 8 月 9 日住院，8 月 17 日出院，全部住院费用为 3342.08 元，基本医疗保险报销 83.5%后还有 549.4 元；剩余部分通过一般救助又报销了 60%后，还有 219.8 元；最后，再通过武侯区新出台的特殊救助政策进行 95%的救助报销后，魏光群实际自付的住院费用只有 11 元钱。

武侯区出台的《关于进一步解决困难家庭人员住院医疗保障问题的实施意见（试行）》规定的“一般救助”分为四类：一是对城市“三无”对象、农村“五保”对象在基本医疗保险定点医疗机构发生的住院医疗费用，扣除城乡居民基本医疗保险和大病医疗互助补充保险报销的费用后，剩余的符合基本医疗保险规定的住院医疗费用全额救助。二是低保对象住院起付标准以下的部分给予全额救助。三是住院救助。低保对象和困难家庭重度残疾人在基本医疗保险定点医疗机构发生的符合基本医疗保险规定的住院医疗费用，扣除各种医疗保险报销的费用后，剩余医疗费用按医院级别予以不同比例救助：一级医院 70%、二级医院 60%、三级医院 50%；一个自然年度内，每人每年累计最高住院救助标准为 20 000 元（含住院起付费）。四是大病住院救助。低保对象和困难家庭重度残疾人中患有恶性肿瘤、白血病、尿毒症、门诊特殊疾病的和实施器官移植术及抗排斥治疗的，在定点医疗机构发生的符合基本医疗保险规定的住院医疗费用，扣除各种医疗保险报销的费用后，剩余医疗费用不分医院级别，均按最高救助比例 70% 救助；一个自然年度内，每人每年累计最高住院救助标准为 40 000 元（含住院起付费)。

“特殊救助”,消除救助盲区。具有武侯区户籍的低保对象和困难家庭重度残疾人(在《意见》实施后户籍新迁入武侯区的,户籍迁入后须满 2 周年及以上),在武侯区人民医院、武侯区第三人民医院、武侯区第五人民医院和区属望江路、红牌楼、机投桥社区卫生服务中心(以下简称“区属公立医疗机构”)住院发生的医疗费用,经基本医疗保险和大病医疗互助补充保险等各种保险报销后,先按前述一般救助办法进行救助,剩余的符合基本医疗保险规定的住院医疗费用,再按 95%的比例救助。救助后个人负担的医疗费用(不含自费药品费用,抢救除外)在 5 000 元(含)以内的,区民政局再按以下比例予以救助:1 000 元(含)以下按 95%的比例救助;1 000~3 000 元(含)按 85%的比例救助;3 000~5 000 元(含)按 75%的比例救助。

“临时救助”,完善救助体系。对因患重大疾病影响基本生活的低保对象和困难家庭重度残疾人,一个自然年度内扣除各种医疗保险报销和医疗救助后,个人负担的住院医疗费用累计在 3 000~10 000 元的,按个人负担部分的 30%给予一次性临时救助;累计超过 10 000 元(含)以上的,按个人负担部分的 50%给予一次性临时救助。临时医疗救助每人每年不超过 10 000 元(含)。

另外,低保对象和困难家庭重度残疾人,在一个自然年度内扣除各种医疗保险报销和医疗救助后,个人负担的住院医疗费用累计在 5 000 元(含)以上的,按《成都市民政局、成都市财政局关于建立成都市城乡困难群众补充医疗救助制度的试行意见》(成民发〔2011〕27 号)的相关规定予以救助。

2006 年年初,火车南站街道为解决困难群体“因病致贫、因病返贫,有病不敢医,有院不敢住”的问题,在上级有关部门的指导下,积极探索如何从机制上

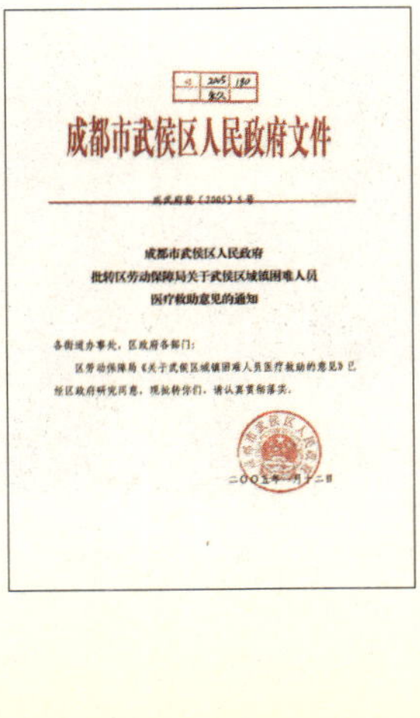

成都市武侯区人民政府文件

武武府发〔2005〕5 号

成都市武侯区人民政府
批转区劳动保障局关于武侯区城镇困难人员
医疗救助意见的通知

各街道办事处,区政府各部门:

区劳动保障局《关于武侯区城镇困难人员医疗救助的意见》已经区政府研究同意,现批转你们,请认真贯彻落实。

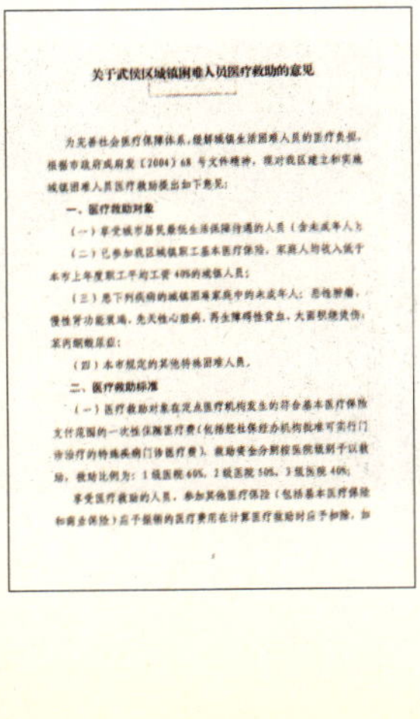

关于武侯区城镇困难人员医疗救助的意见

为完善社会医疗保障体系,缓解城镇生活困难人员的医疗负担,根据市政府成府发〔2004〕68 号文件精神,现对我区建立和实施城镇困难人员医疗救助提出如下意见:

一、医疗救助对象

(一)享受城市居民最低生活保障待遇的人员(含未成年人);

(二)已参加我区城镇职工基本医疗保险,家庭人均收入低于本市上年度职工平均工资 40%的城镇人员;

(三)患下列疾病的城镇困难家庭中的未成年人:恶性肿瘤、慢性肾功能衰竭、先天性心脏病、再生障碍性贫血、大面积烧烫伤、苯丙酮酸尿症;

(四)本市规定的其他特殊困难人员。

二、医疗救助标准

(一)医疗救助对象在定点医疗机构发生的符合基本医疗保险支付范围的一次性住院医疗费(包括经社保经办机构批准可实行门诊治疗的特殊疾病门诊医疗费),救助资金分别按医院级别予以救助,救助比例为:1 级医院 60%,2 级医院 50%,3 级医院 40%;

享受医疗救助的人员,参加其他医疗保险(包括基本医疗保险和商业保险)后予报销的医疗费用在计算医疗救助时应予扣除,如

和体系上对这部分群众给予特别的医疗救助，在全省率先出台《弱势群体补充医疗救助办法》，加上市、区其他保障救助，火南辖区弱势困难群众医疗救助保障达 90%。

省、市、区都建立了《城市医疗救助制度》，但火车南站街办为何还要出台《补充救助办法》呢？辖区内一些困难群众虽然有低保收入和社会医疗保障，但这些只能维持最低生活。一旦生病，特别是患重大疾病，不但吃不起药，更住不起院；哪怕社保最高能报销 60%的费用，但 40%的自付部分对他们来讲仍是一笔“巨资”。构建和谐社会，必须对这部分弱势群众进行特殊救助。因此，街道积极研究起草了《火南辖区弱势群体补充医疗救助办法》(以下简称《办法》)，经过科学论证，于 2006 年 5 月 9 日正式实施。此举为辖区困难弱势群众提供了更全面的就医保障。

《办法》规定，救助对象为：低保人员、特困残疾人员、参加武侯区城镇职工基本医疗保险，因患尿毒症、精神病、恶性肿瘤等重大疾病经各种互助救助帮困后，自付医疗费用仍有困难且影响家庭基本生活的辖区低收入人员。救助范围：门诊、家庭病床、住院所发生的费用，具体报销费用除城镇困难人员医疗救助、中英 UHPP 项目救助以及各种医疗保险等互助救助外的费用。新出台的《补充医疗救助办法》将救助对象由低保人员扩大到低收入人群和特困残疾人，救助范围也扩大到门诊、家庭病床和住院费用。

《办法》规定了医疗救助标准：低保人员每次门诊费用可报销 80%，每人每年封顶线为 100 元；特困残疾人员门诊医疗费按 100%比例予以救助，每人每年门诊医疗救助封顶线为 100 元；家庭病床医疗费、住院医疗费可报销 90%，每人

▲ 新春慰问

▲ 阳光助学

每年封顶线为 1 000 元。门诊医疗费和家庭病床医疗费，家庭成员之间可以捆绑使用。即：家庭成员之间可以把几个人的门诊费用集中起来使用；如果没有使用，可以累积到下一年度。例如，一家 3 口人，如果孩子报销的部分只有 70 元，剩余的 30 元可转到父母报销的金额里；如果一年内没有用过一分钱，则下一年度积存为 200 元。

对于患重大疾病住院的低保人员，住院医疗费按发生费用的 90%的比例予以救助，每人每年住院医疗费救助封顶线为 5 000 元。患重大疾病(恶性肿瘤、肾功能衰竭、再生障碍性贫血等)的困难人员，如全年累计自付医疗费超过 3 万元，每人每年还将获得一次性救助 5 000 元。例如，一名符合救助条件的困难人员，假如住院费花去 5 000 元，其中中英 UHPP 项目救助 1 000 元，剩余的 4 000 元，社保救助 60%(即 2 400 元)，而个人仍将自付 1 600 元；《办法》对个人自付的这 1 600 元还可再报销 90%，即可报销 1 440 元，而个人只需付 160 元。该《办法》出台后，再加上市、区相关救助，实际为困难弱势群众提供了 90%以上的医疗保障。

### 临界困难　每个家庭可获万元救助

2012 年，武侯区出台《建立健全城乡困难群众临时救助制度的意见》，明确了困难群众临时救助的范围、标准、程序，救助资金的来源和管理等。因患危重疾病、人身意外伤残、火灾、教育支出过大等临时性、突发性原因造成基本生活出现暂时困难急需救助的家庭，视困难程度给予 500~4000 元不等的一次性救助；一年内，救助家庭因同一原因造成临时生活困难的，原则上实行一次性救助，家庭年救助总额不超过 10 000 元。

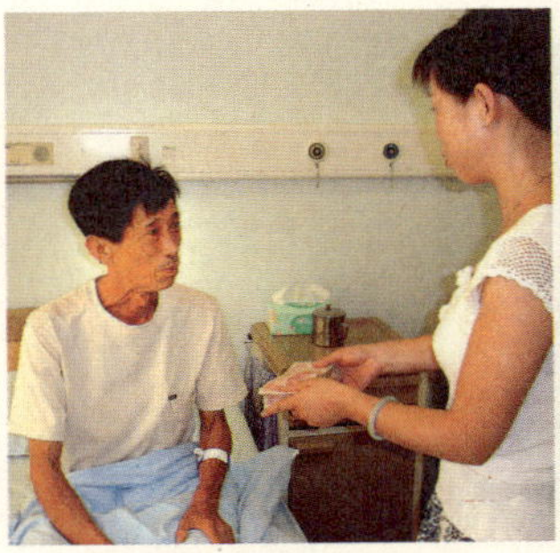

▲慰问因病致贫的居民

▲向困难老人发慰问品

▲残疾人领到基本医疗保险补助金

关爱老年人

救助范围为：具有武侯区户口的居民，因患危重疾病、人身意外伤残、火灾、教育支出过大等临时性、突发性原因造成基本生活出现暂时困难急需救助的家庭。主要包括：在最低生活保障和其他专项社会救助制度范围之外，由于特殊原因造成基本生活出现暂时性困难的低保边缘家庭；已纳入最低生活保障和其他专项社会救助覆盖范围，但由于特殊原因导致其基本生活暂时出现较大困难的家庭；区政府认定的其他应予救助的人员。

临时救助形式一般以现金救助为主，必要时可以现金等价的实物实施救助。申请享受临时救助的家庭，以家庭为单位由户主向户籍所在地村（居）民委员会提出书面申请，经村（居）民委员会入户调查、民主评议，街道办事处复查、集体评议，并进行张榜公示，报区民政局审批后进行发放。

武侯区建立健全城乡困难群众临时救助制度，旨在进一步完善我区城乡一体化社会救助体系，解决困难群众自身无力解决的最现实、最直接和最紧迫的困难，化解社会矛盾，维护社会稳定。

在改善困难群体生活上，继续完善城乡一体的就业援助制度，大力开发家政服务等社区公益性岗位，托底安置零就业家庭等就业困难人员；扩大低保、特困救助覆盖面，提高低保、特困救助、优抚对象抚恤救助和失业保险金标准，探索建立低保标准增长与居民收入增幅挂钩机制。

同时，为让贫困人群看得起病，武侯区先后出台了《武侯区城镇困难人员医疗救助若干问题的实施意见》《武侯区农村困难人员医疗救助补助办法》《武侯区新型农村合作医疗实施意见》《中英城市社区卫生服务与贫困救助项目医疗救助实施方案》等文件，形成了政策支持体系。建立了社保、民政、卫生相互衔接的完整医疗救助工作体系：民政部门负责贫困人员交纳住院门槛费的医疗补助；社保部门负责贫困人员的大病住院救助；卫生部门负责贫困人员的日常管理和门诊、预防保健服务。其中明确了社区卫生服务中心承担为社区救助对象提供门诊、预防、保健和一般住院的服务，建立了必须通过社区卫生服务中心转诊的双向转诊制度。

2004 年，中英 UHPP 项目中我区低保人员纳入注册管理 4 135 人，占全区低保总数的 98.8%，提供门诊 10 003 人次、家庭病床 248 人次、住院 286 人次，共使用了中英项目年度救助资金 176.4 万元；政府大病救助和补助资金 31.2 万元；合作医疗资金 51.63 万元。在 2005 年 3 月份召开的"武侯区城市贫困人员医疗救助体系研讨会"上，来自中外相关领域的专家，对武侯区的医疗救助体系给予了高度的评价，认为该模式充分体现了政府主导、部门配合、资源整合，从效果上体现了广覆盖、高保障、简便易行的特点，广大受益群众非常满意；该救助模式在全国都具有创造性和广泛的推广性。

### "就医卡"诞生　困难群体享受免费救治

就医难、看病贵的问题一直以来都是重要的民生话题，武侯区一直致力于这一问题的破解，同时还出台政策，让困难群体能享受到免费救治。

2006 年 3 月 25 日，武侯区对外发布了关于医疗改革方面的重要举措，居民只要在辖区社区卫生服务中心看病，就可以买到比零售药房便宜 10%左右的药品，这就是中西部地区率先启动的社区基本用药"零加价"活动。

所有药品都由政府集中招标采购，统一配送，零利润销售，从医院为采购主体的格局变为政府为主体，以保证居民在社区就医时享受到让利药品；社区卫生服务机构损失的药品差额全部由政府补贴，从根本上扭转社区卫生机构以药养医的现状。

只要户籍地、居住地均在武侯区内的居民，带上身份证和户口簿到户籍所在地的街道社区卫生服务中心领取以户为单位的就医卡，就医卡里会录入一家人的基本信息，以后到社区卫生服务中心看病，带上"就医卡"，就可以享受到药品优惠以及健康档案、双向转诊等便民服务。

这个利好消息得到了老百姓的拥护，对那些经济困难的家庭无疑是雪中送炭。为彻底地保证百姓能看得起病，武侯区在"零加价"活动上也做出了特别的规定，杜绝"大处方"。医生一次处方药量不得超过三天，慢性病药量不得超过 7 天，单张处方不能超过 40 元。据统计数据显示，实行"零加价"后，社区卫生服务中心的 450 种常用药、基本用药在原药价的基础上，全部下降 20%，比市场上的零售药房还便宜 5%至 10%。

实施这一政策的背后，是武侯区财政拨出的大量资金作强有力的支撑。2007 年 3 月 8 日，社区卫生服务年动员大会召开，武侯区明确将每年投入 1 000

多万元专项资金，用于城乡社区卫生服务；紧接着，全区 14 家社区卫生服务中心全部实行药品零加价；2008 年武侯区还实现了村村都有社区卫生服务站的满覆盖目标。

与此同时，武侯区发挥社区卫生服务机构在惠民行动中的平台作用，对城乡居民、低保人群和“孤老”、“三无”人员等特殊人群提供便捷、适宜的医疗救助服务，落实了社区卫生服务的“三免、四减、两优惠、一方便、零加价”等惠民政策。

## 慈善救助　阳光洒满武侯大地

慈善事业作为社会保障体系的重要组成部分，在改善民生、促进社会和谐、推动社会文明、保持社会稳定等方面有着不可替代的作用。武侯区慈善会成立以来，在武侯区委、区政府的高度重视和大力关心下，在社会各界的广泛参与下，务实进取、开拓创新，取得了显著成绩。大力开展各种活动，募集慈善资金，实施了“阳光圆梦工程”“阳光育苗工程”“阳光助老工程”“阳光新居工程”“阳光宏志工程”，为全区慈善事业进一步发展打下了良好基础，创造了更加宽广的发展平台。

2011 年 3 月 16 日，在武侯区慈善会召开的第二届会员代表大会暨第一次理事会上，审议第一届慈善会理事会工作报告和财务情况报告，表决通过了第二届慈善会会长、副会长、秘书长、理事建议名单，会议还讨论通过了《成都市武侯区慈善会资金管理办法》和区慈善会 2011 年救助方案，并公布了五年来，大力开展各种捐助活动，共募集善款 3 996.79 万元的具体情况。

武侯区慈善会开展了形式多样的募捐和救助活动，充分发挥了慈善事业在社会保障体系中的重要补充作用。2008 年“5·12”汶川特大地震后，区慈善会迅

阳光育苗工程

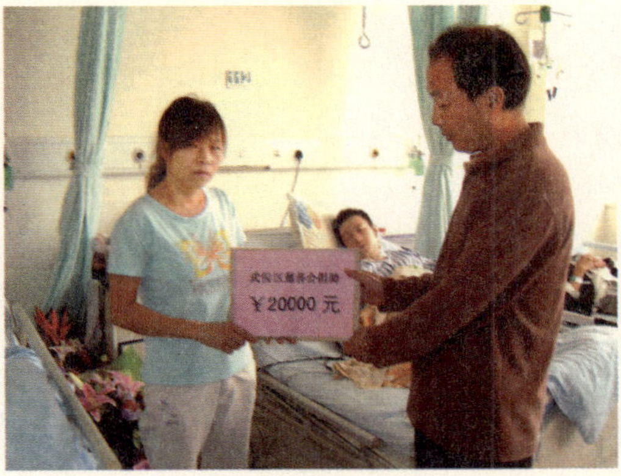


向困难群众发慰问金

速开展了“5·12”抗震救灾专项捐助活动，全区各界发扬“一方有难、八方支援”的优良传统，纷纷伸出援助之手。区慈善会共募集抗震救灾资金 2 627.7 万元，帐篷、床垫、衣服、发电机、米面、罐头、食用油、矿泉水等各类救灾物资折合人民币 227.95 万元，极大地支援了灾区灾后重建工作。

2006 年以来，按照成都市慈善会的要求，武侯区慈善会开展了以“帮寒门学子入学，助贫困家庭脱贫”为主题的“一个不能少”“阳光圆梦工程”帮困助学专项救助活动。为有序地实施救助，制定了《成都市武侯区“阳光圆梦工程”帮困助学实施细则》，进一步规范了有关申请和审批工作程序。4 年来，我区共救助低保家庭大学生 473 人次，发放帮困助学金 92.3 万元，确保了我区考上大学的低保家庭子女一个不少地完成学业。

2007 年，武侯区慈善会在政府实施“两免一补”的基础上，推出了“阳光育苗工程”，对全区低保家庭在校中小学生实施生活救助，帮助他们完成学业。四年来，武侯区慈善会共计资助低保家庭中小学生 1 683 人次，资助金额 81.5 万元，惠及所有低保家庭，受助学生的生活得到了较大改善，学习成绩得到了有效提高。

从 2007 年起，武侯区慈善会对身患重大疾病（恶性肿瘤、慢性肾功能衰竭、先天性心脏病、再生障碍性贫血、大面积烧烫伤、苯丙酮尿症）造成生活困难的低保人员实施医疗救助。经本人申请，社区证明、街道审核、慈善会审批后，在一个自然年度内按照 1~3 万元的标准给予一次性治疗费救助，全力帮助身患重大疾病的低保群众解决看病难问题。4 年来共计救助 14 人，捐助资金 30.6 万元。

根据省、市、区对口扶贫计划，2006 年，武区慈善会向遭受严重自然灾害的白玉县、金川县捐助 40 万元，帮助受灾群众生活生产重建。2009 年为白玉县金沙大桥工程、白玉县中心敬老院附属工程以及白玉县困难群众救助等捐助资金

58.5万元。2010年为白玉县贫困学生资助2万元，开展了帮困助学活动，得到了当地县委、县政府和广大群众的高度评价。

### 帮困助学　真情温暖寒门学子

帮寒门学子入学，助贫困家庭脱贫，是武侯区一项播撒爱心的阳光工程，也是一项造福于社会的民心工程。在低保对象家庭中实施帮困助学专项救助，是在政府已实施城乡最低生活保障制度，解决困难群众基本生活的基础上，由政府主导，社会支持，全民参与，通过社会救助体系进一步解决低收入家庭困难，特别是困难家庭子女上学难的一项重大举措。帮困助学工程旨在解决低保对象家庭子女上学难的问题，使他们不至于因家庭暂时困难而影响学业，使他们接受教育的合法权益得到保护，有利于低保对象家庭子女立志成才。

自2001年以来，武侯区委、区政府认真贯彻市委“帮寒门学子入学，助贫困家庭脱贫”“决不能在成都出现考上了大学因贫困交不起学费而上不了大学的情况”的指示精神，充分发挥政府主导、社会支持、全民参与的救助机制，区民政局在调查基础上认真研究，制订了全区实施帮困助学的方案。2003年，武侯区实施开展“捐一日工资助寒门学子，献一份爱心帮贫困家庭”的“慈善一日捐”活动。到2005年，全区机关干部和企事业单位共捐款83.5万余元。“慈善一日捐”活动的开展，充分体现了全体机关干部以及社会各界对社会困难群体的关心，充分发扬了一方有难、八方支援的互助精神，弘扬了中华民族的传统美德，体现了社会主义制度的优越性。

为慈善捐赠企业授牌

2004年8月27日，武侯区举行帮困助学金发放仪式，全区56名寒门学子及其家长怀着无比激动的心情，从区领导手中接过了总计124 640元的助学金。帮困助学专项救助工程的实施，引起了全社会对弱势群体的关注。为了动员更多的人参与帮困助学活动，给生活困难的家庭子女更多的关心和帮助，全区社会各界积极行动起来，通过自愿报名，自选资助对象，采取“一对一”或“二对一”“三对一”等办法资助贫困家庭子女。到2005年，共有区级领导70余人次、局级领导450余人次，以及10余家企业以及部分机关干部参加了资助活动，共资助低保家庭的中小学生592人次，资助金额52.9万元，让低保家庭的子女能顺利完成学业。

为切实帮助考上大中专院校的低保家庭子女获得资助，武侯区民政局在做好全区考上大中专院校的低保家庭子女资料收集工作的同时，认真安排各街道办事处做好摸底调查工作，做到不漏一人。同时，及时向市民政局、市慈善会汇报，积极争取上级有关部门的支持，保证了全区考上大中专院校的低保家庭子女全部得到了资助。到2005年，全区得到资助的考上大中专院校的低保家庭子女共488人次，得到资助金额69万余元。其中，有50名贫困家庭子女得到了市慈善会的帮助，共计金额13.04万元；140余名贫困家庭中小学生得到了资助。

帮困助学工程的实施，为寒门学子顺利完成学业提供了有效保障，为贫困家庭做了一件实事，取得了良好的社会效应，得到了社会和受助学生、家长的广泛赞誉，同时，为武侯区社会救助体系的建立起到了良好的推动作用。

錦里

# 第四章 人民健康篇

“看病难、看病贵”一直是群众反映强烈的问题，也是长期困扰医疗改革的难题。2000年，武侯区开始探索社会主义市场经济条件下的公立医院、社区卫生改革，拉开了新一轮医改大幕。从社区常用药物“零加价”，让利于老百姓，到基本用药“零利率”，再到“收支两条线”，社区卫生服务体制改革步步推进，使医院从根本上摆脱“以药养医”的局面。作为“社区卫生服务改革示范区”，武侯区荣获了卫生部评定的“全国社区卫生服务示范区”称号。在社区卫生服务体制改革初获成功的基础上，武侯区启动了难度更大的公立医院改革，区人民医院、三医院、五医院三家通过产权制度改革，实现医院所有权和经营权的分离，使医院成了产权明晰、自主经营的市场主体，同时通过引进社会资本实现国有资产保值增值。这一大胆改革，医院的公益性并没有削弱反而得到强化，从而解决看病难、看病贵的问题，让优质、便捷的卫生服务惠及民生有了坚实的基础。

## 第一节 社区卫生服务改革

2014 年 7 月 7 日，武侯区作为“社区卫生服务改革示范区”，举行社区卫生服务机构药房托管签约仪式，在成都市率先将社区卫生服务机构药房交由市场化、专业化医药配送公司管理。这也是武侯区积极探索推进医药分离改革，试点药物供应链延伸新模式的实际举措。通过政府招标方式统一与医药配送公司签订药房托管协议，各社区卫生服务中心将不再设置药库。此举将在维持药品价格不变的基础上，极大提高药品流动效率同时丰富药品品种。

实施托管后，武侯区各社区卫生服务中心将把托管商的企业管理经验借鉴到卫生服务中心药房管理，借此提高了药房管理的整体要求和水平；同时，按照市场的运作，也彻底改变了武侯区现有药房资金积压问题，实现药品的“零库存”。根据合作协议，药品配送机构须在收到社区卫生服务中心的用药计划后，应在 24 小时内送达药品，遇重大疫情、公共卫生突发事件或临床急救等紧急情况用药，应保证及时送达，不得贻误。

◀社区卫生基本用药『零加价』惠民行动启动

▲群众领到『社区卫生就医卡』



## “三结合”模式　全国社区卫生服务试验区

公共卫生是全民健康的重要防线，“病有所医”是广大人民群众千百年来的梦想，武侯区社区卫生服务改革作为一项惠及人民群众健康福祉的重大民生工程，为实现人人享有基本医疗卫生服务奠定了基石。其目标是缩小城乡居民基本公共卫生服务差距，最终使广大居民不得病、少得病、晚得病，病有所医、医有所保。

武侯区有各级各类医院 45 个，医疗诊所、门诊部约 400 个，医疗卫生服务人员 7 700 余人。作为中心城区，医疗卫生资源相对丰富，但医疗卫生机构一度呈“倒金字塔”的分布，社区卫生机构不足 10%。和许多城市社区一样，武侯区社区卫生服务也曾面临同样的尴尬：大中型医院门庭若市，社区卫生服务机构少，水平低，求诊者寥寥，辖区居民看病难、看病贵的问题依然存在。

武侯区社区卫生服务工作从 1998 年 5 月开始起步。2000 年，作为全国社区卫生服务试验区，武侯区围绕“公益、公平、统筹”的主题，制定了“政府主导为核心、体制创新为突破、服务优化为根本”的社区卫生服务改革思路，用全力构建政府主导与体系构建相结合、科学规划与体制创新相结合、资源统筹与服务优化相结合的“三结合”模式，走出了一条具有时代特色的现代城市社区公共卫生服务新路，社区卫生服务夺得多项全国冠军。2006 年，武侯区以 98.02 的高分，获得全国社区卫生服务示范区考评的第一名。

国家在 2010 年的 4 月 1 日正式启动了基本药物制度，而武侯区在 2007 年就已经开始推行了这一制度。2007—2009 年，武侯区社区卫生服务体系基本建成，目前全区共有 12 个社区卫生服务中心、19 个卫生服务站，基本覆盖了全区所有社区，实现了居民小病不出社区，常见病、多发病在社区就能得到很好的救治。2011 年，武侯区再次被卫生部评选为西部唯一的“全国社区卫生服务示范区”。

▲社区关爱到居民家门口

社区卫生服务中心的药品由政府统一采购，再由中心以购进价卖给老百姓，这就是武侯区被卫生部确定为社区卫生服务改革示范区后的“1 号”改革措施——药品“零加价”。该措施于 2007 年 3 月正式启动，覆盖全区所有社区卫生服务机构，患者在武侯区 14 个社区卫生服务中心、6 个服务站可买到价格统一、比药房零售价还要低的药品。

2006 年，卫生部在全国评了 108 家“社区卫生服务示范区”。2007 年，在此基础上选取少量作为“社区卫生服务改革示范区”，从体制上对社区卫生服务进行改革，为维护社区卫生服务的公益性建立一个可靠的机制，让社区卫生服务的功能得到落实，让老百姓得到更多实惠。在确定的“社区卫生服务改革示范区”中，武侯区就在名单之列，而且是西部唯一。

武侯区在全面启动药品“零加价”后，将紧接着推出“2 号”改革措施——社区卫生服务机构“收支两条线”管理，对“收支两条线”管理中的人事分配进行课题性研究。

按照物价部门的规定，社区卫生服务中心的药品可以在进价的基础上顺加 15%，这样，即使社区以和零售药房同样的低价购买到药，卖到老百姓手中也还是有个涨幅。由政府作为“大客户”，统一采购社区卫生服务中心用药纳入社保目录的 7 大类、450 种药品后，涨幅部分由政府承担，解除了社区卫生服务中心的后顾之忧，也减轻了患者的负担。

## 杜绝“大处方” 细规限制乱开药

社区卫生服务中心卖药不加价，顺加的 15%的利润部分由政府来“补齐”。

武侯区把2007年确定为“社区卫生服务年”，将社区卫生服务经费补偿标准按服务人口数量每人每年8元调整增加到每人每年20元，增加的12元其中一部分就是用于对社区卫生服务机构“零加价”卖药的补贴。仅此一项，武侯区每年多投入的经费就达600万元以上。

为了把增加的投入真正用到发展卫生事业，惠及患者之上，区卫生局从细节上加强对医生行为的规范和监管。如要求单张处方价格不超过40元、常用药不超过3天、慢性病用药不超过5天等，让老百姓随时可买到药，又不至于囤积、浪费。为此，区卫生局还将成立“社区卫生服务管理科”，对社区卫生服务中心药品零利润、规范化服务等进行监督。

卫生部妇社司社区卫生处对武侯区的社区卫生服务改革十分赞赏：像武侯区这样，一个辖区的社区药品全部由政府买单、零利润卖药的做法，在全国很少，在中西部地区也是第一家。

从居民最难处谋划，从群众最怨处整改。实行药品“零加价”销售以后，玉林社区卫生服务中心的门诊量明显上升，由原来的不足200人次/天增加到300人次/天以上。从自收自支到政府买单，医院要考虑的问题也和以前完全不同了，在“自收自支”时代，考虑的首要问题是如何把经营搞上去，赚取更多收益；现在不必为效益而操心，随着门诊量上升，怎样满足患者的要求变成了需要解决的首要问题。

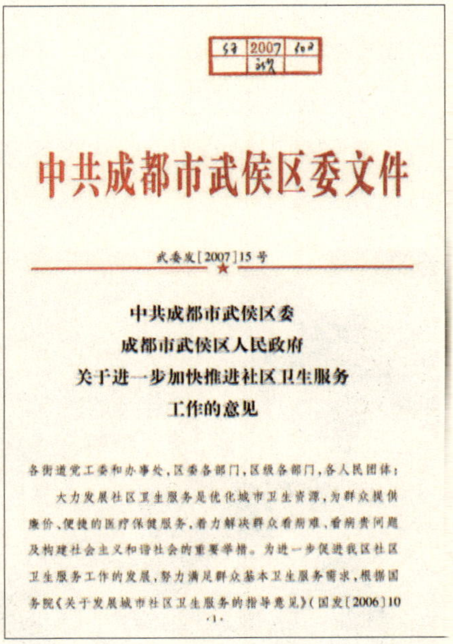
中共成都市武侯区委文件

武委发[2007]15号

中共成都市武侯区委
成都市武侯区人民政府
关于进一步加快推进社区卫生服务
工作的意见

各街道党工委和办事处，区委各部门，区级各部门，各人民团体：

大力发展社区卫生服务是优化城市卫生资源，为群众提供廉价、便捷的医疗保健服务，着力解决群众看病难、看病贵问题及构建社会主义和谐社会的重要举措。为进一步促进我区社区卫生服务工作的发展，努力满足群众基本卫生服务需求，根据国务院《关于发展城市社区卫生服务的指导意见》（国发[2006]10

·1·

社区卫生服务以前是等病人上门，现在主动进入社区找病人；以前关注的是病症的治疗，现在更注重对疾病的预防；医患关系比以前融洽多了。老百姓用实际行动表达了对“零加价”这一举措的拥护和响应。武侯区卫生局的统计显示，2007年3月中旬正式实行药品“零差率”销售以来，前往社区卫生服务中心看病的门诊病人比上年同期增长48.46%，随后逐年增长的趋势也一直延续。

## “政府雇员制”　激活人事改革一盘棋

任何一项改革要获得成功，都绕不过“人”这一要素。“小病进社区”，不仅需要政府提供相应的硬件设施，更需要配备优秀的社区卫生服务人员。社区卫生服务机构“庙”小，如何吸纳优秀的人员加入？

从2000年开始，武侯区打破了事业单位人员的“铁饭碗”，实行政府主导下的内部竞争机制，定编、定岗、不定人，全员聘用，收入不搞平均主义。“政府雇员制”这条“鲇鱼”，激活了武侯区卫生系统人员的活力。

玉林社区卫生服务中心成立7年来，先后辞退了14名员工，与2名老职工签订了离岗退养协议，13名医生均为大学本科学历，从根本上改善了人员结构，奠定了中心的良性发展基础。

社区卫生的服务效率和服务质量不断提高，使居民“小病进社区”格局基本形成。2004年，全区门诊总人次为151 963人次，2005年增长到326 398人次，2006年上升到378 113人次。玉林社区卫生中心每天的门诊量达到了250~300人。

## 收支两条线　体现社区卫生服务公益性

收支两条线，是强化社区卫生服务的公益性的基础。武侯区政府认为，“零利润”卖药只是社区卫生服务体制改革的一个前期工作，只有实行“收支两条线”，才能使医院从根本上摆脱“以药养医”，解决看病难、看病贵的问题。

武侯区财政局从1999年就建立了社区卫生服务专项资金，2002—2005年

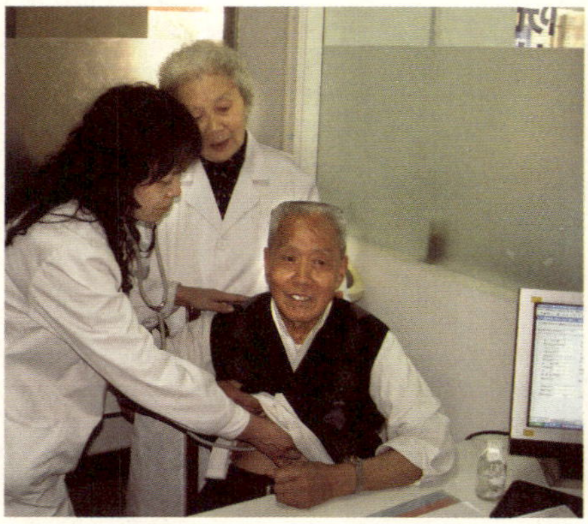

▲社区卫生一流服务

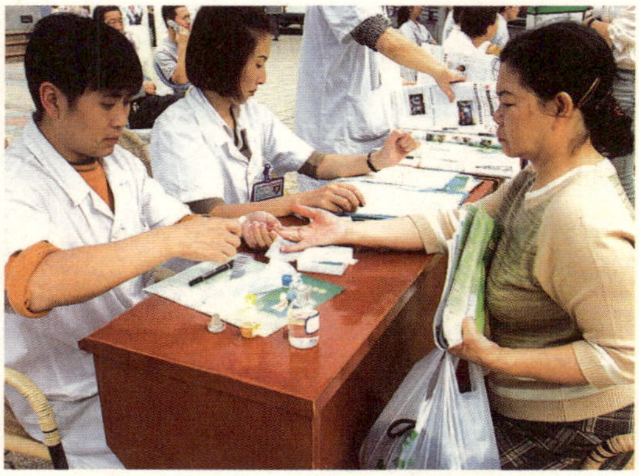

▲免费义诊

▲社区医院打拥堂

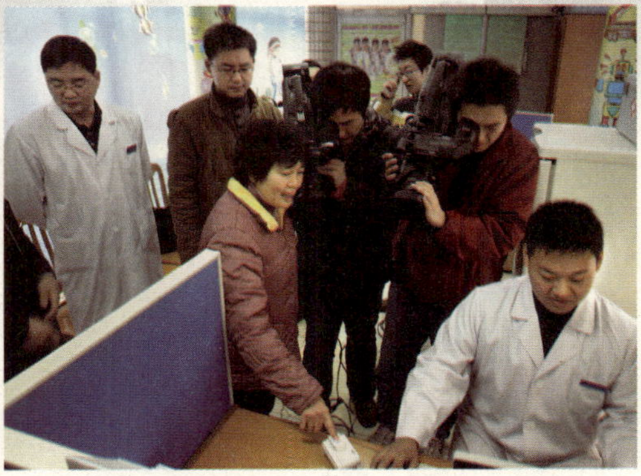

▲社区卫生受到各方关注

投入财政专项资金 394 万元。2007 年，武侯区确定为“社区卫生服务年”，出台了《关于进一步加快推进社区卫生服务工作的意见》等系列配套政策措施，将所有社区卫生中心划归政府举办，社区卫生服务经费补偿标准按服务人口数量由每人每年 8 元调整到每人每年 20 元。

为彻底切断医患之间的利益联结，使社区卫生服务真正回归公益性，武侯区 2006 年在玉林和晋阳两个社区卫生服务中心试点，实行了“收支两条线”的管理模式。社区卫生机构所有收入上缴财政专户，人员经费、公用经费、业务经费、房屋及设备维修经费等全部纳入财政支出预算，统一拨款。中心收入不足的部分，由财政补足，结余部分，政府统一调控，医务人员收入不再与业务收入挂钩。

在试点过程中，不少人提出疑虑：“收支两条线”需要政府的财力作支撑，政府财政能负担吗？会不会又回到吃“大锅饭”的老路上去？经测算，武侯区实行“收支两条线”一年约需经费 3 930 多万元，减去各社区卫生机构每年的收入及人均公共卫生服务费用，实际只需多增加 2 000 万元。这样一来，政府把该做的做到了，实现了政府功能的回归，而百姓得到了实惠，形成“小病不出社区”的就医模式。

2010 年 6 月 30 日，武侯区作为四川省确定的实施国家基本药物制度改革首批试点区县，继续加大对社区卫生的投入力度，当年财政投入将达到 3 700 万元，建立了社区卫生药品价格监管、药品质量监管制度、社区卫生绩效考核等一系列制度，保持惠民政策的连续性。

### 门诊特殊疾病业务　提升社区卫生服务水平

武侯区还在社区卫生服务中心推出“门诊特殊疾病业务”，实现居民就近办理基本医疗保险。为了解决“门诊特殊疾病业务”申请、审批等环节给群众带来的不便等问题，武侯区要求相关部门进一步加强医疗卫生体制改革，不断提升

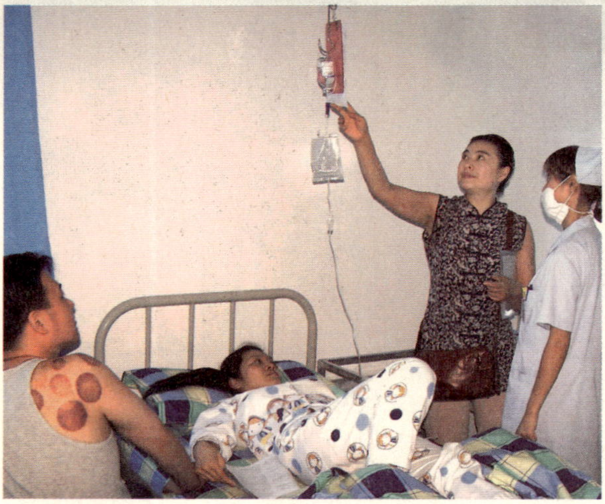

居民在社区医院就诊

医疗服务水平，让武侯医疗和卫生服务更加惠民、便捷。

2011 年 2 月，武侯区社保局与区卫生局正式启动并实施了一项惠及全区 40 多万居民的“门诊特殊疾病业务”下移工作。据武侯区社保局最新统计的数据显示，截至 2011 年 3 月，参加全区城镇职工基本医疗保险和城乡居民基本医疗保险的居民达 40 多万人，每年申请“门诊特殊疾病业务”的居民达到了 7 000 多人，这项政策的实施将惠及众多居民群众。同时，红牌楼、玉林、机投桥、簇桥、金花桥社区卫生服务中心和区第一、第三、第五人民医院等 8 家试点医疗机构可以办理“成都市基本医疗保险门诊特殊疾病”申请。从 2011 年 5 月份开始，只要是参加了武侯区城镇职工基本医疗保险和城乡居民基本医疗保险，就可以到 12 家社区卫生服务中心和区属医疗机构办理 “成都市基本医疗保险门诊特殊疾病”申请。

武侯区还充分整合辖区医疗资源，发挥华西医院等资源优势，更好地促进社区卫生服务中心发展。从 2009 年开始就与华西进行对接，2010 年正式和华西签订了区域卫生协作，协作的内容就是病人的双向转院、检验的复认和社区卫生人才的培养。

## 第二节 公立医院改革

公立医院改革是医改的重点和难点。医改方案提出，改革公立医院管理体制、运行机制和监管机制，积极探索政事分开、管办分开的有效形式。在统筹城乡发展、全面推进现代化的进程中，武侯区一直致力于推进城乡医疗卫生资源均衡配置，基本实现了医疗卫生体制改革的主要目标，基本形成了社区卫生服务中心提供基本公共卫生服务、区级医院提供基本医疗服务的城乡一体的卫生服务体系，促进了城乡医疗卫生服务均等化，大大地方便和惠及了广大群众。这一体系中，区级公立医院改革的持续深入推进，为全国医改提供了“武侯模式”的改革范本，武侯区因此被誉为公立医院改革的“小岗村”。

### “武侯模式” 拓宽公立医院改革路径

2003 年，作为全国公立医院改革的先行者，武侯区在改革中坚持了四个结合，即：政府主导和统筹资源配置结合，公益性和市场化改革结合，政府监管和放权结合，公平和效率结合，从而积极稳妥地促进改革向纵深推进。“武侯模式”的探索价值在于，在政府卫生经费投入有限的情况下，引入政府投入以外的资金和先进的管理模式，不仅有效满足了城乡广大群众的医疗卫生需求，而且为我国欠发达地区公立医

◀各界人士关注武侯区公立医院改革

院改革探索了一条可持续发展之路。

“武侯模式”解析之一:政府主导不等同于政府包办,既坚持政府的主导性又坚持统筹资源配置。坚持政府主导不等同于政府包办,坚持公立医院的公益性不等同于让公立医院继续吃“大锅饭”。在加大政府投入的同时,必须从改革管理体制、运行机制和监管机制入手,增强公立医院的“造血”功能。

“看病难、看病贵”,难在哪里,贵在哪里?不少长期关注医改的专家认为,其实“看病难、看病贵”的关键在于两个不充分:一是对老百姓的医疗保障不充分,二是医疗机构的竞争不充分。

“看病难”其实是相对难,尽管武侯区地处成都市中心城区,是四川省医疗资源最丰富的区域,但由于优质医疗资源分布不均衡,导致城乡群众难以更大范围享用优质医疗资源。

如何破解“看病难、看病贵”?在基本建立城乡社区卫生服务和保障体系的同时,武侯区将医改的焦点投向了公立医院。

一个现实的难题是,作为卫生体制改革的中间层面,介于社区卫生服务中心与省、市大医院之间的区级公立医院,它的服务目标如何定位?公益性质如何体现?改革如何破除体制壁垒?它的效率和效益如何实现?

改革中,武侯区认为,坚持政府主导不等同于政府包办,坚持公立医院的公益性不等同于让公立医院继续吃“大锅饭”。仅仅依靠政府投入来给城乡群众提供优质的医疗服务,是难以办到的。加大政府投入,落实公立医院补助政策,如同“输血”,只是缓解症状;公立医院要想真正走出困境,必须从改革管理体制、运行机制和监管机制入手,增强“造血”功能。

武侯区提出,在公立医院改革中,政府主导作用在于:统筹城乡卫生发展规划,建立医院良性发展的保障机制,建立竞争有序的和谐医疗体系,把握公共财政投入方向,保障公共卫生和基层医疗卫生;运用市场机制,鼓励社会资本进入医疗领域以增加服务供给;主导公立医院改革方向,把确保公益惠民作为改革必须遵循的原则。

而公共财政对公立医院等机构的投入,也不再像过去一样“撒胡椒面”,而是更加统筹高效地配置资源,不断拓展公立医院的发展空间。面对全区范围内已有华西医院等多家国家、省、市大型医院的现状,武侯区严格执行医疗机构规划管理,引导各类机构科学定位,把三所区级公立医院分别作为中心城区和涉农地区的区域医疗中心,以常见病和多发病诊治为服务重点,并在政策环境上给予重点扶持,努力提高其竞争力。同时明确社区卫生机构功能,突出公立医院

武侯区第一人民医院改革模式吸引媒体采访



作为区域(片区)医疗服务中心的功能定位;引导民营医院走"大专科、小综合"道路,促进分级医疗模式在武侯区逐步建立。

"武侯模式"解析之二:既要公益性又要坚持市场化,推进运行机制改革,公益与市场共融共生。通过推进产权制度改革,实现医院所有权和经营权的分离,使医院真正成为产权明晰、自主经营的市场主体,同时通过引进社会资本实现国有资产保值增值。通过这一改革,医院的公益性并没有削弱反而得到强化。

2003 年,武侯区人民医院的 99 张床位全部爆满,以至于医院不得不在楼道里加床位。当时,医院对面的一个楼盘已经封顶准备销售,院长吴海宁萌生了买下楼盘用作病房的想法,但难题是:买楼的钱从哪里来?

吴海宁给武侯区人民政府打了请示报告,提出了可选方案:一是政府出钱买楼;二是政府借钱给医院;三是政府提供贷款担保;四是引入民间资本。反复论证后,区政府决定引入民间资本。这是成都第一次采用这样的运营模式。几经周折,吴海宁找到一家投资公司,出资 2000 多万元,买下整个楼盘作为入股资本。经区政府决定,医院和该公司分别占 51%和 49%的股份,医院属于国有资本控股的非营利性医院。

改制引起的争议随之而来。社会资金的引入会不会影响医院的公益性?会不会加剧"看病难、看病贵"? 改革实践证明,追求利润和保持公益并不矛盾。医疗服务也是产品,只有引入竞争才能提高质量,做到薄利多销。这样,才能实现老百姓、医院、投资者、政府的共赢。1999 年、2002 年和 2004 年,为了满足城市化进程中广大群众快速增长的就医需求,武侯区发挥市场配置资源的作用,先后引进社会资本对三所区属公立医院进行改制重组。

有人曾怀疑:改制后的武侯区人民医院会不会靠滥检查、开高价药获取高额利润? 一组数据解答了人们的疑惑:2010 年, 武侯区人民医院门诊量 60.9 万人次，每职工年平均诊疗 1 500 人次，大于市、区医院最高值；实现医院业务总收入 12 022 万元，人均业务收入超过 30 万元。人均住院费用 2 809.7 元，人均门诊费用108.90 元，低于全市同类医疗机构平均水平；医院还举办各类健康教育讲座 242 次，受教育群众近 7 万人次。可见，医院的公益性质没有削弱，而是得到进一步的强化；医院的实力没有削弱，而是得到进一步增强。

不只是武侯区人民医院，几年来，通过一系列改革和发展举措，武侯区三所区级医院保持了健康快速发展态势，初步实现了患者、医务人员、政府和出资方“四满意”。目前，区人民医院已成为二甲综合医院，区三医院、区五医院为二乙综合医院，三所医院实际开放床位数较改革前的 1998 年增长了 7 倍；2010 年，三所医院门诊量、住院量之和为 113.19 万人次和 3.37 万人次，是 1998 年的 19 倍和 23 倍，药品收入比重分别为 23.18%、36.11%、29.45%。

近几年，三所医院次均门诊费用维持在 100~130 元水平；次均住院费用为 2 000~2 400 元，均低于同类城市医疗机构的平均水平，患者满意率达 96%以上；职工收入逐年提高，区人民医院人均收入达 10 万元；改制后，三所医院国有资产年均增幅达到 20%。此外，在突发公共事件面前，三所医院均能够主动参与医疗救治，积极开展对口支援，完成政府的指令性工作任务。

“武侯模式”解析之三：引进竞争机制，不等同于放手不管，监管与放权结合，激发内在动力，优化外在形象。公立医院改制后，政府不再既当“裁判员”，又当“运动员”，“，从直接管理到有效监管，从限制权力到合理放权，管理体制的一系列创新，释放了试点医院的发展活力。

吴海宁至今记得 1999 年参加武侯区人民医院院长公开竞聘时的情形。当时她竞聘院长最需要的就是“权”，要法人岗位上的所有权力，希望自己的院长能够当得纯粹，不用考虑除了医院管理外的其他事。

吴海宁当选了，她的要求也获得了批准。她被赋予了人事、分配、经营权，并组建了领导班子，报医院管理委员会备案。新的领导班子成立后，第一件棘手的事情就是要打破“大锅饭“，炸碎“铁饭碗”，这必然绕不开事业单位改制的种种矛盾。但吴海宁开始充分行使她的权利。

首先，实施了真正意义上的院长负责制，政府将权力完全下放到医院。其次是彻底改革人事制度、分配制度，全面实行了定编定岗、全员聘用，竞争上岗、末位淘汰，实现了干部能上能下，员工能进能出，打破了“铁饭碗”，搬掉了“铁交椅”。第三是公开透明地实施岗位工资制，分配向高风险、高强度、高质量、高服务等技术岗位倾斜。不论正式职工还是聘用职工，全部拥有同等机会，凡是竞聘上岗人员，同工同酬、同福利，同时依据综合评价体现优劳优得。

从 2001 年开始，武侯区人民医院用一年多时间在护理部门进行人事改革试点。2003 年，经全体职工不记名投票并现场公布，得到 94.77%的职工拥护，改革在全院推开。

通过竞争上岗，学历低、医技水平低者被调整到相应岗位，而年龄偏大、不适应医院发展的职工则腾出岗位，用于引进技术骨干。通过人事制度改革，医院引进了 16 名大医院的主任医师等人才，而代价则是 10 位中层以上干部落选，包括正式职工在内有 22 人被解聘。目前，医院有员工总数 328 人，其中卫生专业技术人员总数 283 人，占职工总数的 86.3%。

放权的同时，吴海宁的权力也受到监管。医院管理委员会对她实行任期和年度目标考核，进行任期和年度审计，然后再决定她的年薪和是否续聘。区政府对她的业绩实行目标管理，对医院服务覆盖范围、价格控制水平、开展帮困惠民等作出硬性规定，考核评价结果与奖惩挂钩。

目前，武侯区对涉及改革的三所医院均实行了有效监管。这种监管包括行业监管、国有资产监管和对院长的考核监管等方方面面。

“武侯模式”解析之四：通过成本管理，把管理利益还给临床，把临床利益还给病人，实现社会效益和经济效益双赢。

“武侯模式”给人的最大启示是：一个科学管理的医院，肯定不会亏损。尽管现行的部分医疗服务价格低于成本，但总体上仍有赢利。

为了确保公立医院的公益性，武侯区在改革中建立起减轻群众负担的保障机制。一方面，严格执行药品上网采购有关规定，严格控制渠道和成本，确保药品质优价廉；另一方面，要求加强药品采购和临床用药管理，彻底切断“以药养

改革后的公立医院换新貌

医”潜在利益链,严格控制用药品种和价格,禁止大处方,最大限度让利于民。

## 药品竞价　挤干“水分”降成本

在武侯区人民医院、三医院、五医院,病人如果需要使用抗生素,医生首选的肯定是几毛钱一支的青霉素,因为医院根本就不库存高级抗生素。如果医生需要使用高级抗生素,须经科主任同意,再经过分管院长签字,最后报院长批准。医院提高使用高档药的门槛,就是为了杜绝医生随意用高价药吃“回扣”。

在保证临床使用的基础上,医院建立了自己的《基本药物目录》,尽量使用价廉有效的基本药物。同时,严禁医药代表到医院推销药品,一旦发现违规者,立即停用该企业药品。

为了挤干药价中的“水分”,医院在全省招标的基础上,再实行“二次竞价”。也就是说,把部分招标药品“打捆”后,再通过竞争性谈判分给几个药商,而不是分散给几十个药商,使其能够薄利多销。本来医院就挑选价格比较低的,通过二次招标后就更低了。

精细管理节约成本。医院实行以科室为单位的全成本核算与限额成本管理。根据规定,如果白大褂属于自然破损,可以随时领新的;但如属人为损坏或遗失,须自己付费购买。其他低值耗材也是同样管理。根据每个科室的不同情况,医院计算出合理的耗材使用量,包括洗手液、消毒水、纱布、棉签等。如耗材超量,从科室奖金中扣除。

在引进大型医疗设备时,医院都要根据市场需求,进行充分的论证,并定期对运行情况进行跟踪分析。目前,没有一台设备闲置浪费。最大限度减少用人成本,是医院的又一“法宝”。医院鼓励行政后勤部门一人多岗。如医院只设一名专职副院长,3 名院长助理分别兼任医务部主任、保健部主任、护理部主任,办公室只有“一将一卒”。医院的管理原则是:一个人干三个人的活,拿两个人的钱。这样既有利于提高办事效率,又有利于节约运行成本。

总之,从武侯区人民医院的改制经验来看,多元的融资机制、灵活的人才管理、独立的治理结构、开放的市场观念,是解放医院生产力的关键;而生产力的解放就意味着服务规模的扩展、服务能力的提高,不仅投资双方受益,而且百姓看病难问题得以缓解。从这个意义上看,当下只有大力推进体制机制改革,不断解放医院生产力,才能从根本上解决百姓的看病就医难题。

## 第三节 健康服务(卫生监管、食品药品监管)

2010年1月29日，武侯区隆重举行玉林社区卫生服务中心新址启用仪式。新建成的玉林社区卫生服务中心面积1650平方米，加上原有业务用房总面积近3 000平方米，同时新增了彩色超声诊断仪、全自动血球仪等现代化诊疗、检测设备，将为辖区居民提供更加方便、价廉、有效的基本医疗和公共卫生服务。与此同时，新改扩建了望江路、红牌楼社区、晋阳社区卫生服务中心，由此将增加业务用房8 600平方米，标志着武侯社区卫生服务迈入了服务升级和改革拓展的新时期。

### 健康服务　打造“15分钟健康服务圈”

从2000年1月26日武侯区第一家社区卫生服务中心——玉林社区卫生服务中心正式成立，到2010年1月29日玉林社区卫生服务中心新址启用，武侯区社区卫生服务工作改革走过了10年的探索之路。这是一条坚持“以人为本”，从投入机制、管理体制、服务方式等方面不断创新的艰辛之路，更是一条致力于满足老百姓求医问药、健康管理、康复服务需要，实现社区卫生服务的便民惠民的幸福之路。

从2000年开始，武侯区在完善制度设计、出台政策措施、制订实施方案等方面，着眼于满足城市普通群众的公共卫生和基本医疗服务的需要，确保政府投入的每一分钱都能惠及民生，极大地推动了社区医疗资源向公益性转变。

惠民利民的『15分钟健康服务圈』

▲全科医生技能培训

一是构建稳定的财政投入体制。全区所有的社区卫生服务中心和服务站全部由政府举办，现已建设社区卫生服务中心 12 个、社区卫生服务站 18 所，实现了全区城乡全覆盖，初步构筑起“15 分钟健康服务圈”。二是构建整体水平稳步提高的促进机制。社区卫生服务中心全部达到卫生部相关工作规范和四川省社区卫生服务中心基本设备配备的要求，所有中心均建立了“社区卫生服务管理信息系统”，进行全科诊疗、慢性病管理和公共卫生服务，实现了以较低的费用为社区居民提供优质、综合的基本医疗和公共卫生服务的目标。三是构建服务功能不断拓展的发展机制。加强社区慢性病综合防治，先后承担了卫生部、中国 CDC 的“防保机构在社区慢病综合防治中的定位与模式”“社区慢性病综合防治模式研究”“高血压、糖尿病一体化课题”“社区艾滋病防治”等相关课题研究项目，不断提升服务水平和能力。四是健全以社区卫生服务为基础的城市贫困人员医疗救助体系。以上形成了多层次、多范围、多程度的比较完整的政策支持体系，基本形成了困难人群由政府为其购买医疗服务、农村人群由政府补贴大部分医疗费用、城镇普通人群享受“普惠”服务的格局。五是创新社区卫生服务管理运行模式。率先在社区卫生服务中心推行了管理体制改革和人事分配制度改革，社区卫生服务机构的工作人员实现了由身份管理转变为岗位管理，建立起保障社区卫生服务良性发展的管理运行基础。

武侯区社区卫生服务机构面向广大群众，充分发挥预防、医疗、保健、康复、健康教育和计划生育技术服务“六位一体”功能，并与区级医院、辖区内大型医院共同建立分级互补的“小病进医院，大病到医院，康复回社区”的医疗服务模式。

为了方便更多老年人就近诊治，武侯区在制订全区社区卫生服务发展规划时，合理确定布局及规模，综合考虑空间、时间、心理距离等因素，打造“15 分钟健康服务圈”，使 90%以上的辖区居民步行 15 分钟，就可到达社区卫生服务机构。

## 完善功能 “六位一体”满足群众需求

在基础设施建立健全的基础上，2010 年以来，武侯区不断在深化和拓展社区卫生服务工作上下功夫，社区卫生服务中心由过去单纯看病向预防、医疗、保健、健康教育、康复、计划生育技术指导等“六位一体”服务转变，赋予了社区卫生服务中心更多服务内容。

如今，在武侯区许多居民小区门口，都能看到了一块牌子，上面贴着社区医生、护士和公共卫生人员组成的一个医疗小组的照片和电话，分片负责若干个居民小区的卫生保健宣传、急诊救治等。医疗小组每个人的电话都是 24 小时开机，随叫随到，老百姓亲切地称其为“片医”。

社区卫生服务机构不是简单地把医院换个牌子了事，鼓励引导医生走出医院走进社区，为社区居民提供连续、综合、方便、便宜的卫生和保健服务，这标志着武侯区社区卫生迈上了更高的台阶。

便民利民，是武侯区社区卫生服务改革的根本要求。2007 年，武侯区启动了针对困难人群的社区“一键通”服务，需要卫生服务，社区居民只需轻轻一按对应键，就有医生及时上门服务。同时建立起“社区卫生服务管理信息系统”，为就医居民建立“电子病历”，社区居民的每一次健康检查、诊疗情况都录入电子档案，居民就诊时医生可随时调出档案了解病史、用药情况，做出诊断，使病人医

课题研究项目落户武侯

疗有连续性。这种具有“电子病历”功能的信息化系统，方便、快捷、准确，便于医生对患者进行诊疗和随访，进行全科诊疗、慢性病管理和公共卫生服务。

2000 年 1 月，武侯区在全国第一家开发引进社区卫生服务计算机管理系统，通过查阅系统资料，可以看到每一位患者就诊的过程、医生的处方用药及价格，有利于监管、规范。卫生服务中心同时引入了中加合作项目，尤其是“一对一”的家庭医生包干负责制和双向转诊、社区首诊制等多项医疗服务和管理方式，真正将社区居民的病“管”了起来，为社区卫生服务注入了全科医生的服务理念。全区所有的社区卫生服务中心均开展了中医药特色服务，为社区居民提供针灸、推拿、火罐、刮痧、敷贴等中医适宜技术，并开展具有中医药特色的养生保健、康复、健康教育等活动。

功能的完善和提升，使社区卫生服务机构成了相关部门开展便民利民民生工作的有效平台。如今，武侯区民政局将社区卫生服务机构作为医疗救助的“把关人”，实行救助费用“预付制”，降低救助门槛，方便困难群众；区劳动保障局将全区社区卫生服务中心全部纳入社保定点机构；区计生局撤销了以往单独设立的计生服务站，将其职能归并到社区卫生服务机构，实行计生、卫生服务合并运行；区残联在社区卫生服务机构设立残疾人康复站，充分利用社区这个平台，进一步做好残疾人康复工作；街道办事处一方面把社区卫生服务机构作为重要的社会事业机构，让其承担辖区内的一些惠民、便民任务，另一方面在社区卫生服务机构的发展规划、建设及人事任免等重要问题上，与区卫生局共同研究。这样，分散在区级多个部门的惠民政策得到了整合，发挥了整体效能，产生了 1+1>2 的效果。

健康沙龙，专家居民面对面。近年来，受各种因素的影响，各类慢性非传染

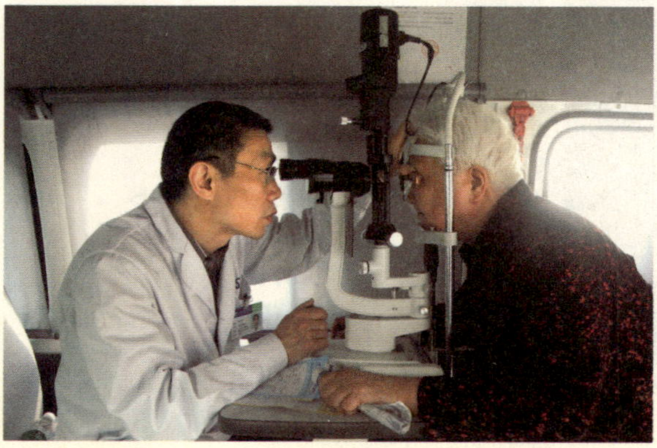

健康服务车为居民筛查白内障

◀工作人员耐心作答

性疾病的患病率逐年升高，且因其病程较长、较易引发各类并发症，造成医疗费用偏高，已经成了全社会广泛关注的卫生问题。依托社区卫生服务平台，举办各类健康沙龙活动，为医患之间搭建起沟通桥梁，在进一步提高慢性病患者的生活质量，有效降低各类并发症的发生，提高患者健康知识知晓度和健康行为形成率，进而减轻患者的医疗费用负担等方面，起到了良好的作用。

武侯区健康沙龙最早起于2005年的玉林社区卫生服务中心，当时是糖尿病健康沙龙，形式以健康讲座、互动和同伴交流为主，主要围绕饮食、运动、治疗误区等方面展开。通常情况下每月开展一次活动，居民反映良好。2010年，武侯区各社区卫生服务中心也纷纷推广健康沙龙活动。在玉林、火南、晋阳、红牌楼和跳伞塔都已开展健康沙龙活动，主要是以本中心全科医生参与为主，适时邀请华西医院的专家到会，为居民提供与专家面对面交流的机会。

武侯区还实行了家庭医生制度，这个制度主要是把社区老百姓的医疗和健康需求更好地同社区卫生服务的工作和内容结合起来。对社区居民的健康进行摸底，建立健康档案，并做好健康的宣教，同时把一些亚健康人群和慢性病人群管理起来。

所谓家庭医生的综合保健模式就是提供一种主动性、延续性、协调性兼备的，有责任的、有医疗照顾性的服务。居民有什么医疗保健方面需求的时候，他第一个想的是找这个医生。社区运用适宜的规模、适宜的技术提供适宜的服务，实行差异化管理，开展大医院不便开展的工作。这一模式于2011年5月19日在火南街道正式启动，并开始在火车南站、玉林、跳伞塔、双楠社区卫生服务中心试点。

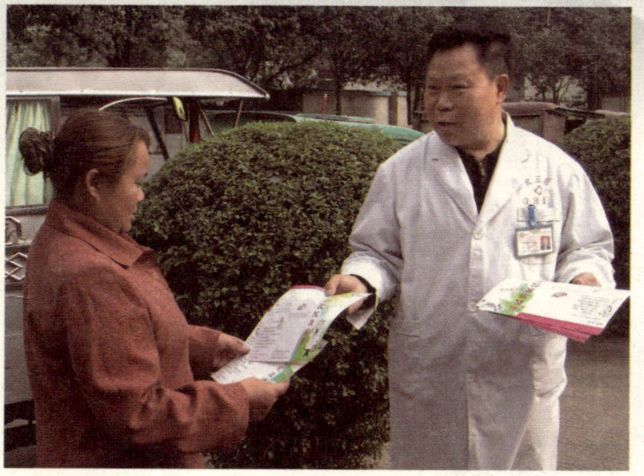

◀向居民发放健康宣传资料

## 综合防控 慢性病管理成全国典型示范

2011年7月21日至22日，卫生部疾控局组织专家考核组对武侯区创建国家慢性病综合防控示范区进行了现场考核评估。经过材料审核和现场考评，专家组认为武侯区在创建过程中，领导重视、措施得力、全面发展、成效显著，建立了有地方特色的慢性病综合防控模式，达到了国家级慢性病综合防控示范区标准，在全省、中西部地区乃至全国起到典型示范作用，武侯区成为国家级慢性病综合防控示范区。

早在1997年，武侯区就被确定为全国首批七个慢性病防控示范点之一，先后经历了社区诊断、示范社区、社区发展和社区规范管理四个发展阶段。历经多年探索实践，构建了一系列慢性病防控体系和技术规范，走出了一条具有武侯特色的慢性病综合防控之路。从参与“卫VII项目”到承担中央补助地方慢性病综合干预控制项目等各级各类慢性病科研项目，从成立第一家社区卫生服务中心到拥有覆盖全区的“15分钟健康圈”，从率先利用局域网系统管理慢性病健康档案到建立全区共享的慢性病社区网络平台，从最初的摸索试点到全方位的干预控制，经过十五年潜心耕耘，走出了一条具有武侯特色的慢性病综合防控之路，形成了“三大支撑——六项举措——四个转变”的“武侯经验”。

——政府支撑，保障健康持续发展；技术支撑，提高科学防控水平；平台支撑，夯实社区防控基础。

——依托团队，狠抓慢性病患者管理；巩固基础，建立健全慢性病监测体系；突出特色，倡导健康生活方式；着眼长远，推进未成年人健康促进；主动发现，强化高危险人群管理；拓宽渠道，丰富慢性病防控工作内容。

——实现从依靠项目开展慢性病防控工作到常态化、整体化转变；从单纯患者管理到全人群覆盖；提供主体从市场主导向政府主导转变；管理运行从分散实施向统筹布局转变。

慢性病是指高血压等一系列的心脑血管疾病，以及糖尿病、恶性肿瘤、精神疾病、口腔疾病等慢性非传染性疾病。由于慢性病的起病隐蔽，病程漫长，很难根治，给老百姓造成了长期的危害和影响。因此，武侯区从建区开始就一直重视慢性病防治工作，并一直走在全国前列。

2007 年后，武侯区慢性病防治工作取得了质的飞跃，截至 2010 年年底，全区建档高血压患者 31 868 人，按照全区患病率估算，登记率为 52.4%、规范化管理率 45.3%、控制率 33.1%；建档糖尿病患者 10375 人，按照全区患病率(3.25%)估算，登记率为 53.2%、规范化管理率 45.9%、控制率 31.2%。所有患者建档及随访管理均实现微机化。12 个社区卫生服务中心，均利用系统软件，建立了社区居民健康档案。截至 2010 年年底，全区已建立居民健康电子档案 444 052 人，建档覆盖率为 73.2%，为科学开展慢性病综合防治工作奠定了坚实基础。

2013 年，武侯区扎实推进公共卫生服务，全年公共卫生服务量 240 万人次，全民健康体检 17.12 万人次，社区卫生服务水平大幅提升，全年社区卫生服务机构基本医疗门诊量 155.81 万人次，大大提高了慢性病管理的建档率和覆盖率。

政府补贴，居民免费健康体检。2010 年 7 月，根据成都市相关文件要求，武侯区启动实施全民健康体检。本轮全民健康体检按照“全面覆盖、免费提供、自愿参检、城乡均等、方便群众”的基本原则，分年度、有重点地对全区居民进行健

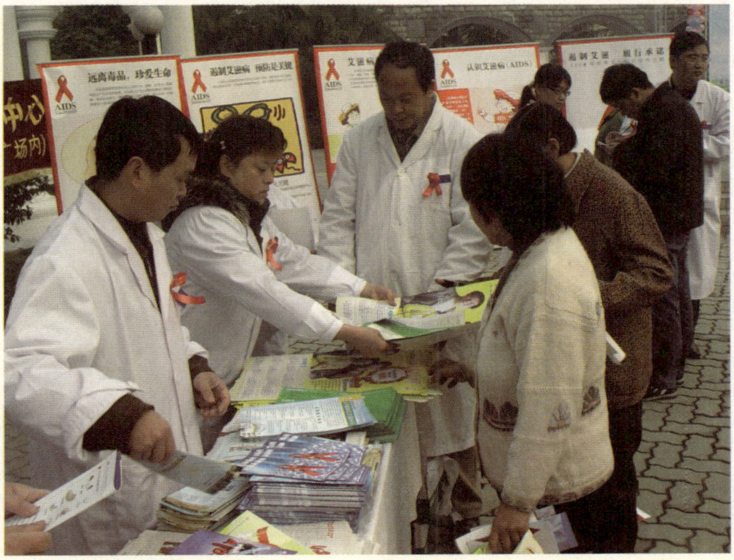

形式多样的健康宣传

居民认真听工作人员讲解健康注意事项

康体检，筛查相关重大疾病，切实维护群众健康利益，保障群众健康水平。

本轮全民健康体检的实施时间是 2010 年至 2012 年，实施对象为武侯区户籍人员和参加了成都市城镇职工、城乡居民基本医疗保险及成都市非城镇户籍从业人员综合保险的非成都市户籍人员（包括区内幼儿园、中小学、大中专院校参保学生）。

全民体检在实施基本公共卫生服务的基础上，针对不同年龄阶段人群的健康问题，提供适宜的全民健康体检服务项目。按照每人每年 20 元的标准，对自愿参加健康体检的人员开展免费健康体检服务。当年未参加体检者，其体检费可累加至第二年或第三年，连续三年未参加体检的视为自动放弃（体检费累加不适用于 0~6 岁儿童和 6~18 岁在校学生）。实施全民健康体检是深化医药卫生体制改革的一项重要内容，是保障群众身体健康的又一重大民生举措。

## 第四节 优化计生服务 提升人口素质

2013年，武侯区出生人口4 008人，出生率为6.4‰，全区符合政策生育率为98.88%，人口自然增长率为2.54‰。全年发放独生子女父母奖励金人数1.73万人，发放奖励金101.036余万元；确认计划生育家庭奖励扶助对象1 881人，发放奖励扶助金180.576万元；确认计划生育家庭特别扶助对象563人，发放奖励扶助金215.076万元。全区1 346对夫妇参加了免费孕前优生健康检查，参检率为86%。全区流入育龄妇女85 050人，查验婚育证明77 282人次，比例为90%；流入已婚育龄妇女59 416人，查病查环查孕55 500人次，“三查”率为93%；流出地信息协查反馈率达到100%，避孕节育、一孩生育服务登记等信息通报率、接收率达100%。

### 统筹人口发展 探索独具特色的“武侯经验”

计划生育是我国长期坚持的基本国策。武侯区在人口计生工作中，全面贯彻落实国家相关政策法规，以城乡统筹的思路和方法，切实稳定低生育水平，大力提高人口素质，推进管理服务新机制建设，促进了人口计生优质服务水平进一步提高。多年来人口出生率均控制在7.5‰以内；符合政策生育率年均达95%；人口自然增长率控制在3.5‰以内，被评为全国、省、市计划生育优质服务先进区。

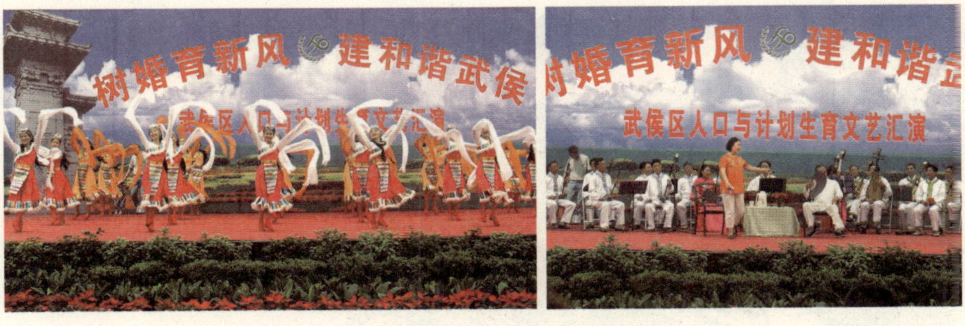


▲文艺表演倡导婚育新风

人口和谐是社会和谐的基础，武侯建区以来，面对推进城乡一体化进程中出现的新情况、新问题，人口计生工作围绕构建和谐武侯，以失地农民和流动人口计划生育权利保障为切入点，在统筹城乡人口、统筹流动人口、统筹城乡资源、统筹人口发展等方面做好文章。一是建立区—街道—社区（村）三级工作网络体系；二是建成区计生协会—街道计生协会—社区（村）计生协会小组的群众计生自治组织；三是建立计划生育服务站12个，村（社区）计生服务室19个。初步形成了城乡一体的计生技术服务网络，探索出了独具特色的人口计生“武侯经验”。

计划生育政策是我国的一项基本国策。近年来，随着武侯区城乡统筹的不断发展，计生工作主动适应新形势，积极为辖区群众提供更加优质的计划生育、生殖健康综合服务，摸索出了一条整合资源、创新机制、完善计划生育技术服务体系的新路，把安全、便捷、专业、优质的计划生育、生殖健康综合服务送到了广大群众身边。

加强计生协会建设，推进计生村（居）民自治。2005年4月，武侯区在四川省和成都市首开先河，探索城市物管小区计生管理和服务新路子，形成独具武侯特色的物管小区计生管理和服务的新模式，被国家人口计生委确定为全国首批物管小区计生管理和服务试点区。

2005年，在成都市率先推出流动人口计生“同宣传、同管理、同服务”工作新机制，全面落实流动人口计生服务“市民待遇”，流动人口与本地居民享有同等的计生免费优质服务。在成都市率先实施计、卫合作，有效利用公共卫生资源，建设社区计生服务站，开展计生优质服务，实现计生技术服务站全覆盖。

婚育新风进万家活动

计划生育居民自治是基层民主法制建设的需要，更是城市计划生育体制和机制创新的必然要求。为进一步完善全区计生网络，有效消除计生工作的盲点和死角，按照街道、小区等划区分片，分块负责，明确责任，形成了纵到底、横到边的“一级抓一级、层层抓落实”的区、街道、村（社区）三级计生服务网络。

簇桥街道七里村采取的是以计生家庭福利优先、利益导向明确为特色的乡村型社区计生居民自治模式。在村服务中心设有专门的计生窗口，方便当地老百姓咨询办事，并对遵守计划生育政策的居民给予奖励。该村制定了计划生育村民自治章程，村上 600 多名育龄妇女都签订了计划生育协议书，以此实现育龄妇女自我管理、自我教育、自我服务。一方面育龄妇女有遵守计划生育相关法律法规的义务，另一方面也可享受免费“三查”、参加孕妇孕期培训等服务。

为有效推动全区计划生育居民自治工作，武侯区制定了《关于全面推进计划生育村（居）民自治工作的意见》，确立了分类指导、示范先行、典型引路、全面推进的工作思路。武侯区计生局制定了《武侯区计划生育居民自治工作制度和工作规范》，并编撰《武侯区人口和计划生育工作手册》，用于指导社区计生居民自治工作。“六上门，六到人”是武侯区机投桥街道创新做好人口计生工作的举措。“六上门，六到人”的内容：一是避孕药具发放上门，使用方法指导到人；二是产前术后随访上门，妇科疾病查治到人；三是流动人口服务上门，婚育证明办理到人；四是妇女怀孕及时上门，健康检查工作到人；五是排忧解难帮办上门，利益导向优惠到人；六是育龄妇女新婚上门，政策宣传落实到人。

武侯区计生局注重加强与各街道、社区的协作、配合，采取定点服务与流动上门服务相结合的方式，组织计生医务工作人员经常性地走进社区、居民院落、企业开展免费“三查”技术服务，推出了“免费普查、查治结合、建卡立档、专诊处理、跟踪随访”的全程优质服务措施，以服务促管理，使广大育龄群众感受到了计生优质服务带来的实实在在的好处，从而更加激发了广大社区群众自觉参与计划生育工作的热情。

### 生育关怀　惠民利民更便民

2008 年国庆前夕，武侯区“生育关怀免费服务项目”启动仪式在合江亭音乐广场隆重举行。启动仪式上，已经怀孕 3 个多月的小刘领到了“生育关怀产前筛查免费服务卡”。当天，其他育龄妇女代表也分别获得了“免费优生健康检查服务卡”、“生育关怀产前筛查服务卡”和“生育关怀产前诊断服务卡”。这些卡片将为小刘这样的孕妇生育健康宝宝“保驾护航”。

生育一个健康的孩子，是每个家庭的愿望。然而，在我国每年却有约20至30万的先天畸形儿出生，严重影响了国家社会发展和病孩家庭的正常生活。为降低出生缺陷发生，提高出生人口素质，武侯区人口计生局积极实践，大胆创新，推出了一整套优质生育关怀服务举措。

2007年，武侯区推行了免费新婚优生健康检查服务项目后。2008年，武侯区进一步强化出生缺陷干预工程建设，完善优生优育服务体系，出台了《关于生育关怀服务免费项目的工作意见》，全面启动了已婚育龄妇女优生健康检查—产前筛查—专家咨询—产前诊断"一条龙"生育关怀免费服务系列项目。此举旨在有效降低出生缺陷发生率，提高出生人口素质，全面推进出生缺陷干预工作，为全区和谐发展营造良好的人口环境。

为此，武侯区推出了"优生健康检查—产前筛查—专家咨询—产前诊断"生育关怀免费系列服务。一是免费优生健康检查服务，这是降低出生缺陷，预防先天性疾病的一道重要防线，主要内容包括医学检查和卫生咨询；二是免费产前筛查服务，即用比较经济、简便、无创伤的检测方法，从孕妇群体中发现某些怀疑有先天性缺陷和遗传性疾病胎儿的高危孕妇，以便进一步明确诊断，目前开展的产前筛查的疾病主要为唐氏综合征和神经管缺陷两种；三是专家优生咨询，由华西附二院遗传优生专家对高危人群进行"一对一"咨询，根据专家提出的优生建议书，做下一步的产前诊断；四是免费产前诊断服务，即在出生前对胎儿进行先天性缺陷和遗传性疾病的诊断，可以预防严重缺陷患儿的出生，产前诊断技术的项目包括遗传咨询、医学影像、细胞遗传、分子遗传和生化免疫等技术。

孕前优生健康检查，从源头上减少出生缺陷。孕前优生健康检查是提高出生人口素质，降低出生缺陷，预防先天性疾病的一道重要防线，是一种综合性的生殖健康服务，主要以检查生殖系统传染疾病为主。武侯区针对生殖健康障碍，出台的《关于生育关怀服务免费项目的工作意见》(以下简称《意见》)指出，对凡符合《中华人民共和国婚姻法》有关规定，男女双方或一方为武侯区户籍，在武侯区婚姻登记机关办理结婚登记，并符合《四川省人口与计划生育条例》有关规定，可以生育的夫妇双方均可享受免费优生健康检查服务。

在医学检查中，医生将详细询问有无影响婚育疾病的病史和情况，以及进行必要的常规化验及辅助检查，其中包括胸透视、血常规、尿常规、血转氨酶、乙肝表面抗原、梅毒筛查、男女尿道分泌物、淋菌和艾滋病感染筛查。优生指导中，专业人员将为服务对象提供有关婚育及生殖健康知识，包括生殖健康和生殖权

▲出生缺陷科普讲座

利、性保健、避孕知识、孕前保健、遗传病等基本知识，并在卫生咨询中对有关优生优育、性保健等问题给予具体的指导并提供医学意见，从源头上减少出生缺陷发生率，从而达到优生优育的目的。

产前筛查，揪出出生缺陷"元凶"。产前筛查是指用比较经济、简便、无创伤的检测方法，从孕妇群体中发现某些怀疑有先天性缺陷和遗传性疾病胎儿的高危孕妇，以便进一步明确诊断。产前筛查的两种主要疾病是唐氏综合征和开放性神经管缺陷。通过产前筛查，预防和减少出生缺陷，进一步对高危人群确诊，并为孕妇提供终止妊娠的方法。

《意见》中对产前筛查对象进行了界定：凡在武侯区接受了免费优生健康检查的夫妻，且未生育过唐氏综合征或神经管缺陷患儿，或预产期年龄没有超过35周岁的孕妇，可凭检查结果到居住地的街道办事处社计生办领取"武侯区生育关怀产前筛查服务卡"，怀孕14~20周的在知情同意后均可持卡到区妇幼保健院进行免费产前筛查。曾经生育过唐氏综合征或神经管缺陷患儿的孕妇，或预产期年龄超过35周岁的孕妇应当直接进行产前诊断。

《意见》规定，凡已婚育龄夫妇符合《四川省人口与计划生育条例》第三章有关"生育调节"的规定，并且女方户籍在武侯区范围内，属出生缺陷高危人群，已接受专家"一对一"咨询，且专家在《优生咨询建议书》中提供了明确和有效的产前诊断方法的孕妇，可到区人口计生局业务科领取生育关怀产前诊断服务卡，在怀孕18至22周期间到四川大学华西第二医院进行免费产前诊断。从源头上预防出生缺陷，降低出生缺陷发生率，提高人口素质。

据统计，截至目前，武侯区人口计生局先后向孕育群众补贴210万元惠民资金，每年有8 300多对待孕夫妇享受到了由政府买单的免费优生健康检查，对150位孕妇进行了唐氏综合征、神经管缺陷的筛查并作出相应处理，同时还为700多位高危孕妇提供了"一对一"咨询并提出针对性的指导意见，对250余位高危孕妇进行了产前诊断，及时有效预防了有严重遗传疾病或先天缺陷胎儿出生。

### 计卫合作　共建公共服务平台

从2004年开始，武侯区计生局就开始探索如何整合医疗卫生资源，实施计生、卫生合作，采取由卫生系统提供服务、计生部门买单的形式开展计生工作。

在计卫合作运行后，区卫生局从事基层卫生工作的人员多了一份工作内容，那就是计生服务。他们承担的主要工作一是对辖区计生专干和计生专业服务技术人员进行培训和指导；二是免费实施唐氏筛查和计划生育手术服务；三是进行优生优育健康知识培训；四是进行优生健康检查。

由于计生和妇产科工作有很多相似和交叉的地方，有着丰富临床经验的妇产科医生在开展计生工作时更显高效和专业；而在硬件设置上，在武侯区妇幼保健院计划生育手术室，可视人流机、三氧消毒机、制氧机、半自动生化仪等仪器配备完整、设施优良。因此，在整个计生体系中无论是在技术层面还是在健康教育层面都发挥了积极的作用，处于十分重要的位置。

除了武侯区妇幼保健院，计卫合作的模式在全区各个街道和社区也广泛运

婚育知识宣传进高校

用。全区各街道依托社区卫生服务中心设立计生服务站,在更基层的村和社区设立计生服务室。服务由卫生系统提供,区计生局对各服务站、室加大了规范化和标准化建设力度,给每一个计生服务站配备了设备,并且加强了对服务人员的培训。目前全区计生服务机构有60多名工作人员,其中取得执业医师证的21名,助理医师13名,护士26名,既扩展了计生服务的覆盖面,又保证了服务质量。

同时,计生与民政合作。在武侯区民政大厅内,有一间优生优育咨询室,在这里,新婚夫妇可以获得相关的优生优育知识,还可得到武侯区人口计生局送出的“大礼包”,以及一张免费孕前优生健康检查服务卡。以前很多人不愿意接受检查甚至拒绝,后来通过宣传讲解,很多新婚夫妇已把检查变成了一种自觉行为。

在武侯区民政大厅拿到免费检查卡后,准父母们就可以在武侯区妇幼保健院享受到优生检查、产前筛查等一系列免费服务。高危孕妇是人口出生缺陷的高发人群。为了让高危孕妇及时得到更多的服务和关怀,武侯区人口计生局每两个月组织一次,专门特邀四川大学华西第二医院的遗传优生专家到区妇幼保健院开展“一对一”优生咨询。而通过免费专家咨询和产前诊断等一系列检查,准确率达到了99%以上,最大程度上避免了出生人口缺陷给社会和家庭带来的不利影响。

同时,计生与流动人口管理相结合。各计生服务站还对育龄夫妻实行基本项目全免费服务,并让流动人口享受到“市民待遇”,让他们同样可以就近到计生服务站接受全免费的基本计生技术服务项目。

目前,武侯区已建立15个计生服务机构,18个村级计生服务室,构建起了一套布局合理、功能完善、管理规范、运作有序的城乡统筹计划生育服务体系,实现了计划生育技术服务的全覆盖。

## 创新机制　加强流动人口服务管理

2009年8月10日,成都市第二批流动人口服务管理试点推进工作现场会在武侯区召开,武侯区通过“以房管人”和“以业控人”加强流动人口服务和管理的做法得到充分肯定。

2009年底,武侯区总人口数约60万人,其中流动人口30万人,占总人口的50%。针对如此庞大的流动人群,武侯区创新机制,强化流动人口计生工作的开展和管理。流动人口信息采集是武侯区计生协管员最常态也是最重要的一项工作，在这一环节，不仅可以了解到流入人口的个人信息、生育情况等，还可以对其展开查孕、查病、查环等服务。针对全区近30万流动人口，武侯区人口计生局设立了流动人口计划生育办公室，配备了3名工作人员；每个街办都有1名计生专干具体负责；各村(居)委会确定1名干部负责计生工作。

武侯区计生局积极参与流动人口管理工作，对流动人口办理婚育证明，开展计生服务。一是广泛开展计生文化进单位、进校园、进社区等活动，普及生殖保健和优生优育等知识。二是提供免费计生技术服务，充分利用区医院、区妇幼保健所的技术和设备等资源优势，落实流动人口计划生育技术服务均等化，免费为以流动人口为重点的辖区育龄妇女提供孕情环情检查、优生优育、避孕节育科普知识宣传和普及。三是加强源头服务与管理，强化流动人口流出前登记建档、婚育证明办理、技术服务、宣传咨询等工作。街道及时免费为流出育龄妇女办理婚育证明。在已婚育龄妇女外出前，指导其选择安全、有效、适宜的避孕节育措施。告知流出已婚育龄妇女按时参加现居住地的孕情、环情检查，并将流出信息录入数据库，流动人口办证率和建档率实现95%以上。建立流动人口服务与管理联系制度，准确掌握流出人员动向，及时联系提醒流动人口计划生育服务相关事项。

多年来，武侯区委、区政府高度重视流动人口服务管理工作，把此项工作作为维护社会稳定、改善民生、促进和谐的一项重要基础工作来抓，坚持以人为本，在“实”字上做文章下功夫，逐步建立起流动人口服务管理的长效机制。武侯区人口计生局被评为“省流动人口计划生育服务管理先进单位”，全区13个街道办事处被评为“成都市流动人口计划生育服务管理先进街道”等荣誉称号。

## 计生服务　惠及广大育龄家庭

成都市人民政府下发了第126号令——《成都市生育保险办法》，成都市劳动和社会保障局印发了《成都市生育保险办法实施细则》，其中对用人单位和个人参加生育保险有关事宜作出规定：凡企业及其职工，基本医疗保险关系在本市的国家机关及其工作人员、事业单位及其职工、社会团体及其专职人员，民办非企业单位及其职工，有雇工的城镇个体工商户及其雇工，没有雇工的城镇个体工商户和城镇自由职业者，外商投资企业的中方职工以及外地驻蓉机构及其职工(均不含离退休人员)，应按照《成都市生育保险办法》的规定参加生育保险。

武侯区推行了计生社会化服务，不断加强计生服务网络建设，依托社区卫

▲关爱流动人口健康

生服务中心、区妇幼保健院、华西附二院三级医疗平台，强化立足家庭的计划生育、生殖健康、优生优育等技术服务，采取政府购买服务的方式，开展免费“三查”、孕前优生健康检查、产前筛查、出生缺陷干预等惠民益民的免费计生技术服务，全面提升了全区计生技术服务质量和水平。2013 年，通过健全基本药具服务网络，新增避孕药具自助发放机 29 台，全区自助发放机共计 43 台，是全市自助发放机布点最多的区。自助发放机发放避孕套约 11 万只、栓 1.3 万余盒。全区 157 个免费发放点形成的网络共计发放避孕套 120 万只，避孕药 1.5 粒，外用药 5.385 万支。

武侯区积极开展计生家庭关爱行动，实现计生父母奖励全覆盖，统计确认 1.73 万人，独生子女父母奖励金预计 101.036 万元。其中，农村人口独生子女父母和城镇低保人员独生子女父母 1.41 万人，无业人员和零星就业人员的独生子女父母 0.32 万人。按照国家、省、市计生委的要求，从 2013 年 1 月 1 日起独生子女死亡家庭特扶标准从现在的每人每月 135 元提高到每人每月 350 元；独生子女伤残家庭特扶标准从现在的每人每月 110 元提高到每人每月 280 元，只此一项将增加支出 200 余万元。同时，加大了对全区独生子女特殊困难家庭，困难户、托管儿童等关心、帮扶、慰问力度，按不低于每户 600 元的标准落实“三结合”户帮扶资金。全区实际投入帮扶资金 23.1 万元，其中帮扶慰问金和慰问物资金额计 21.99 万元；购买少儿互助金和大病补充医疗保险计 30 人，金额计 1.11 万元。帮助三结合户家庭联系就业 84 人。计生家庭利益得到了较好的保证。

武侯区是成都市首批婚育新风进万家活动示范区。为了进一步丰富活动内容，2013 年以来，组织实施了青少年健康人格工程，举行了武侯区“青少年健康人格工程”启动仪式，为学生家长和孩子们送上了《幸福家庭指南》亲子手册（小学篇）以及笔袋、书签等小礼物，并在“六一”儿童节为全区 37 所小学的 43 829 名同学及家长送上了节日的礼物——《幸福家庭——亲子手册》（小学篇）。同时，武侯区计生局围绕“新农村、新家庭、新农民”建设要求，高标准打造人口文化阵地，抓好人口文化载体建设，规范了村计生服务室和服务中心人口文化上墙的宣传内容，在每个社区（村）设置了统一的人口计生宣传专栏，根据具体实际，在社区（村）图书阅览室的基础上，在每个社区建立了人口文化书屋，挂“人口文化书屋”标示牌，并充实了人口计生相关书籍，基本落实了每个社区（村）有 1 个人口文化书屋。同时进一步完善了簇锦永兴社区人口文化园建设。认真抓好人口文化载体建设，对全区人口计生户外宣传环境进行了优化，对破损的宣传专栏、不符合要求的宣传标语进行了改造、拆除，确保了我区人口计生户外宣传环境的准确规范、温馨宜人、新颖美观，营造了良好的人口计生宣传氛围。印制了《幸福家庭指南》亲子手册（小学篇）5 万份，购买了《孕妇指南》4 000 本，并制作了 6 万份计生宣传品，通过多种渠道发放给群众，计划生育宣传品入户率达 90%以上，群众对人口计生有关知识的知晓率达 90%。

武侯区还利用“武侯闹春”、“科技之春”活动月、“5.29”计生协会会员活动日、“7.11”世界人口日等重要时机，集中组织开展主题宣传服务活动 5 次。9 月是“成都市预防出生缺陷宣传月”，武侯区开展“预防出生缺陷知识讲座”走进军

◀武侯区农民工生殖健康学校成立

营活动。同时,武侯区计生局官方微博还以出生缺陷干预知识为话题,发布公益宣传类微博12条,开辟了又一条新型的宣传通道。2013年,武侯区人口文化中心举办的孕前培训共20期,有3 843对夫妻参加了培训。

武侯区作为四川省首批计划生育药具发放服务监测哨点项目单位,按照畅通渠道、保障供应、方便群众、提高效益的工作原则,合理布点,在医院、大学校园、政务大厅、市场、居民院落、社区等流动人口集中的场所,共设立了132个计划生育药具发放服务监测哨点。以满足各类人群特别是流动人口避孕药具需求为出发点,积极构建药具发放监测哨点"三新"服务管理,确保药具自助发放的易得性、可及性及监管维护,打造计划生育药具优质服务品牌。

——确立新机制。出台相应的计划生育避孕药具发放服务监测哨点实施方案和避孕药具自助发放机暂行管理办法,实现制度化、规范化管理。在各街道办事处设专人监控和管理自助发放机,保证药具有效供应,实现日常化、专人化管理。设立《武侯区自助发放机考核表》,按季度对各街道药具自助发放机的使用和管理情况进行考核和检查,并将考核、检查结果纳入年终业务目标考评,实现可量化、目标化管理。

——建立新平台。为打造自助发放计生药具网络信息化管理新模式,在区计生服务站建立药具监测哨点发放管理信息系统后台,利用该平台,实时跟踪各哨点的发放动态,实时监控药具发放机的运行状况,发现问题及时督促、及时检查、及时处理。通过对采集的数据、信息进行统计和汇总,方便管理部门掌握情况,分析问题,为人口宏观管理和决策提供数据支持。

——形成新模式。积极探索建立新机制,把责任落实到个人,依托发放管理信息系统平台,把人对药具的管理最大便利化,使人、机器、药具连接在一起,改变了以往靠放置药具柜、药具箱、药具架以及派专人背药箱走访发放药具的粗放式服务模式。这种"人机互动自助式计划生育药具服务管理新模式",能够最大程度地延伸服务触角,实现24小时向育龄群众提供自助式药具与信息的一站式服务,提高了药具服务管理的社会化、信息化水平。

# 第五章 文化惠民篇

人作为自然演进中的高级生物，在基本生存得到满足，物质生活得到丰富后，对精神生活的需求就会凸显，其基本的表现形式就是文化成为人类生活不可或缺的重要方面，因此文化建设也是重要的民生，对民生质量有重要的影响。由于文化对人的影响具有潜移默化的特点，人们自觉、主动地接受健康向上的文化影响，参加健向上的文化活动，不仅能获得一定的专业知识，增强劳动技能，而且能得到精神上的愉悦、情操上的陶冶，提高审美水平、增强道德修养。因此，强化文化建设，提升精神文明水平，其意义超出了文化本身，而是经济社会全面进步的强大推力。

建区以来的实践表明，武侯区坚持政府引导支持，居民自我参与、自我娱乐、自我开发的文化建设模式，营造了活力四射的社会文化氛围，丰富了辖区居民的精神文化生活，促进了全社会的精神文明建设，对构建社会主义核心价值观，推动全区的经济社会发展，发挥了越来越显著的作用。

## 第一节 充实“三国文化名区”内涵 实现文化大发展大繁荣

武侯区是国务院命名的高科技文化区，其命名源自闻名于世的武侯祠。三国蜀汉文化源远流长，诸葛亮也成为大智慧的象征。建区以来，秉承千年蜀汉文化，契合人民群众文化需求，武侯区致力于“三国文化名区”建设，从文化体育发展规划、文化设施配套、文化队伍建设、文化活动开展等方面，丰富内涵，扩展外延，深入推进文化大发展大繁荣，为国际化进程中的武侯烙下了深深的文化印记。

### 力推文化建设，改变“跛脚”发展现状

武侯区因武侯祠而得名，三国文化闻名遐迩，历史文化的丰富得天独厚；但一个时期里经济实现一次又一次腾飞的同时，文化建设却进度迟缓，坐吃老本，经济特征和文化特征呈现出“跛脚”现象。

从文化资源角度，武侯区坐拥传统文化、高科技文化、教育科研文化等四大文化资源优势。传统文化资源包括武侯祠、望江楼、薛涛井等名胜古迹，武侯祠作为三国文化圣地，是区域内不可多得的传统文化

闻名中外的武侯祠

游客在『三国圣地』留影

名片，具有极强的旅游文化感召力。高科技文化资源，武侯区是国务院命名的高科技文化区，享有“全国科技进步先进区”、“中国西部电子商务核心产业区”等高科技名头；“北有中关村，南有磨子桥”，磨子桥“科技一条街”是“中国西部地区 IT 市场价格指数发布平台”。教育科研文化资源，有四川大学等 10 多所高等院校和 50 多家中央、省、市科研单位。民俗文化资源，武侯祠的庙会和锦里展示的民俗以及老成都民俗公园，是宝贵的非物质文化遗产。面对坐拥丰厚文化资源而无区域文化特征的状况，加强文化建设成了全区上下的一致共识和迫切愿望。

**两大文件明确文化振兴目标**

1991 年 4 月，武侯区成立文化广播电视局。2001 年 9 月，区文广局与区体委合并，成立区文化体育局，负责全区文化体育工作。2003 年，武侯区明确提出要建设西部一流文化强区。2004 年 8 月，武侯区制定《关于实施文化强区建设的若干意见》，对建设西部一流文化强区作出具体部署，提出抓住城市化和创建全国文明城市的有利时机，发展文化事业，培育文化产业，打造优势文化、品牌文化，努力建成“人文厚土、时尚武侯”的西部一流文化强区。

2011 年 10 月，党的十七届六中全会发布了《关于深化文化体制改革　推动

中外客人游锦里

社会主义文化大发展大繁荣若干重大问题的决定》，从宏观层面为实现文化的大繁荣指明了方向，也为文化产业的大发展提供了更多机遇。

乘着十七届六中全会的东风，武侯区着手制订《文化旅游产业发展“十二五”规划(2011 年—2015 年)》(以下简称《规划》)。几经修改，2011 年 11 月，《规划》发布。《规划》明确了武侯区文化旅游产业发展的指导思想、发展目标、发展重点和主要措施。《规划》提出，要优化文化旅游发展格局，形成“一轴支撑、两带带动、三区聚集”的文化旅游产业空间布局，把武侯建设成为西部地区高端文化旅游引领区。

《规划》提出，到 2015 年，全区接待游客总人数超过 550 万人次，年均增长 20%；接待入境游客超过 6 万人次，年均增长 15%，产业外向型经济特征日益显现。文化旅游产业增加值占全区服务业增加值的比重达到 10%，文化旅游业在全区地方财政收入中的比重大幅提高。

“十二五”期间，武侯区文化旅游产业的总体目标是：扩大文化旅游产业的总体规模，确立文化旅游的主导产业地位。重点发展文博旅游、商务旅游、工业旅游，突出三国文化、诗竹文化、总部文化、休闲文化、制鞋文化等文化旅游主题，打造一批文化特色鲜明、辐射带动力强、空间布局合理的文化旅游精品，培育在国内外有影响力的三国蜀汉文博旅游胜地、都市商务休闲旅游中心、女鞋之都工业旅游示范区和生态康体度假旅游目的地。把武侯建设成为西部地区高端文化旅游引领区。

武侯区将通过实施行业联动策略，构建武侯文化旅游产业体系；实施品牌策动策略，构筑文化旅游特色产品体系；实施项目带动策略，打造武侯文化旅游特色；实施营销推动策略，拓展境内外文化旅游市场。重点建设“一轴”，即人民南路商务文化旅游走廊；“两带”，即锦江南岸文化旅游发展带、江安河文化旅游发展带；“三区”，即三国蜀汉文博旅游核心区、女鞋之都工业旅游示范区、西部智谷创意体验旅游发展区；构建“一轴支撑、两带带动、三区聚集”的文化旅游产业发展空间格局。

两个月后，2012 年 1 月，武侯区召开六届二次全委(扩大)会，再次深入学习中央、省委、市委全会精神，深刻认识推动社会主义文化大发展大繁荣的重要性、紧迫性，谋划文化改革发展大计。会议的重头戏就是《中共成都市武侯区委关于推进文化大发展大繁荣加快建设文化强区的实施意见（审议稿）》(以下简称《意见》)；《意见》提出，努力把武侯建设成为全国一流的文化强区和国内外极具影响力的三国文化名区。这份主题鲜明、思路清晰的《意见》，切实将文化建设纳入了经济社会发展总体规划，把文化改革发展成效纳入科学发展考核评价体系，作为衡量领导班子和领导干部工作业绩的重要依据；积极落实国家关于文化改革发展的各项政策措施和促进文化建设的税收、投融资等优惠政策，建立了有效的工作协调长效机制，为武侯区文化大繁荣大发展提供了有力的支撑。

### “三战略四工程”建设“三国文化名区”

《意见》提出，通过大力实施“三大战略”，着力推进“四大工程”，努力实现“四个显著提升”，力争把武侯建设成为全国一流的文化强区和国内外极具影响力的三国文化名区。

培育独具特色的城市文态。实施“三大战略”，包括实施文化领先发展战略，把文化繁荣发展作为“商务高地·宜居武侯”建设的重要内容，实现文化领先发

品种齐全的图书馆

展、科学发展、又好又快发展。实施文化特色发展战略，传承和利用千年历史文脉，打造一批文化保护基因，彰显都市魅力的特色文化项目，培育独具武侯特色的城市文态。实施文化融合发展战略，实现文化建设与经济建设、政治建设、社会建设和生态文明建设互渗互动、融合发展。

着力推进“四大工程”，努力实现“四个显著提升”。包括着力推进文明城市建设深化工程，努力实现城乡群众文明素质显著提升；着力推进文化民生基础工程，努力实现文化惠民能力水平显著提升。完善一批公共文化服务阵地，建设一批标志性基层公共文化服务设施，形成一批群众文化活动品牌，建成全国文化先进区；着力推进文化产业振兴工程，努力实现文化产业综合实力显著提升，建成全市文化产业优势发展区。到 2016 年，文化产业增加值超过 130 亿元，占全区地区生产总值比重超过 13%，力争到 2020 年超过 16%；着力推进文化人才建设工程，努力实现基层文化队伍素质显著提升。

加快推进文化基础设施建设。加快推进文化基础设施建设，全面建成区、街道、社区（村）三级公共文化服务体系，确保群众享有公平优质的公共文化服务。实施公共文化设施升级改造，进一步完善现有区图书馆、区文化馆、区文体中心的配套设施建设，巩固一级图书馆、二级文化馆、武侯国家全民健身活动中心建

锦里古街

设成果。同时,实施社区文化设施和文化广场升级改造,把文化设施和社区广场建设纳入新建小区规划,建成一批具有武侯风格的社区文化广场;挖掘整合区域文化资源,在街面整治和院落打造中充分体现武侯独有的人文特色。到2016年,全区实现每个街道有1个综合文化中心、2~3个特色文化广场,每个社区(村)有1个文化活动室和1个以上室外文化活动场地。此外,还将建设武侯标志性文化设施,如加快新文化场馆建设,高标准推进区图书馆、区文化馆、区档案馆等新场馆建设,打造具有武侯标志性的公共文化设施,力争在"十二五"期间投入使用,满足人民群众不断增长的文化需求。

大力发展三国特色文化产业。在文化产业发展方面,将以文化旅游为主导发展三国特色文化产业。通过规划建设文化旅游重点项目,实施文化景观打造,实现城市有机更新,大力培育武侯特色文化产业。尤其令人关注的是,武侯区将打造三国文博旅游发展区,以三国蜀汉文化资源的保护传承和挖掘利用为导向,以完善旅游要素和优化配套功能为重点,提升三国文博旅游品牌影响力。实施三国蜀汉文化旅游产品开发计划,支持市场主体建立文化旅游产品研发平台,挖掘利用历史文化资源,开发以三国蜀汉文化为主题的动漫游戏、演艺娱乐、餐饮美食、特色纪念品和工艺品等文化旅游产品,优化业态配置,提升演艺娱乐业和餐饮美食业的特色化、专业化水平,促进资源优势向产业优势转化;打造城市景观风貌,抓住武侯祠大街改造契机,整合武侯祠、锦里、南郊公园、浆洗街、要都等载体资源,植入街区小品,融入三国蜀汉历史文化内涵,形成城景交融、产城一体的三国蜀汉街区风貌。此外,打造望江楼诗竹文化特色景区,加强望江楼、薛涛井等省级历史文物的保护性利用。

### 文化名区建设迈出新步

长期以来,如何发展具有武侯特色文化事业、培育三国特色文化产业,一直困扰着武侯区委区政府的上上下下,《意见》的出台对此给出了明晰的解答。

在发展文化事业方面,《意见》提出要特别重视公共文化服务体系建设,实现城乡公共文化产品供给和服务能力西部领先,力争2~3年创建成全国先进文化区。在完善基层公共文化服务体系方面,全面建成区、街道、社区(村)三级公共文化服务体系,确保群众享有公平优质的公共文化服务。实施公共文化设施升级改造,实现公共文化服务体系城乡全覆盖。未来5年,武侯区将继续打造群众文化活动品牌,策划"三国文化节"。到2016年,每个街道打造1~2个特色文化活动品牌，全区每年开展大型文化活动达到12场(次)以上。

培育三国文化产业，利用历史文化资源富集的优势，坚持文态、业态、形态、生态有机统一，打造特色文化景观。文化产业载体建设，重点发展文博旅游、动漫游戏、数字新媒体、轻工设计、演艺娱乐等特色产业和节庆、会展、酒店、餐饮等配套产业。通过实施一批重大文化产业项目，扩大文化消费，发挥文化产业增长极和主力军的作用，把武侯建成成都文化产业优势发展区。特色文化产业发展，培育武侯特色文化产业，打造三国文博旅游发展区，实施三国蜀汉文化旅游产品开发计划，挖掘利用历史文化资源，开发以三国蜀汉文化为主题的动漫游戏、演艺娱乐、餐饮美食、特色纪念品和工艺品等文化旅游产品。

同时，整合武侯祠、锦里、南郊公园、浆洗街、耍都等载体资源，植入街区小品，融入三国蜀汉历史文化内涵，形成城景交融、产城一体的三国蜀汉街区风貌。

## 第二节 三级联动 文化服务网络全覆盖

2013年8月6日，武侯区八益广场，数千人个个气定神闲，动作如行云流水一般，集体展示太极拳的精髓，六大传统太极拳种展示、百人太极扇展示让人为之叫绝；广场健身舞展示，让许多市民跟着起舞。在活动现场的另一边，“智、忠、义”全民健身嘉年华——趣味活动、电子竞技赛等，同样吸引了许多群众参与。这是武侯区“智、忠、义”全民健身特色活动的一个场景。

武侯区是著名的三国文化圣地武侯祠所在地，“义绝” 关羽、“忠绝”张飞、“智绝”诸葛亮的形象深入人心。区文体旅游局巧妙地将三国文化融入全民健身活动，开展“智、忠、义”全民健身特色活动月，以鲜明的特色增强群众文化活动吸引力，提高市民参与度。自当年7月上旬开始，一直持续到8月上旬，武侯区13个街道办事处、武侯实验中学体育馆都开展了“智、忠、义”全民健身特色活动。“单骑救主”“过五关斩六将” “如鱼得水” “草船借箭”，这些活动创意均源自《三国演义》中的经典章节，把三国特色历史文化融合进来，单凭名字就让人神往。棋牌、竞技游戏等都需要以智取胜，选手需要展现自己诸葛亮一般的“智”；武术、弓弩、水上运轮胎，团结、拼搏、奋斗才能取胜，需要展示张飞一般的“忠”；拔河、接力跑、沿河健步走比赛提倡友谊第一、重在参与，能够展示选手的“义”。

『三国特色』文化活动

活动一推出，就在各街道、社区产生轰动效应，参赛队员摩拳擦掌、跃跃欲试。“智”“忠”“义”是三国文化的精神内涵，是武侯人应传承、弘扬的优秀传统文化和价值观，通过这个活动，不只是锻炼了身体，而且深化了对三国文化的认识。

## 三级公共文化服务网络全面建成

武侯区一直重视区、街道、社区（学校、企业）三级公共文化服务网络体系建设，通过各种活动不遗余力地加以推进。

1991 年 6 月下旬，为纪念中国共产党建党 70 周年，全区组织开展主题为“颂歌献给党”的群众歌咏比赛活动，包括来自街道、社区的 188 支文艺队伍参赛，演出节目达到 300 余个。当年 4~9 月，区首届运动会举行，共有 28 支队 500 余人参加 8 个项目的比赛。

1994 年 4 月下旬至 6 月上旬，全区举办爱厂、爱校、爱家乡的“三爱”文艺演出活动。在厂、校和社区广泛演出比赛基础上，选出了 20 余个节目参加全区会演，分别评出一、二、三等奖。同时推选出两个节目参加市“三爱”文艺演出，其中舞蹈《心愿》获创作奖和优秀节目奖。

1996 年全区组织开展了庆祝“七一·三爱”文艺会演。全区街道、乡镇 20 余个节目参加演出，从中精选出 3 个节目参加成都市“三爱”文艺会演，2 个节目获一等奖，1 个节目获创作奖。

2002 年 3 月 30 日，武侯区在西南民族学院体育馆与双星企业联合举办“武侯之春·双星之夜”文艺晚会。区文体局、各街道办事处组织节目参演，双星企业的模特队作了精彩表演。

2005 年，武侯区在成都飞机设计研究所礼堂举办“庆七一党旗飘飘”大型歌咏比赛，此次活动共有全区机关及街道办事处 17 支队伍参加，是建区后规模最大、参与人数最多的一次歌咏比赛。

2011 年 4 月 29 日，伴随着欢庆热闹的威风锣鼓与歌舞表演，武侯区“幸福成都·宜居武侯”社区广场“坝坝舞”群众文化体育系列活动在火车南站街道长寿苑社区十街坊广场启动。“幸福成都·宜居武侯”群众文化体育系列活动包括区级活动和街道社区活动两大部分。区级活动以每月一次的大型惠民公益文化体育活动及系列竞赛为主，街道社区活动将以社区为基础，每个街道全年举办 10 场社区广场群众公益性文化体育活动。活动通过发掘和整合全区各街道社区文化资源，创作群众喜闻乐见的文艺节目，发动和吸引群众广泛参与，从而达到丰富群众文化生活、打造活动品牌、促进社会和谐的目的。

▲"运动成都·活力武侯"活动

武侯区把握文化建设目标时代化、阵地现代化、活动经常化、内容品牌化、服务社会化的趋势要求，不断加大政府经费投入，满足全区广大群众精神文化生活需求。文化事业经费方面投入持续增加。仅以2011—2014年为例，投入资金分别达到2 886.98万元、3 562.1万元、6 441.14万元、8 308.1万元，文化事业经费的增幅均高于区财政收入同期增长幅度，人均文化事业费均高于全省平均水平。同时，建立了稳定的公共文化投入保障机制，对文化馆、图书馆、街道综合文化活动中心等公益性文化事业单位及人员工资、业务经费和日常运行经费全部纳入财政预算，并按时足额拨付。此外，还鼓励社会力量资助文化公益事业，引导社会力量积极参与各项文化活动。

武侯区以《创建国家公共文化服务体系示范区实施意见》为基本依据，全面推进了公共文化服务体系建设工作。通过近年来文化工作经费的持续投入和文化设施的建设发展，区级、街道、社区(村)三级公共文化服务网络全面建成，助力成都市2013年11月通过文化部检查验收，成为全国首批"国家公共文化服务体系示范区"。

### 街道文体活动百花齐放

武侯区按照"健全群众身边体育组织，举办群众身边经常性体育活动"的总体要求，积极开展群众性体育组织、协会的组织管理工作。

2002年10月。全区开展"全民健身月"活动，举办2002英派斯杯成都社区健身路径比赛。各街道、乡镇均组织了趣味体育运动会、拔河比赛、乒乓球比赛等形式多样的健身比赛活动。2004年，区政府成立全民健身领导小组，倡导在全区开展以"生活奔小康，身体要健康"为主题的全民健身活动。全民健身活动既强健了群众身体，又为街道文化活动的百花齐放添了一把火。

一边是政府主导下的全区性普惠式大型活动，另一边是根据各自区域实际，在自发的"草根式"自娱自乐基础上，各街道和部门加大投入，积极引导，努力打造区域文化品牌，涌现出了《走进星期五》《幸福红牌楼》《玉林邻里节》

《浆洗大舞台》《欢乐望江》等文化品牌活动。这些文化“种子”植根群众，遍地开花，浸润人心，潜移默化地改变着武侯人的精神风貌。

这其中，火南街道、玉林街道无疑走在全区街道的前面。

2009 年 7 月 17 日，“走进星期五” 火南文化节启动仪式在火车南站街道十街坊广场举行，火车南站街道由此有了群众文化活动的标志性品牌，得到了辖区群众的广泛认可与积极参与。文化节是“走进星期五”群众系列活动的重要组成部分，在为期一个月的时间里，陆续开展的民俗工艺制作、文艺汇演、书法绘画、才艺展示、棋类比赛、国学讲坛、邻里互换、趣味运动、广场电影等群众文化活动，营造了浓郁的文化氛围，为辖区居民的精神生活注入了强大的正能量。

随后，“走进星期五”逐步成为一个常规性的活动，火南街道结合劳动节、国庆节等重大节日，开展关爱空巢老人、暑期青教、和谐之家等主题活动，将“企业(商业)文化、校园文化”融入“走进星期五”这一社区文化品牌。同时，为进一步促进邻里和谐，提高居民幸福指数，营造更加“宜居”的文化氛围，辖区充分发挥各社区及其文体队伍、人才资源特点，由社区轮流承办、街道主办，不断丰富活动内容，加入了趣味体育比赛、校园文化艺术节、篮球联赛、时装秀、理家能手家庭才艺大比拼等。随着时间的推移，又衍生出以传统节日为契机的“端午风情”活动、重阳节“中老年人才艺展示”等。以春夏秋冬四季为活动引线，社区文体活动的内容和形式也不断延伸，“四季影像”摄影书画展，春夏两季分别举办的门球邀请赛，夏天举行的“消夏音乐会”，秋冬两季分别举办的“秋之韵”社区腰鼓大赛、民族舞比赛和“居民交际舞晚会”等等，不断丰富着“火南文化节”的内涵。

群众的主动性和积极性一旦被调动起来，就具有巨大的创造性。在“走进星期五”大品牌下，辖区 6 个社区按照“一社区一品牌一特色”的要求，各建立一个

▲ 全民健身活动

文化活动品牌、组建一支原创队伍、引进一个文化产业项目、创作6个具有火南及地方文化特色的原创节目。目前，辖区已推出了《红楼梦音诗画》，快板戏《夸媳妇》，舞蹈《花儿情》《我知道》《文明快板书》《捏泥人儿》，诗朗诵《问经典》等原创精品节目，组织大型文化活动40余场。

2011年6月，玉林街道举行了首届院落文化节活动，广大居民积极参与"美好院落"和"院落好人"评选，通过评选展示玉林辖区风貌，展示玉林人物风采。特别是评选出的优秀共产党员、爱岗敬业模范、热心公益的院落好人、彰显邻里和谐的美好院落，对引导辖区居民崇尚健康向上的精神风貌、自觉成为文明市民，起到了良好的示范效应和积极的促进作用。

跳伞塔街道从2010年起，依托辖区的银杏大道打造了以"银杏"为主题的供市民休闲赏景于一体的特色街区，街区重点突出"赏杏""吟杏""品杏""知杏"四大主题，举办以银杏落叶景观等为主题的征文、绘画、涂鸦、摄影、书画等活动，成为一年一度的盛事，成为享誉成都的一大品牌。

此外，红牌楼街道的"幸福红牌楼"、跳伞塔街道的"国学进社区"、浆洗街道的"浆洗大舞台·月末喜相逢"、簇锦街道的"走进四季"、望江路街道的"欢乐望江"等都已成为所在区域的文化标志，给人留下深刻印象。

在体育方面，武侯区近年来在街道、社区累计免费培训三级社会体育指导员704名、社区体育骨干827名，遍布各社区，使区体育服务体系实现了全覆盖。据统计，武侯区全民健身活动参与人数从2008年的4 000余人已经发展到2012年的10万余人，每年全民健身活动次数从2008年的26次发展到2012年的109次，初步形成了武侯区全民健身活动多元化模式。

到2013年，全区成立了桥牌、武术、老体协等9个体育协会，构建了各类体育交流平台。同时，发挥奖励政策的导向作用，鼓励各协会开展单项体育活动，奖励经费每年30万余元，支持协会参与各类体育活动。武侯区还坚持长期走"体教结合"模式，不折不扣地实施武侯区中小学生"每天锻炼一小时"工程，大力开展学校体育九大传统项目体育运动，不断发展体育传统项目学校。体育传统项目学校从2009年的28所逐步发展到如今的44所，涉及体育项目19个，参与人数达8万余人。武侯区还独创了特色体育传统项目学校，以跳绳、抖空竹、放风筝等传统民间体育项目为主，切实提高广大青少年健康素质，继承和发展中华民间技艺。太极拳是我国特有的传统健身项目，深受群众喜爱。武侯区以"运动成都·太极武侯"为主题，大力推广太极拳习练活动。仅在2012—2013年，全区共开展各级各类太极拳培训活动100余次，直接培训习练者上万余人，参与习练者达15万余人次。

太极拳习练是武侯区的特色。武侯区以"运动成都·太极武侯"为主题,大力推广太极拳习练活动,仅在最近两年,全区就开展各级各类太极拳培训活动100余次,直接培训习练者上万余人,参与习练者达15万余人次。

为推广普及太极拳,武侯区出台了《"太极武侯"系列健身活动实施方案》和《武侯区太极拳(剑、扇)全民健身活动推广普及实施方案》,通过"五进、四训、二赛"的形式,在13个街道办事处、67所中小学校广泛开展太极拳普及推广工作。先后开展了"走进四季·太极武侯"大型特色文化体育活动、武侯区24式太极拳培训活动、武侯区"体彩杯"第四届"全民健身日"——"大手牵小手"太极比赛等赛事活动;在学校开展了"太极大课间"、太极教师培训等。全区13个街道、85个社区也开展了太极拳健身年、太极32剑团体交流赛、太极展示会等太极活动。

### 文化产业蓬勃发展

在文化事业长足发展的同时,文化产业发展也显现成效。

武侯区先后成功打造了成都国际电脑节、中国女鞋之都国际采购节暨鞋文化旅游节等国际会展品牌;举办了7届成都国际电脑节、4届成都国际数字娱乐周和6届中国女鞋之都国际采购节暨鞋文化旅游节,带动了酒店住宿、旅游消费等相关产业的快速发展。武侯区利用区位优势,大力引导演艺娱乐业繁荣发展,形成了武侯祠大街、玉林生活广场、欧风街、耍都、少陵路88号等一大批时尚文化特色消费区。涌现出了一批文化产业龙头企业:"锦里"被国家文化部评为"国家文化产业示范基地";浓园艺术村先后被四川省文化厅命名为"四川省文化产业示范基地",被四川省政府列为首批"四川省重点文化旗舰企业"、"中国创意产业最佳园区", 对武侯区文化产业发展起到了良好的示范带头作用。2006年,武侯区从事文化、体育和娱乐业的个体经营户达到1 103户,占全区个体经营户总数的2.2%; 从业人员2 104人, 占全区个体经营户从业人员总数的1.3%;营业收入6 573万元,占全区个体经营户总营业收入的0.6%。2011年,全区文化产业增加值达48.63亿元,占全区GDP的比重达8.78%,居全市前列;2014年,全区文化产业增加值79.65亿元,占全区GDP比重达12.42%。

"东有'蓝顶',西有浓园",浓园在武侯文化产业发展中颇具代表性。浓园国际艺术村2007年开村,被艺术家们视为"艺术乌托邦"。这个占地约160亩的艺术村里共有70余栋建筑,吸引了超过200名油画、国画、雕塑、书法、摄影方面的艺术家在此建立工作室及私人美术馆, 其中包括国内外具有重要地位的艺术大

▲全民参与体育活动



师程丛林、林跃、梁时民、郭汝愚等，成为中国西部最大的艺术原创基地之一。

## 文化体育基础设施快速增加

2004 年 10 月 31 日，武侯祠旁，在喜庆的锣鼓声中，尽显千古风韵的锦里正式开市，笑迎天下宾客。锦里民俗休闲街被称为“成都版清明上河图”，是成都市首座以传统川西古镇为建筑风格的旅游休闲街区。街区全长 350 余米，有茶坊、客栈、酒楼、酒吧、戏台、各种风味小吃、工艺品、土特产等，集旅游购物、休闲娱乐为一体，也是人们怀旧寻梦的好去处。

多年来，市、区两级投入资金，完善文化体育基础设施建设，着力打造更“硬”的文化体育硬件。2002—2005 年是武侯文体体育基础设施建设的高潮期。

2002 年，武侯区建成月亮湾体育活动中心，当时是全国最大的中小学体育活动中心和法制教育基地。

2002 年武侯区还建成了成都的文化地标建筑之一——老成都民俗公园。它既是成都大桥文化的看点之一，也是成都市乃至全国第一个利用城市立交桥下空间修建的主题公园，老桥老街文化艺术区、老街坊休闲区、民俗文化雕塑休闲区、水景花园休闲区等，充分展现了老成都的民俗、本土元素。时任中央政治局委员、中央书记处书记、中央宣传部部长的刘云山视察了老成都民俗公园。

在此期间建成的全市第二大广场、最大的下沉式广场——武侯广场，如今仍是群众性文化活动的重要场所。相继建成的三大主题公园、“三大馆”等也在群众文体活动中发挥着重要作用。

武侯区三大主题公园各具特色。2005 年前后，借成都市争创“中国人居奖”、“国家园林城市”的东风，作为公共文化设施重要支撑的武侯区三大主题公园建设也加快了步伐。

永康森林公园突出生态休闲，于 2005 年 8 月建成开放。该公园紧靠江安河，水资源丰富，是城市的主要进风口，也是江安河生态休闲带上的主题公园之一。园内以内河湿地水文化、蜀汉三国文化、川西民居、民俗文化为特色,集会议、度假、休闲、娱乐、观光为一体。

江安河公园突出观光休闲,由活力飞扬、古佛寺晨钟、凉水井坊三段组成,沿河道呈现带状分布,总面积1500亩。河岸以乔木、灌木、草坪合理布局的城市绿化为主体,适当点缀人文景观和休闲娱乐场所。沿途分为水乡畅想、田园村舍、草甸雾霭、活力飞扬、古佛寺晨钟、凉水井坊六段景区。核心区域古佛寺晨钟,极具川西地域文化特色。该公园强化蜀汉文化与民俗文化特色,2005年9月竣工,占地33.33万平方米。

清水河公园以市树银杏、市花芙蓉为主题,其历史内涵源于前蜀皇帝王建。公园景区由主大门景区、银杏广场景区、儿童活动娱乐和健身区、湖岸景区、郊野森林氧吧景区五大部分组成。公园风格以现代园林为主,融入古典园林风格,古今结合,园内植被极为丰实。公园内还有数家大型的独具特色的餐饮服务点,服务配套设施十分完善,是成都近郊不可多得的大型生态型休闲娱乐场所。

刚建成开放时,三大主题公园成为人们享受轻松和惬意的重点选项。清水河公园游人如织,园内的农家乐家家爆满,生意兴隆。“五一”期间,清水河公园平均每天游客达5 000人,最多的时候超过8 000人,公园内农家乐营业收入20万元以上。

随着时间的推移,经济社会的发展,当初的定位在今天已显出明显的时代差距。为改变三大主题公园逐渐沦为低端餐饮聚集之地的尴尬局面,用新的规划赋予其新的定位,提升其文化功能,正在成为政府和区有关部门的重要关注点。

相比三大主题公园,随后相继建成了多个主题公园、游园、特色街区,呈现出覆盖面广,特色多样的特点。2006年建成的太平盛世游园、卧龙园等主题游园,棕南西街街区等林荫街区,“春江花月”休闲娱乐街区、大学路文化特色街区、桐梓林欧洲风情街等特色文化街巷,使武侯的城市风貌得到了进一步提升,文化元素进一步丰富。

春江花月是把古典韵味注入现代时尚的休闲商业街区,采用四川特色的艺术建筑,如川西青瓦、中国牌坊、图腾戏楼、民俗景观、情趣小品。安顺廊桥在夜幕下灯火辉煌,流光溢彩;音乐广场以音乐元素装点,10米高的吉他、五线谱线条装饰的墙面,置身其中仿佛余音绕梁、不绝于耳;“欧洲风情”飞红泛绿,欧风扑面。

## “三大馆”满足市民精神文化需求

在满足了物质需求以后，居民对精神文化的需求愈加强烈。在此背景下，武侯区文化活动中心、图书馆、文化馆于2004年、2005年相继建成。

武侯区文体活动中心占地11亩，共七层，建筑面积为12238平方米，2001年12月破土动工，2004年12月正式投入使用。与其他文体设施建设方式不同，文体活动中心采取政府投入、体彩公益金和民间投资的融投资方式，总投资4100多万元。其中武侯区政府财政投入1800多万元，占总投资的44%；四川省体彩基金投入1500万元，占总投资的36%；民间资金投资800多万元，占总投资的20%。中心能够提供运动健身、健身指导、竞赛活动、体质检测、健身培训等服务，能够承办市级体育比赛和全国、省级个别项目的比赛。按照不同层次群众健身需求，设置了篮球、羽毛球、乒乓球、网球、台球、健身健美、艺术体操、拉丁舞、踢踏舞、跆拳道、电子竞技、武术、飞镖、沙弧球、体质监测15个体育运动项目，并因地制宜，在综合场馆内设置多个运动项目。

为做好创建全国文明城市工作，丰富市民的精神生活，武侯区专门拨出100万元作为图书馆的建设经费，2004年8月，区图书馆开馆。图书馆运作也富于创新思维——政府主办，市场运作，引入了印象大书房介入图书馆日常管理。图书馆建筑面积近2 000平方米。馆内图书、报刊总藏量为14万册，电子文献30万种、视听文献3 000部，涵盖政治、经济、科技、文学等全部类别。设有报刊阅览区、少儿阅览区、工具书及地方文献阅览区、图书期刊外借区、电子阅览室、多功

街道文化活动

能室、三国文化阅览区、国学室、专家阅览室、自修室、休闲书吧等。武侯区还将“图书馆”的概念延伸到了街道、社区一级。2008 年 12 月武侯区在 5 个涉农街道的 27 个社区(村)建设 27 个农家书屋。每个农家书屋配备超过 2 000 册图书、30 种报刊和 100 种电子音像制品,每周开放时间不少于 15 个小时,所有出版物都是免费阅读,免费借阅。武侯图书馆后来被评为国家一级馆。

武侯文化馆面积达 3 200 平方米，馆内设有文化活动厅 8 个，多功能厅 2 个,文化活动广场 500 平方米。文化馆内外环境和谐统一,文化氛围浓厚,设有文艺辅导部、美术摄影部、文学创作部、非物质文化遗产保护中心、艺术培训中心等部门;配置了音响、舞蹈、美术书法、摄影、理论研究、文学、民间文化保护、曲艺、戏剧十大门类的专业人员 10 人,并建立了基层群众文化辅导网络。文化馆负责全区群众文化的组织、策划、指导、示范、创作辅导、理论研究、组织领导社区文化、广场文化、校园文化、家庭文化、企业文化、老年文化、少儿文化等群众文化活动的健康发展;面向社会开展艺术培训、艺术教育,辅导和指导社会文艺团队,培训文化干部及社区文化辅导员,收集整理研究开发民族民间优秀文化,举办各种群众性文艺比赛、演出和各类展览。文化馆培养了一批创作、演出、组织人才,组建了武侯交响管乐团等文艺团体,丰富了社区文化生活,壮大了基层文化队伍。2007 年 6 月,成都市认定武侯区文化馆达到国家二级文化馆标准。

随着区内人口数量的不断增加,居民文化需求层次的不断提高,原来的“三馆”已远远不能满足市民需要,文化馆、图书馆,连同档案馆三个馆,合称“新三馆”建设提上议事日程。2012 年,武侯区委区政府决定由财政出资 2.1 亿元新建“三馆”。“三馆”位于二环至三环之间,与高新区合建。新馆面积达 1 4000 余平方米,所有设施将按照国家一级馆的要求进行配置。新文化馆总面积约 6 500 平方米,分为多功能展览区、青少年活动区、中老年活动区,引进文化类社会组织、专

▲街道、社化文娱活动

业录音棚、综艺练歌大厅、形象墙等重点项目。新图书馆面积 7 509 平方米,新馆以三国文化、儿童教育、特色文化等为规划设计重点,开辟“三国文化主题馆”“儿童学习中心”“休闲书吧”“电影课堂”“地方文献资料馆”等五大特色功能区。

## 街道综合文化活动中心普惠居民

武侯区多年对区、街、社区三级文化体系基础设施建设不遗余力,惠及了广大居民,受到了社会好评。2013 年 8 月,成都市对街道综合文化活动中心进行评估定级,武侯区共被评选出一级站 3 个、二级站 3 个、三级站 4 个,平均每万人拥有公共文化设施的建筑面积高于全省平均水平。自 2009 年以来,武侯区共拨付 150 余万元补贴街道落实综合文化活动中心免费开放工作, 数年间武侯区街道综合文化活动中心建有率达到 100%,有专职管理人员,设备齐全。社区(村)全部具有文化活动阵地,并能正常开展活动,文化信息资源共享工程服务网络健全,区级、街道、社区公共电子阅览室以及村基层服务点建设达到文化部标准,覆盖率达到 100%。如今,武侯区已建成了以区文化馆、区图书馆为骨干,以 13 个街道综合文化活动中心为支撑,83 个社区(村)综合文化活动室为基础的公共文化阵地网络。

群众参与全民健身活动主要依托于公共体育场地和设施, 武侯区在充分利用区文体活动中心的基础上, 加快规划和建设公共体育场馆、“111 工程”(即一场、一馆、一池建设)、40 片足球场地,为群众提供方便、健全、综合性的体育场馆。除了用好相对固定的运动场地外,武侯区根据群众就近锻炼、健身的需求,加大了对社区小广场、小游园等群众较集中的地方的体育器材建设投入,不断拓展社区文化广场等活动场地,促进活动常态化开展。

至 2013 年,全区已建成文体广场 96 个,其中能容纳人数超过 100 人的就有 30 余个。簇桥街道的邓小平广场、金花桥街道的金花广场是全市的全民健身示范广场。在这些示范点的带动下,全民健身活动逐步延伸到学校、企业的体育场地。

从 2010 年至 2012 年三年时间, 区财政和体彩公益金共投入经费 1 300 余万元,用于全民健身基础设施建设、各类全民健身培训和赛事活动。截至 2012 年底,共建成全民健身路径 231 条、晨晚练点 65 个、太极习练点 26 个、文体活动室 13 个,为街道广场配备完善了电源系统和音响器材,使体育健身设施配备实现了全覆盖。

## 第三节 武侯闹春 演绎特色文化的经典

2013 年 2 月 1 日，“武侯闹春” 社区艺术节暨新春团拜活动在开心的锣鼓和欢快的舞蹈中拉开序幕。城区的双楠、红牌楼、望江路、玉林、浆洗街、火车南站、跳伞塔等街道的文艺团体、单位文艺骨干轮番上台，表演歌曲、舞蹈、快板、戏曲等节目。现场还开展了摄影、游园、送春联等活动。区委主要领导在现场向全区人民送上祝福。与此同时，涉农的晋阳、机投、簇锦、簇桥、华兴、金花桥等街道在晋阳街道举行“武侯闹春”民间民俗群众文艺展演活动，群众自编自演的节目赢得此起彼伏的掌声。民间艺术节上，划旱船等曲艺表演、民间工艺展示、“城南故事”摄影展等喜闻乐见、参与性强的迎春文化活动吸引了很多人前往观看，现场群众人头攒动。从 1991 年开始，“武侯闹春”已举办了二十三届。

品牌就是号召力。从建区开始，武侯区大力发展以“武侯闹春”为主要品牌的武侯群众文化活动，引领群众广泛开展各种文艺展演、广场舞、体育比赛等民俗文化和体育活动，让居民秀出自己精气神的同时，又展示了武侯良好的精神面貌。

### 演绎 20 年的文化经典

文化发展水平高低，代表了一个区域的文明程度和群众幸福指数

武侯闹春活动

街道闹春活动

的高低。经济和文化如影随形，不可分割，武侯区在经济高速发展的过程中，文体事业也取得了空前发展。不管是春、夏、秋、冬任何季节都可以看到参加文体活动的群众身影，张张灿烂的笑脸上满是幸福

1991 年 2 月 6 日，武侯区首届“文化春潮月”活动在南郊公园拉开帷幕，在一个月的时间里，116 个参演单位演出节目 271 个，近万人参加活动，这便是“武侯闹春”的前身。1992 年 1 月 29 日至 2 月 6 日，武侯区在南郊公园举办了“武侯闹春”集邮文化宣展周活动。此后“武侯闹春”成了武侯区群众每年欢度春节的重大节庆活动。

20 多年来，“武侯闹春”的发展经历了三个重要阶段，每个阶段的演变都让它焕发出新的光彩，也让它成了春节前后武侯区群众必过的文化庙会。

第一阶段：集邮活动唱主角。1992 年 1 月 29 日至 2 月 6 日，武侯区在南郊公园举办了“武侯闹春”集邮文化宣展周活动。活动内容包括邮品展览、邮票销售、集邮灯谜展猜、集邮知识咨询、集邮知识广播讲座等。

“当时社会上兴起了集邮热，我也是一个爱好者，听说在南郊公园有一个有关集邮的‘武侯闹春’活动后，我和身边的邮迷们都非常高兴，一周的时间全泡在活动中了。”有着 20 多年集邮爱好的冯大爷对最早的“武侯闹春”活动还记忆犹新。他告诉记者，当时的活动现场非常热闹，省、市、区各级领导和省内集邮界知名人士都参加了活动。《中国集邮报》及成都《锦城邮苑》等国内知名集邮专业媒体都对活动做了报道。

第二阶段：文化下乡成主题。从 1992 年起到 1995 年，几乎每年的“武侯闹春”都是以集邮为主题。但是，随着社会的发展，老百姓越来越需要一种集多元文化活动为一体的新春庆祝活动，因此在第四、第五届“武侯闹春”上集邮的主题也开始慢慢弱化了，取而代之的是更多老百姓喜闻乐见的文艺展演形式。

到 1996 年，第六届“武侯闹春”活动已形成了书画联展、灯谜展猜、年货展销、风光风情摄影展、卡拉 OK 比赛、川剧演出、民间艺术表演、专业文艺演出等内容丰富的文艺演出风格。同时，活动也开始以文化下乡的形式，将活动集中和

▲全民健身运动会

▲梦想大舞台

分散到各乡镇和街道。

由于活动形式的变化，内容的丰富，这一届的“武侯闹春”参与群众人数急剧上升，达到20万人次。

第三阶段：“三大板块”渐完善。第七届在机投桥、第八届在南郊公园、第九届在省体育馆广场、第十届在簇桥，这几届“武侯闹春”活动都以文化下乡的形式为全区群众带去了欢笑和快乐。

2001年1月20日，第十一届“武侯闹春”在普尔斯马特广场举行。这一次的活动分为了“文化拜年”、“联欢游园”、“三下乡”、“新春展销”四大板块。各街道、乡镇组队参加的集体舞展演、市歌舞团专业文艺演出、坝坝电影放映等精彩丰富的活动让老百姓感受到了浓浓年味。

2002年1月30日，第十二届“武侯闹春”在府南河边音乐广场拉开序幕。与往届不同的是，在这一届活动中增加了校园板块，“霓裳羽衣舞” “para舞”，来自成都七中、四川大学等学校学生动感十足的表演，让观众领略到了“校园文艺”的多姿多彩。

“武侯闹春”由此固定形成了社区板块、民间板块、校园板块，并逐渐完善和丰富。由于春节正是是学生们的寒假，2005年后，校园板块从“武侯闹春”中脱离出来形成了独立的“武侯之春·校园文化艺术节”，“武侯闹春”最终定型为延续至今的两大板块：城区的社区文化展示和涉农街道的民间民俗文艺展演。

## 催生多个文化活动品牌

在汇总吸取“武侯闹春”活动经验的基础上，武侯区先后组织开展了“武侯之春·校园文化艺术节”、“武侯风采机关文艺大赛”、“文化武侯魅力社区文艺展演”等大型文体活动，并逐渐成熟，与“武侯闹春”一起成了武侯区群众文体活动的四大品牌。

“武侯之春”唱响校园内外　武侯辖区内高校众多，特别是各种文体类的专业院校很多，文体人才比比皆是。区文体部门一直在思考，如何既能利用好这种资源为区域文化事业发展服务，又能通过恰当渠道展示大学生风采，活跃大学生业余文化生活。

通过统筹考虑，整合各院校优秀文艺人才，组织一台跨学校的文艺交流形式的大学生艺术节的想法便正式实施了。通过实践，“武侯之春·校园文化艺术节”受到了校园内外学生和群众的欢迎，活动也成了春季武侯文化界的盛事。

2005年，春暖花开的四月，武侯区与四川大学联合举办了首届“武侯之春·校园文化艺术节”。武侯辖区内各大高校及区外部分高校选送的一个个精彩节目把艺术节演绎成了校园里的盛大节日。

第二年的春天，即2006年4月，更大规模的第二届“武侯之春·校园文化艺术节”如期举行。省文化厅、省教育厅、团省委、团市委、市委宣传部、市文化局相关领导和区四大班子领导及区内外11所大专院校师生3000余人参加了此次活动。

“武侯风采”展示机关活力　2010年7月29日，2010年“武侯风采”机关文艺大赛在区政府服务中心礼堂隆重举行。全区各部门、各街道机关工作人员通过一个个精心编排的节目，展现了机关工作人员的活力和风采，表现了良好的精神面貌。

“武侯风采”机关文艺大赛作为武侯区的机关文化品牌，迄今已连续举办了3届，是目前成都市唯一的机关文化品牌，所有作品均为自创。活动既展示了机

▲『和谐武侯·魅力社区』文艺展演

▲校园文艺表演

▲广场舞大赛

关工作人员的整体素质，又丰富了大家的业余文化生活。举办“武侯风采”机关文艺大赛活跃了机关的工作气氛，增添了工作人员的生活情趣，让大家的精神面貌焕然一新。

“文化武侯”尽显社区魅力　武侯蜀汉文化以其深厚底蕴而形成的独特的文化气质和风韵，历久弥新，历经了1500年历史的雕琢而绽放出夺目的光彩。2004年，武侯区在全区范围内组织开展了“文化武侯·魅力社区”三国文化首届社区艺术节。活动历时一个月，由校园文化、“文化武侯·魅力社区”大型文艺展演、“艺三国、看武侯”三国特色群众文艺竞赛等系列文化活动组成，实现了传统文化与现代文化、乡土文化与外来文化、高雅文化与通俗文化的有机结合。

政务服务体验周启动仪式

## 区级政务平台　硬件一流服务优

2007 年 7 月 9 日至 13 日，成都市武侯区政务服务中心推出一项创新举措，在全省首开先河，举办了“武侯政务服务体验周”。其间主要有五大主题活动：成都市武侯区首场政务信息发布会、大厅窗口服务体验、远程政务服务体验、政务服务市民论坛、政务服务专家论坛。

武侯区行政审批局（政务中心）经过几年的不断探索，如今，“行政服务标准化”成为全省首家国家试点单位；“输入五星级酒店管理”“政务服务体验周”“3D 实景政务大厅”“政务服务工作站”等创新举措，为营造武侯区优良的发展环境和便民利民，做出了重要贡献。“武侯政务”也步入了“以标准化推进规范化，以规范化促进便捷化”的发展道路，成为区域民生工作的重要支点。

2005 年 6 月，武侯区在居民密集的双楠建设武侯区政务服务中心。中心总建筑面积 20 700 平方米，政务服务中心办证大厅 3 000 平方米，2006 年 1 月 18 日投入使用后，成为武侯区政务服务最重要的硬件设施。

武侯区政务服务中心设政务服务大厅和社保就业服务大厅，共有 30 个区级部门，88 个窗口，115 名窗口工作人员集中受理 195 项行政审批和公共服务事项，实现了“应进必进”。在管理上探索性地引入了星级化管理模式，实实在在为群众提供更加方便、快捷和优质的政务服务。

2006 年 2 月，武侯区纪委（监察局）、工商局、政务服务中心充分沟通协调，就如何为企业和群众提供优质、高效的服务多次召开座谈会，倾听各方意见，对我区特有的办证联络员制度进行修改和完善，出台了《武侯区办证联络员管理暂行办法》，进一步规范了办证联络员的行为，方便了服务对象，取得了良好的经济和社会效益。

武侯区政务中心建立以来，坚持“细节管理、问题管理和绩效管理”，不断完善政务服务体系。为方便办事群众，对每一个细节都进行统一规范，设置了便民服务区、电子触摸屏、婴幼儿推车等设施，同时还提供手机充电、无线上网等服务。针对工商局窗口办事人员多、办件量大的情况，把对工商局窗口的管理列入

▲街道社区事业中心大厅

▲政务中心获得德国认证

问题管理范围，对随时出现的问题及时提出解决方案。每月开展服务明星、优秀首席代表和红旗窗口的评选活动，并将其作为窗口部门及其工作人员绩效考核的重要内容。

2007年，为把ISO9001:2000质量管理体系的标准与武侯区政务服务的实际有机结合起来，武侯区政务中心通过竞争性谈判方式，选择了深圳南晟德咨询公司和德国TUVNORD汉德认证公司分别作为咨询培训和认证机构，在推进政务服务理念、机制创新并与国际政务理念接轨方面，做了有益的探索。

在此过程中，武侯区政务中心会同深圳南晟德咨询公司制定了《质量手册》，与锦江宾馆旗下的四川锦江旅游饭店管理公司签订质量管理项目合同，开始了中心全面引进企业质量管理和五星级服务的全新实践。

为提高政务服务工作的效率，方便老百姓办事，2007年7月2日，武侯区在区(市)县中率先开始了并联审批和网上预审的探索。在旅馆业、汽车维修业、食品加工生产业三类企业注册登记上实现了并联审批，大大缩短这三种企业注册登记的办理时限。2012年3月6日，武侯区又率先推出一项与国际高端技术接轨的3D实景政务大厅，无论身在何处，办事群众均可全天候借助3D实景政务大厅实现网上快捷办事。

武侯区政务服务中心还推出另一项服务新举措——网上预审服务，市民填写姓名，设置密码，填写身份证号码、电子邮件等基本信息，登录武侯区公众信息网后，很快就会获知可以网上办理的预审相关事项；网上预审通过，就可携带相关证件前往实体大厅办理手续。网上多次沟通，网下一次搞定，极大地提高了审批效率，方便了办事单位和群众。

通过实施《窗口月绩效考核暂行办法》，详细规定办事流程、服务方式、公开事项、投诉受理等考核内容、考核组织形式与考核办法，每月“服务明星”、“优秀首席代表”和“红旗窗口”的评选活动，在中心营造出团结向上，勇争一流的良好氛围，为武侯政务的服务水平不断提升注入了强大的动力和活力。

依靠科技和管理，不断丰富政务服务手段，是武侯政务服务多年来不断提档升级的法宝。近年来建设的市民呼叫中心，总结推广的力宝大厦写字楼“政务服务工作站”试点经验等，都是武侯政务服务充分利用电子信息等科技手段，建立健全“全方位、立体化”政务服务体系的全新探索。

在推进“上下衔接”的政务服务体系建设中，武侯区依据相关政策和法规要求，结合区域实际，出台了促进和规范全区政务服务体系建设的政策措施，在全区政务服务机构中全面施行标识应用、硬件设施、服务标准、运行管理、监督考评“五规范”，强化三级政务服务平台的规范化建设。疏理、打通行政审批和服务事项下沉工作的阻结点，建立起了全区统一、上下贯通、三级联动、功能齐全、资源共享的政务服务体系。

2007 年，在全国政务公开工作先进单位表彰暨全国政务公开示范点命名电视电话会议上，武侯区脱颖而出，成为成都市唯一榜上有名的区县。

## 部门街道平台　内外兼修树形象

多年来，武侯区政务服务工作始终坚持“严格依法、高效快捷、利民便民”的原则，立足于规范化服务型政府建设，使政务服务成了经济社会事业发展和民生改善提升的强大推力。在区级层面，除了公安服务大厅和出入境接待大厅外，还有国土、国税、地税、法院等服务大厅和武侯新城政务分中心。

在坚持区级部门服务大厅设施一流。服务规范的同时，13 个街道社会事务服务中心在硬件和软件提升上同步推进。按照全市《关于推进乡镇（街道）便民服务中心和村（社区）便民服务室规范化建设的意见》要求，武侯区扎实推进街道社会事务服务中心规范化建设。

明确体制职能，强化制度管理。将社会事务服务中心明确为街道办事处下设的正科级事业单位，同时为每个窗口核定了 10 个事业编制，并公布了社会事务

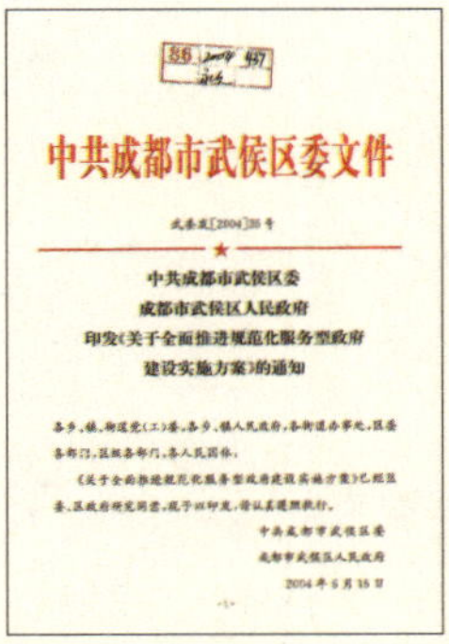
中共成都市武侯区委文件

武委发[2004]35 号

中共成都市武侯区委
成都市武侯区人民政府
印发《关于全面推进规范化服务型政府建设实施方案》的通知

各乡、镇、街道党（工）委，各乡、镇人民政府，各街道办事处，区委各部门，区级各部门，各人民团体：

《关于全面推进规范化服务型政府建设实施方案》已经区委、区政府研究同意，现予以印发，请认真遵照执行。

中共成都市武侯区委
成都市武侯区人民政府
2004 年 5 月 15 日

-1-

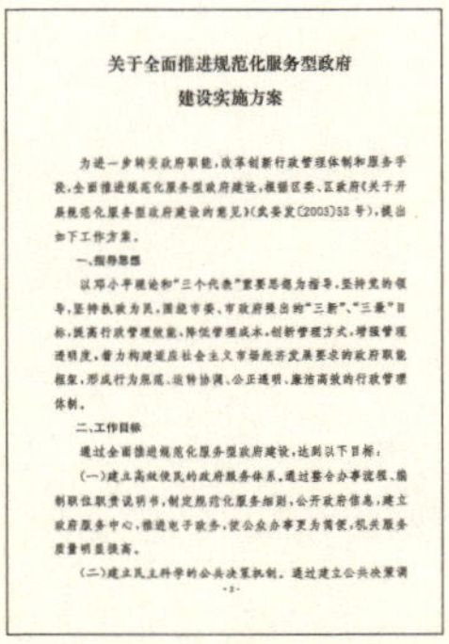
关于全面推进规范化服务型政府
建设实施方案

为进一步转变政府职能，改革创新行政管理体制和服务手段，全面推进规范化服务型政府建设，根据区委、区政府《关于开展规范化服务型政府建设的意见》（武委发[2003]53 号），提出如下工作方案。

一、指导思想

以邓小平理论和“三个代表”重要思想为指导，坚持党的领导，坚持执政为民，围绕市委、市政府提出的“三新”、“三最”目标，提高行政管理效能，降低管理成本，创新管理方式，增强管理透明度，着力构建适应社会主义市场经济发展要求的政府职能框架，形成行为规范、运转协调、公正透明、廉洁高效的行政管理体制。

二、工作目标

通过全面推进规范化服务型政府建设，达到以下目标：

（一）建立高效便民的政府服务体系。通过整合办事流程、编制职位职责说明书，制定规范化服务细则，公开政府信息，建立政府服务中心，推进电子政务，使公众办事更为简便，机关服务质量明显提高。

（二）建立民主科学的公共决策机制。通过建立公共决策调

-2-

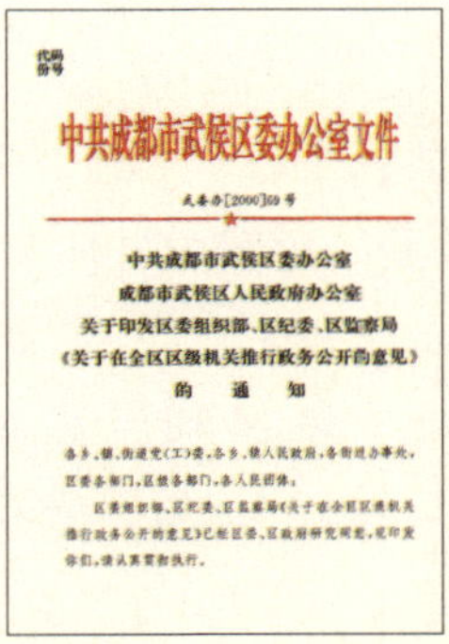
代码
份号

中共成都市武侯区委办公室文件

武委办[2000]69 号

中共成都市武侯区委办公室
成都市武侯区人民政府办公室
关于印发区委组织部、区纪委、区监察局
《关于在全区区级机关推行政务公开的意见》
的　通　知

各乡、镇、街道党（工）委，各乡、镇人民政府，各街道办事处，区委各部门，区级各部门，各人民团体：

区委组织部、区纪委、区监察局《关于在全区区级机关推行政务公开的意见》已经区委、区政府研究同意，现印发你们，请认真贯彻执行。

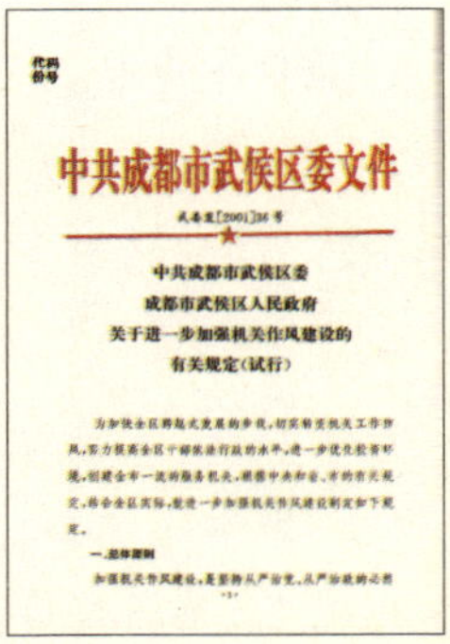
代码
份号

中共成都市武侯区委文件

武委发[2001]36 号

中共成都市武侯区委
成都市武侯区人民政府
关于进一步加强机关作风建设的
有关规定（试行）

为加快全区跨越式发展的步伐，切实转变机关工作作风，努力提高全区干部依法行政的水平，进一步优化投资环境，创建全市一流的服务机关，根据中央和省、市的有关规定，结合全区实际，就进一步加强机关作风建设制定如下规定。

一、总体要求

加强机关作风建设，是坚持从严治党、从严治政的必然

-1-

服务中心的职能职责。出台《武侯区政务服务窗口监督管理暂行办法》《武侯区政务服务窗口管理规范》《武侯区政务服务窗口考核办法(暂行)》《武侯区政务下沉工作办法》等近10部规范性文件,保障了全区政务服务窗口的有序运行。

统一标准,构建规范化窗口。邀请专业机构对街道办事处社会事务服务中心外观、内部装修和设施设备进行设计,并结合各街道办事处政务服务窗口人员管理、考核评比等实际情况,提出基层政务服务窗口建设“六统一”标准(即“统一对外形象、统一基本设施、统一网络标准、统一管理制度、统一行为规范、统一考核评比”),从各个方面对全区13个街道办事处社会事务服务中心的窗口建设进行了规范。

深入开展政务服务下沉工作。武侯区政务服务中心选取了与群众日常生活密切相关的50项服务类事项,把之纳入街道社会事务服务中心窗口办理事项;同时,还对其中部分非即办件的办理流程和时限进行了优化,大幅度缩短了办结时限。如今,社保等和群众生活关系最为密切的业务,在街道和社区就可办理,大大缓解了政务服务中心社保大厅的拥挤状况。为了保证“事项合理下沉,基层负担不增加”,武侯区政务服务中心专门出台了《武侯区区级部门业务事项下沉工作办法(试行)》,该办法着力规范政府内部的工作流程,主要针对各区级部门将业务事项下沉到街道办事处和街办社会事务服务中心的情况,分别从下沉事项范围、标准、工作程序等方面对下沉工作进行了全面的规范。

创新政务服务方式。推行“质量管理模式”。通过在全区各街道办事处社事服务中心引入ISO9001:2000质量管理体系“过程管理、持续改进”的先进理念,从中选取了易操作、见效快的方式,以“写我应做、做我所写、记我所做、查我所记、改我所错、验证所改”为基本内容,在全区基层政务服务窗口推行了“质量管理模式”,逐步提高了各个窗口的内部管理及对外服务水平。武侯区政务服务中心在基层政务服务窗口试行“审批专用章”,由街道办事处统一制作并授权窗口办理审批业务使用,用以替代以往办件过程中所需加盖的办事处或各科室的业务公章,将若干业务章的功能集于一章。此举将“两集中、两到位”的要求延伸、扩展到基层,大幅度缩短事项受理过程中各环节的流转时间,极大地提高窗口办件效率。

### 社区政务平台　便民利民重实效

机投桥街道机投桥社区,是武侯区规范化社区建设的一个范例,按照“高起点设计、高标准建设、高质量配置”的要求,争武侯区精品社区、创成都市和谐社区、建规范化的“一站式”工作站、探索为民服务的第三级平台,努力建立全区第一个“一站式”服务规范化社区。

机投桥社区办公用房室内总面积达360平方米,室外活动场地500平方米。依照“服务、便民、和谐”的原则,社区设有5室(两委办公室、残疾人康复室、文化活动室、图书阅览室、档案财务室)、4栏(党务居务站务公开栏、计生公示栏、残协公示栏、社区形象宣传栏)、1站(工作站)、1校(市民学校、党员电教学校、就业培训学校)、1场(一块供社区居民文化娱乐活动的室外场地)。社区服务大厅在路边显眼处,把计划生育、劳动保障、民政救助、工商办证等各项服务一一分类排列,群众一进门就可以根据自己要办理的事宜,找到相应的接待人员。大厅一侧,电子显示屏还滚动播放着最新的岗位信息及服务指南。大厅的后方,则是社区办公室、残疾人康复室、文化活动室、党员电教室等。更令人心情愉快的是,社区还有一个小型广场,四周绿树成林。如今,蓝底白调的社区办公用房成为机投场镇上一道亮丽的风景。

为提升社区服务功能和质量,为群众提供更加方便快捷的服务,近年来,武侯区从与广大群众生产生活息息相关的政府服务入手,努力构建区、街道、社区三级规范化政务服务体系。特别是在社区一级,通过建设一流的社区服务设施、规范管理和服务流程,形成了比较科学的社区服务体系和机制,拓展了社区服务空间,深化了服务内涵。

2007年7月,武侯区委、区政府对社区用房建设进行了专题研究,并制定出社区用房不足200平方米的,通过新建(购)达标的社区,区财政给予40万元资金补贴的政策,将社区用房建设纳入市区两级目标管理。全区共投入1 190.5万元用于新建、新购、改扩建社区用房,全区56个社区办公用房全部达到200平方米。

一流的政务大厅

武侯新城政务分中心

标准的街道服务中心

统一形象，标牌量身定做。为统一形象，各社区综合服务管理站服务大厅在改造中，对各类标识标牌的式样、规格、色彩，必须按照《武侯区政务服务窗口管理规范》规定的范本标准进行制作，不得随意改动其中要素。各社区综合服务管理站的名称分为中英文，如中文统一应为：武侯区 XX 街道 XX 社区综合服务站；各社区服务窗口在制作资料架、投诉卡、服务评价卡、办事指南、窗口吊牌、导向牌、作息时间牌、工作胸牌、座牌以及各类办件说明时必须按规定设置。

服务窗口，体现以人为本。《武侯区政务服务窗口管理规范》规定，各政务服务窗口办公环境应庄重、美观、整洁，原则上为敞开式低柜台办公。这种要求工作人员与办事群众无障碍"面对面"沟通的规定，充分体现了以人为本的理念。《管理规范》还规定各政务服务窗口必须设立投诉窗口、投诉电话、投诉信箱，或与有关投诉机构建立信息互通和工作协作机制，受理公民、法人和其他组织对政务服务事项办理情况的投诉举报，并接受社会监督；设置方便群众的桌椅、饮水机等便民设施，并摆放笔墨纸张，从细节上营造舒适整洁、方便快捷的服务环境。

工作程序，一点不能马虎。"公民、法人或者其他组织应依法向政务服务窗口提出申请。申请书需要采用格式文本的，各政务服务窗口应当向申请人提供申请书格式文本。申请书格式文本中不得包含与申请事项没有直接关系的内容。"《武侯区政务服务窗口管理规范》对服务窗口的工作程序进行了严格规定。同时对申请人提出的申请，要求政务服务窗口工作人员严格按照程序，对照规定作出处理。如申请人申请材料存在可以当场更正的错误，应当允许申请人当场更正；申请材料不齐全或者不符合法定形式，应当场一次性书面告知申请人需要补正的全部内容，未当场告知的，自收到申请材料之日起即为受理；申请事项属于本行政机关职权范围，申请材料齐全、符合法定形式，或者申请人按照要求提交全部补正申请材料的，应当受理申请等等。

规范行为，打造武侯品牌。"来有迎声、问有答声、走有送声"的"三声"是打造武侯政务服务这块金字招牌，提高行政效能，提升武侯形象的举措之一。这些在《武侯区政务服务窗口管理规范》中，通过对服务态度、服务用语、仪容仪表、工作纪律的细化得到了规范。

“一张笑脸相迎、一身正气行政、一腔热情办事、一句亲切道别。”这是对窗口工作人员文明服务的基本要求，对待服务对象，必须做到“三个一样”，即：领导与群众一个样、生人与熟人一个样、内宾与外宾一个样。在服务用语方面除必须使用普通话外，还规范公务办理、接听电话的礼貌服务敬语30多条。同时，严肃工作纪律，严格考勤制度，各政务服务窗口工作人员在工作期间必须佩戴相关证件，挂牌上岗或按规定佩戴上岗证，放置岗位牌和正确使用各类功能座牌。在工作期间禁止进餐、睡觉、打牌、下棋、上网聊天、玩游戏、看电影、听音乐或从事与工作无关的事情。

一流的硬件设施，必须有一流的服务与之配套，才能让社区这一层级的政务服务规范高效；反过来，社区政务服务直接面对大众，其质量的提升，也引导和促进着居民生活方式转变，成为政府和群众良性互动的有效平台。

通过制度建立、人员培训、队伍建设，社区政务服务标准逐年提高。服务受理“零推托”、服务方式“零距离”、服务事项“零积压”、服务质量“零差错”、服务标准“零投诉”、服务咨询“零收费”的“六零服务”，极大提高了居民的满意度，成为武侯政务服务的一个亮点。

在社区工作站规范化建设中，武侯区大胆创新思路，在全市率先实施了首席代表制、工作周记制，制定了《社区工作人员工作手册》，对社区机构设置、社区管理体制改革、社区工作人员管理、财务管理、工作人员行为规范等进行了明确。武侯区同时在社区推出代理服务、个性化服务、贴心服务等特色服务，强化了服务功能，提升了服务水平。

中共成都市武侯区委文件

武委发〔2003〕26号

中共成都市武侯区委
成都市武侯区人民政府
关于设立武侯区企业投诉中心的通知

各乡、镇、街道党(工)委，各乡、镇人民政府，各街道办事处，区委各部门，区级各部门，各人民团体：

为深入贯彻落实党的十六大和区第四次党代会精神，优化我区投资环境，增强对外开放实效，促进社会经济快速健康发展，加快武侯发展新跨越，经区委、区政府研究，决定设立武侯区企业投诉中心。现将有关情况通知如下。

一、调整充实武侯区优化投资环境督查小组

武侯区优化投资环境督查小组组长由区委副书记、区纪委

-1-

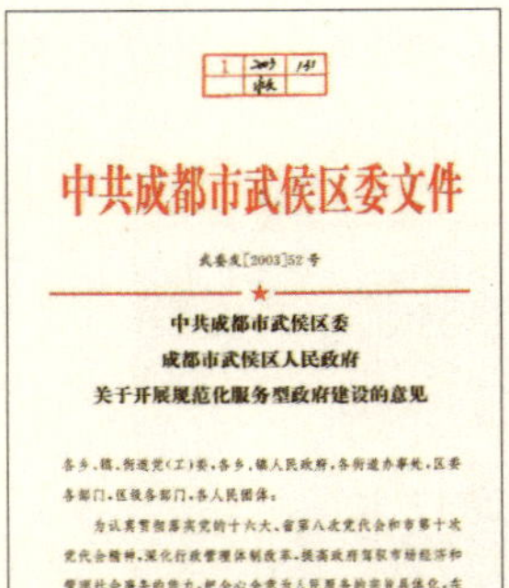
中共成都市武侯区委文件

武委发〔2003〕52号

中共成都市武侯区委
成都市武侯区人民政府
关于开展规范化服务型政府建设的意见

各乡、镇、街道党(工)委，各乡、镇人民政府，各街道办事处，区委各部门，区级各部门，各人民团体：

为认真贯彻落实党的十六大、省第八次党代会和市第十次党代会精神，深化行政管理体制改革，提高政府驾驭市场经济和管理社会事务的能力，把全心全意为人民服务的宗旨具体化，在我区行政审批制度改革、投资体制改革和机构改革的基础上，根据市委、市政府《关于全面推进规范化服务型政府建设的意见》(成委发〔2003〕38号)的要求，区委、区政府决定在全区开展规

-1-

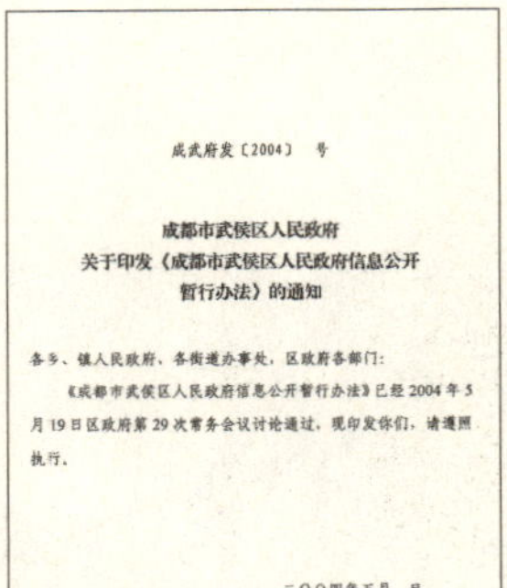
成武府发〔2004〕　号

成都市武侯区人民政府
关于印发《成都市武侯区人民政府信息公开暂行办法》的通知

各乡、镇人民政府、各街道办事处，区政府各部门：

《成都市武侯区人民政府信息公开暂行办法》已经2004年5月19日区政府第29次常务会议讨论通过，现印发你们，请遵照执行。

二〇〇四年五月　日

## 第二节　集中审批　行政审批的破冰之举

曾经，百姓办一件事要跑若干个政府部门，盖若干个公章，一圈下来，不仅耗费大量精力，而且耗费大量时间。2005 年后，武侯区大力推进行政审批体制改革，在建成区政务服务中心后，成立全国首个行政审批局，对分散在政府各部门的行政审批事项实行集中审批办理，不仅极大地方便了群众，而且成了改革中国数十年不变的政府行政审批体制的破冰之举。

### 体制入手　行政审批改革“破冰”

早在 2003 年，武侯区就全面启动了规范化服务型政府的建设，其中的一项重要内容，就是建立了大批政务服务中心，实行“一站式”行政审批。但是，由各个职能部门集中入驻的政务中心，只是实现了“物理式空间集中”，多年形成的以部门为主体的行政审批体制，并没有多少改观。有的部门对派驻政务中心的人员不授权，这些部门的窗口“只收件不办理”“只挂号不看病”；有的部门“避重就轻”，仍将重要的行政审批事项放在原部门办理，把无关紧要的事项交由中心窗口，以应付上级。武侯区政务服务中心运行的前三年，有相当数量的进驻部门在中心的常年办件量为“几件”或“零件”。

2006 年以来，武侯区结合“规范化服务型政府建设”的深入推进，以政务中心“一站式”办公为重点推动行政审批改革，在提高行政效率等方面取得了明显成效，分别荣获“全国政务公开先进单位”“全国巾帼文明岗”“四川省优质服务窗口”等一系列荣誉称号。

中央媒体关注武侯区在全国率先成立的审批局

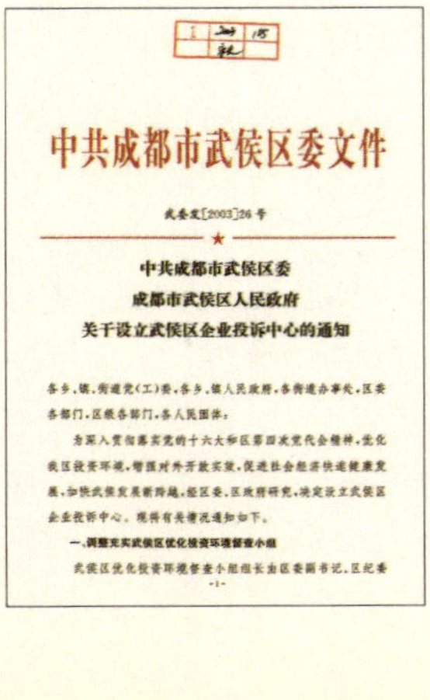
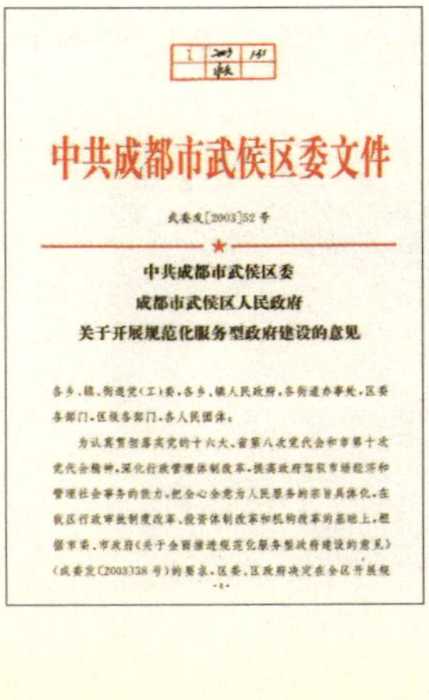
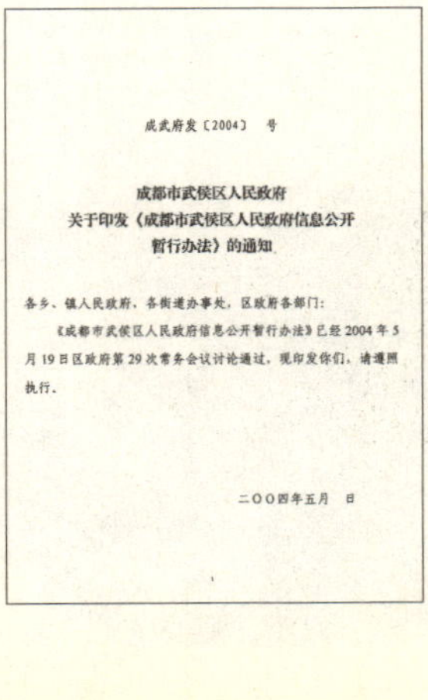

窗口工作人员热情服务



但是，随着政府从管理型到服务型的加速转变，这种单纯的地理空间集中而非审批权集中的模式，逐渐显现出局限性和弊端，最为突出的就是，政务中心对部门各自为政的审批管理显得力不从心。由于没有人事权、财权和审批权，政务中心很难从根本上杜绝部门窗口受理不到位、多头受理、体外循环、暗中"勾兑"等问题。由于窗口审批人员的权限所限，从办证群众手中接过来的大部分审批件都要交回原单位逐级上报审批，这不仅影响审批效率，还常常让办证群众在政务中心窗口和部门办公楼间"折返跑"。

"这中心，那中心，方便群众才是最大的中心！"部分政务中心沦为"收发室""中转站"的现状，让武侯区委、区政府深感推进政府审批体制改革，不仅事关民生民意，更关乎经济社会的健康发展，改革迫在眉睫，势在必行。

2008 年 10 月，武侯区在四川省率先实行"行政审批集中委托制"，出台了《武侯区行政审批委托试行办法》，将 10 个办件量小或办件季节性强的部门的行政审批权统一委托给区政务中心，初步提高了行政审批效率。

但是，"行政审批委托"的部门只有办件量小或办件季节性强的部门，从便民利民的角度来说，还是面小量少。更重要的是，这种委托模式，只是相关职能部门的委托，并不是行政审批职能的划转，受委托方对审批行为的后果不承担法律责任；同时，被委托方只进行形式要件（专业术语，是指形式上所应满足的条件）的审查，现场勘查等工作仍由委托部门完成。这就增加了部门之间的工作环节，影响了审批效率的进一步提高。

为了打破体制僵局，武侯区抓住成都综改试验和被中纪委、中组部定为"全国县委权力公开透明运行工作试点单位"的机遇，决心按照中央"大部制"改革，实行"行政三分"，建立行政审批局。

## 全国率先　成立行政审批局

2008 年 12 月，武侯区行政审批局在全国率先成立。该局是武侯区政府主管

电子服务触摸屏

业务指导

▲业务培训

全区行政审批事项办理工作的政府工作部门，同时，还承担着全区规范化服务型政府（机关）建设、全区机关行政效能建设、区政务服务中心管理、全区政务服务窗口的指导监督、全区电子政务的建设和管理等职能。

成立审批局后，区政府将发改局、物价局、建设局、商务局等21个区级部门所承担的行政审批职能全部划转到区行政审批局。新成立的行政审批局对划转的审批职能按照社会、经济、建设三个大口归口分类，依据相关法律法规履行行政审批职能，并对审批行为的后果承担法律责任。

职能划转后，区行政审批局按审批专业化的要求，着力构建行政审批新机制，对承担的行政审批项目进行重新规整，减少审批环节，全面优化审批流程，着力搭建实体大厅与网上虚拟政务大厅

任何改革起始时，都可能而且必然面临一些既有法律法规的制约。成立全国首个行政审批局，突破既有的相关政策和法律框架，自然会引起法律、行政管理等各方面的关注。如何合乎实际需求和社会运行规律破好局，对推动法理认可、取得合法地位具有重要意义。

多年的实践表明，武侯区行政审批局的成立，为中国新一轮行政审批体制改革提供了鲜活的素材和有益借鉴。其最大的亮点在于，从体制和机制上真正实现了"审管分离"，即行政审批和管理分离，使之相互协调和制约，其改革的思路完全符合"大部门制"改革的要求，使多年徘徊在"物理空间"上的行政审批改革有了实质性进展。

武侯区的改革，也为推进网上审批提供体制和机制支撑。近年来，电子政务应用系统正在快速推进，其中围绕网上办事，实现跨部门协同，是各地普遍遇到的难题。武侯区实现审管分离后，一级政府的所有行政审批事项都归集到一个政府机构，按照信息化的要求和规律，最大限度地简化审批环节，优化审批流程，实行完全意义上的流程再造，从而为降低行政成本，提高审批效率，更好地发挥电子政务应用系统的作用，提供了机制和体制的保证。

▲街道服务中心提供优质服务

## “审管分离” 建立行政审批新机制

2009年4月，武侯区人民政府的(2009)第66号红头文件——《武侯区行政审批新机制运行管理暂行办法》正式出台。依据中央“大部门体制”和决策权、执行权、监督权相分离的改革思路，依据《行政许可法》、《地方人民代表大会和地方人民政府组织法》等相关法律法规，武侯区行政审批局作为深化行政审批改革的突破口，探索建立更加高效、便民的行政审批新机制。

审管分离，使政府职能得以整合和强化。武侯区行政审批局首先是充分整合了政府职能，行政审批权相对集中，按照便于监管，方便群众的原则，将区发改局等22个区政府部门的主要行政审批职能划转至该局。被划转的审批事项共计79项，占了全区行政审批事项的54%，其中，行政许可审批事项占了90%。职能划转后，由行政审批局集中行使行政审批权，原职能部门主要承担相应的监督和管理职能。

对划转到行政审批局的行政审批事项，按照社会、经济、建设三个领域进行归口整合，设置三个审批科，分别负责相对应审批事项的办理。采用“编随事走、人随编走”的原则，工作人员主要由各行政职能部门原来派驻政务中心窗口的员工担任。

以规范优化审批流程，合理设置审批环节和审批权限为重点，以政务公开为依托，为权力公开透明运行建立了现实基础。由于审管分离，审批程序更加公开透明，审批局和相关的职能部门相互制衡，改变了政府部门“既当运动员，又当裁判员”的状况，从制度层面遏制了权力寻租、审批腐败等问题的发生。

行政审批权的集中，提高了行政审批效率，节约了行政审批人力资源；审批和监管的分离，使得行政审批节约的人力资源可充实监管队伍，强化监管服务。以往一些职能部门既有审批职能、又有监管职能，工作中往往“重审批轻监管”或“以审代管”。审批职能划转给行政审批局后，职能部门的主要职责就转向了监督、管理和服务。

武侯区出台了《武侯区行政审批新机制运行管理暂行办法》等制度，“外循环”变为“内循环”，审批局内部的科室之间、审批局和其他职能部门之间，通过信息的规范传递，实现了信息共享，联系渠道畅通，使审批和监管工作“无缝对接”、良性互动。由于通过职能划转、整合，变多部门审批为一个部门审批，变“体外循环”为“体内循环”，减少了审批环节。改革之后，三个审批科30余名工作人员承担了原来22个职能部门90多名工作人员承担的审批业务，群众原来需要跑多个部门(窗口)，提交多次申请和相关材料办理的事项，现在只需要到一个部门(窗口)，提交一次申请材料就可办理，人员效率和办事效率都大幅提升，。

成都市武侯区人民政府办公室文件

成武府办发〔2008〕109号

成都市武侯区人民政府办公室
关于印发武侯区行政审批委托试行办法的通知

各街道办事处，区政府各部门：

经区政府研究同意，现将《武侯区行政审批委托试行办法》印发你们，请认真遵照执行。

二○○八年十月二十三日

—1—

多年来，武侯区的行政审批体制改革持续受到全国上下的关注。国家行政学院电子政务专家委员会副主任、教授、国家信息化专家咨询委员会委员、北京大学政府管理学院博士生导师汪玉凯认为：成都市武侯区在探索大部制的改革中，紧紧抓住行政审批制度改革这个“牛鼻子”，按照职能整合、审管分离的原则，大刀阔斧地对传统的行政审批方式进行改革，设立专司行政审批的政府机构，是一项富有创意、方便民众、深受社会各方欢迎的改革举措，值得高度关注。

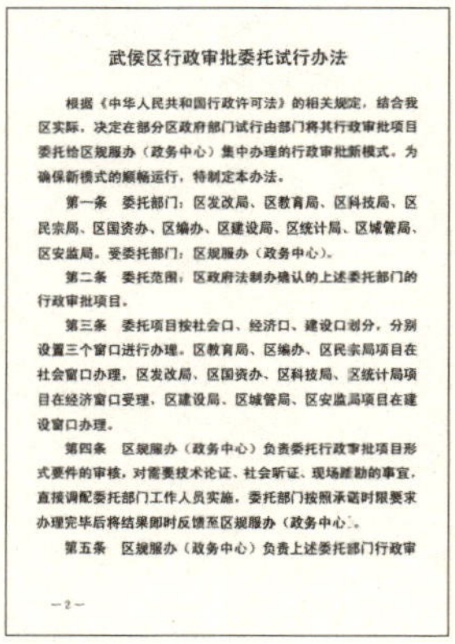

武侯区行政审批委托试行办法

根据《中华人民共和国行政许可法》的相关规定，结合我区实际，决定在部分区政府部门试行由部门将其行政审批项目委托给区规服办（政务中心）集中办理的行政审批新模式。为确保新模式的顺畅运行，特制定本办法。

第一条　委托部门：区发改局、区教育局、区科技局、区民宗局、区国资办、区编办、区建设局、区统计局、区城管局、区安监局。受委托部门：区规服办（政务中心）。

第二条　委托范围：区政府法制办确认的上述委托部门的行政审批项目。

第三条　委托项目按社会口、经济口、建设口划分，分别设置三个窗口进行办理。区教育局、区编办、区民宗局项目在社会窗口办理，区发改局、区国资办、区科技局、区统计局项目在经济窗口受理，区建设局、区城管局、区安监局项目在建设窗口办理。

第四条　区规服办（政务中心）负责委托行政审批项目形式要件的审核，对需要技术论证、社会听证、现场踏勘的事宜，直接调配委托部门工作人员实施，委托部门按照承诺时限要求办理完毕后将结果即时反馈至区规服办（政务中心）。

第五条　区规服办（政务中心）负责上述委托部门行政审

—2—

中国社会科学院政治学研究所所长助理、教授、博士生导师陈红太表示：武侯区成立专司行政审批事项办理的政府工作部门是个大胆的举措，在我国行政审批制度改革方面打开了“一扇窗”，推开了“一扇门”，起到了“探路者”的作用，为我国行政审批体制改革提供了活生生的“案例”，有非常大的作用和意义。

中央编办研究中心副主任魏刚说：“以前我们设想行政审批权相对集中是一件非常复杂也是很难操作的事，详细了解了成都市武侯区推出的行政审批制度改革的系列举措和取得的成效后，使我们茅舍顿开。”

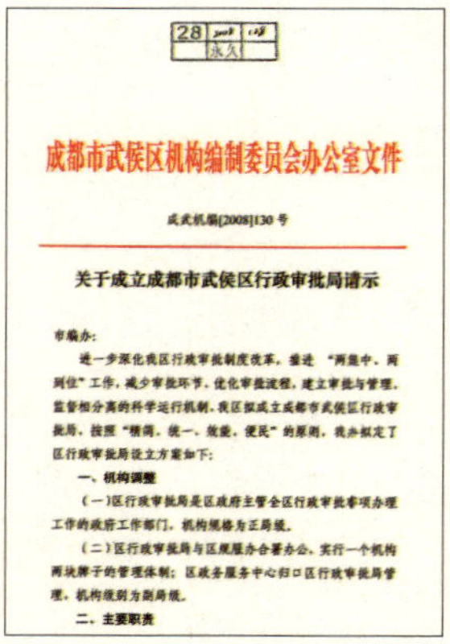

28　永久

成都市武侯区机构编制委员会办公室文件

成武机编[2008]130号

关于成立成都市武侯区行政审批局请示

市编办：

进一步深化我区行政审批制度改革，推进“两集中、两到位”工作，减少审批环节，优化审批流程，建立审批与管理、监督相分离的科学运行机制，我区拟成立成都市武侯区行政审批局，按照“精简、统一、效能、便民”的原则，我办拟定了区行政审批局设立方案如下：

一、机构调整

（一）区行政审批局是区政府主管全区行政审批事项办理工作的政府工作部门，机构规格为正局级。

（二）区行政审批局与区规服办合署办公，实行一个机构两块牌子的管理体制；区政务服务中心归口区行政审批局管理，机构级别为副局级。

二、主要职责

在广受赞誉的同时，武侯区在探索政府职能转变上也取得了可喜实绩：四川省民营经济发展综合实力测评连续11年第一；成都市投资软环境测评连续10年第一；工商企业年新注册量占了成都市的半壁江山。

## 第三节 居家养老服务　老有所养、老有所乐

当前“银发浪潮”扑面而来，“老龄化‘已经成为当今中国十大社会问题之一，如何解决好老年人的养老问题，已经成为全社会共同关注的一个话题和重大的民生问题。截至 2014 年，武侯区常住人口已经达到 61.3 648 万人，据预测，在“十二五”期间，全区老龄人口的比例将超过 17%，80 岁以上老年人的比例和老人的空巢化率将会进一步增加。

围绕老有所养、老有所为、老有所乐这一老龄社会的主题。武侯区积极探索居家养老、机构养老、社会养老模式，并配套发展长寿食坊，尽可能地满足老龄化社会的现实需求，全区老龄工作逐步形成了“舆论宣传有势、政策保障有力、举措创新有效”的老龄工作新局面。全区老龄工作 2008 年被省政府评为“四川省敬老模范区”，2009 年被省老龄委评为四川省老龄工作先进单位，2010 年被国家老龄委授予“全国老龄工作先进单位”荣誉称号。

### 创新探索　社会化养老服务体系

武侯区从建区开始就十分重视养老服务工作，从机构养老入手，先后建设了一批敬老院、老年活动中心、老年公寓、老年大学等福利性基础设施。从 2006 年开始，又积极探索居家养老的社会化服务模式，初步建立了“以居家养老为基础、社区服务为依托、机构养老为补充”的社会养老服务体系。仅 2013 年，武侯区共为 22 位特困老人提供政

社会化养老设施

◀老人在温馨的养老中心休闲

府购买服务，支出居家养老服务金 7.418 万元，向 41 名百岁老人发放高龄补贴 12.84 万元。截至 2013 年末，全区有敬老院、养老院 9 所，床位数 1260 张，入住老人 724 人。

2006 年 8 月，武侯区出台了《武侯区特困老人居家养老管理服务试行办法》，为全区的特困老人提供政府购买的以生活照料、家政服务、医疗护理、精神慰藉为主要内容的居家养老服务。2008 年又建立起了针对空巢老人的日常关爱联系制度和“一键通”应急呼叫系统。在机构养老方面，在原有三所公办敬老院、五所民营敬老院的基础上，又投资新建了 100 张床位的公办铁佛敬老院。

武侯区除了重视老人的“医”和“养”外，历来高度重视老年人精神文化生活。一方面区、街两级不断加大老年教育事业和老年文体事业的投入，鼓励和引导社会力量按照有关规定兴办各类老年学校和老年文体活动场所，方便老年人就近学习和参加文体活动。全区现有 1 所区老年大学、6 所老年大学分校，学员 5 千多人，现有 168 支老年文体团队常年开展丰富多彩的文化活动，全区有各类老年活动场所 126 个，为全区老年人开展各种老年文体活动提供了保障。另一方面成立了武侯区老年人协会，进一步加强对全区各级各类近 100 个老年协会的规范和指导，开展好老年人的各种文化活动，努力把老年协会办成“老年人之家”。

多年来武侯区的老年服务工作的具体做法可归纳为：一是进一步深化居家养老服务，构建为老服务信息化平台和后续社会化服务网络；二是鼓励有条件的街道、社区以及民间机构积极探索社区养老模式，建立社区日间托老机构，总结经验、逐步推广；三是出台优惠政策，吸引民营资本投入到养老机构的建设中来，加快养老机构的建设步伐。

## 形式多样　让老人晚年生活无忧

随着观念的改变，生活水平提高，越来越多的老人和他们的家属愿意选择品质高、服务好的养老院。但实际状况是，全区仅有公办养老院 4 所，民营养老院 5 所，9 所养老院共有床位 1 229 个，工作人员 176 人；而无论是公办养老院还是民营养老院，目前老人的入住率都已经超过了70%，有的甚至达到100%，出现了“一床难求”的局面，养老院所存在的供求矛盾也引起社会的广泛关注。为此，武侯区通过引进社会民间资本，在永康森林公园旁修建了金色阳光老年公寓。这家武侯区由社会民营资本修建的养老院，在机制体制、经营方式上更为灵活，开启了政府引导、社会兴办的又一养老服务模式。2012年10月10日，武侯区第一家社区居家养老服务机构——玉林北路社区朗力养老服务中心在玉林横街和苑小区内正式挂牌，13位老人率先入驻朗力养老服务中心，享受到了借鉴欧美发达国家的先进养老理念，和与国际接轨的养老服务。该中心工作人员均为拥有护士资格证、养老护理员资格证等专业职业资格的护士、护工、康复理疗师以及厨师，为老人提供包括住宿、饮食、身体护理、精神慰藉、保健理疗等方面的全方位专业服务。到2012年年底，在13个街道建立社区居家养老服务机构，积极探索社区低龄老年志愿者为高龄老人服务的居家养老模式。

虽然近年来全区的养老基础设施建设长足发展，但相对人口老龄化加速、养老需求多样化的现实，其较大的差距也是显而易见的。为此，武侯区积极探索建设以居家为基础、以社区为依托、以机构为支撑的“政府主导、社会参与、社会化运作、专业化服务”的综合型养老服务体系，通过为老年人提供全托、临托、日托、配送餐、老年教育、老年文体娱乐活动等，细化社会化养老服务项目。

通过政府购买服务的方式，为老人聘请的“家政服务员”，以“居家养老”的方式，让老人生活无忧。按照政府购买服务的质量标准，“家政服务员”每周一、三、五上午10点，要为给老人做上一顿可口的饭菜，打扫一次卫生等。对于长年患病、行动不便的老人，街道还专门为他们安装了应急呼救系统——“一键通”，

关爱老人

老人在遇到紧急情况或需要服务时，只要直接按动红键或绿键求助，就能及时得到有效的帮助。

武侯区是全省首个由政府埋单，进行市场化运作，为“空巢”独居老人提供家政服务的社会服务示范典型。全区共有“空巢老人”4 205人，占全区老年人口数的6.85%。从2006年8月28日起，武侯区正式实施《武侯区特困老年人居家养老管理服务试行办法》，开展的居家养老服务主要面向60岁以上的老年人，其户籍与居住地均在武侯区辖区内的五保老人，城镇孤老和低保户中60岁以上身体欠佳，或仅与残疾子女共同生活的老人，根据“空巢老人”中经济特别困难、身患严重疾病、生活不能自理者的不同具体情况，提供低偿或无偿的日常看护、生活照料、精神慰藉及相关家政服务。

2013年11月，为进一步帮助独居、空巢老人和中午无人照顾老人解决用餐的问题，武侯区加快推动“长寿食坊”建设，并在“武侯区社区长寿食坊”建设原有基础上，着眼老年人需求，创新服务模式为老年人提供午餐服务，与大型中央厨房合作，为老年人提供定时、定点用餐服务；按照就近、便利原则，选择、确定就餐点提供用餐服务；整合社区养老机构、公共食堂等公共资源参与服务；利用社会组织创办的“爱心食堂”为老年人提供用餐服务，力争实现零距离服务社区老人。截至目前，全区建成了15家社区长寿食坊用餐点，具备为500名老年人提供用餐的能力。

老年协会一直是武侯养老服务和老年人活动的重要机构。中央花园老年协会成立于1997年，为了让更多的来自四面八方的老人们能够真正拥有一个属于自己的家，当时60岁的谢应霞和老伴儿从这里开始了艰苦的创建之路。从最初

社区为老人服务

的 20 多人,发展到如今拥有 1 000 多名会员。

2011 年的 3 月 3 日,武侯区老协正式挂牌成立,通过对全区各级各类老年协会进行协调,把老年人发展成为区域团体会员,整合资源优化老龄服务工作。迄今,区老年大学开设的课程,包括太极功夫、山水画、木兰拳等 12 项,并组织了舞蹈队、腰鼓队等 4 个队伍,极大地丰富了老年人的精神生活,为老人们老有所学、老有所为、老有所乐创造了良好条件。

## 三个一体化 构建社区养老新模式

让老人们的晚年生活更加舒适,保障更加到位,是武侯区将经济社会发展成果惠及广大老龄人口的有力举措。作为探索,武侯区在簇锦街道试点建立了首个养老医疗双功能养老院,通过簇锦社区卫生服务中心领办社区养老院,使二者实现了管理、功能和服务上的一体化,为老人们营造了一个医养结合的温馨家园。观察这一案例,可以看到武侯区养老服务正在向三个一体化方向推进。

管理一体化,高效整合医养资源。位于簇锦辖区的铁佛养老院是铁佛新居安置点的配套工程,建筑面积达 5 500 平方米,可接收老人 100 名。从 2011 年 1 月 13 日试运行以来,已承担了簇锦、簇桥、华兴、金花四个街道 40 位五保老人的养老工作。这个每个房间都配备了空调、液晶电视、热水器等家电的一流硬件养老院,通过与社区卫生服务中心的有机融合,按照“两个牌子、一套班子”运行模式,大大提高了养老院的管理效率,降低了入住老人的养老成本,。

功能一体化,有效实现优势互补。簇锦社区卫生服务中心的优势在于医疗保健资源充足,而养老院恰好需要这方面的服务。通过中心和养老院功能的整合,养老院的服务水平大幅提高,社区卫生服务中心的工作业绩也得到促进,这是一个双赢的局面。每天, 卫生服务中心的医务人员早晚都要到养老院每个房间查房,了解老人身体状况,对生病的老人及时治疗。

服务一体化,关怀老人身心健康。铁佛养老院与四川联合辅仁心理文化咨询有限公司签订合作协议,该公司定期为老人提供心理辅导,对护理人员开展培训。社区卫生服务中心的营养师每周制定“一日三餐食谱”,为老人搭配合理膳食。养老院和社区卫生服务中心还对社区养老服务进行延伸,对不愿意到养老院居住的五保老人、空巢老人提供保健医疗等方面的上门服务,扩展了服务覆盖面。

## 第四节 慈善惠民超市 开辟便民服务新领域

爱民要惠民，惠民要摸得着看得见。锦上添花诚可喜，雪中送炭更关情。对困难群众的帮扶除了政策上的优惠外，还要加大生活服务的力度，提高服务水平。从2012年起，武侯区在全市率先建设慈善惠民超市，从困难群众生活服务切入，开辟了惠民服务的新领域。

### 首家开业 “慈善惠民超市”获点赞

2013年2月1日上午10点，武侯区首家“慈善惠民超市”在双楠街道高升桥东路正式开门营业，低保群众领到了蔬果礼包、慈善惠民超市优惠卡，并到“慈善惠民超市”选购菜品。一桶菜油、4袋白糖、一把香蕉……低保户罗哲龙拿出刚刚领到的充值50元的“慈善惠民超市优惠卡”，结账时算下来一共是48.6元。罗哲龙算了一笔账，在外面买这些东西起码要60多元，他卡里本来有武侯区慈善会划拨的50元生活资助金，还剩1.4元继续留在卡里。

位于高升桥南街3号附18号的惠民超市大约50平方米，整齐地摆放着能够满足居民基本生活需要的物品，分为蔬菜、肉类区和粮油、副食区。每样商品的价签标注有“直销价”和“惠民价”，困难家庭持惠民卡购物，一月能省上百元。

为切实解决低保人员和特殊困难群众生活困难，武侯区分区域建

慈善惠民超市

◀琳琅满目的慈善惠民超市

设“慈善惠民超市”。武侯区慈善会向辐射双楠街道、浆洗街街道、红牌楼街道区域的576名低保群众发放了“慈善惠民超市优惠卡”，每年向低保人员提供600元的资助金，并按月存入低保人员优惠卡内。持卡人可按现金价值在惠民超市购物，可同时享受购买蔬菜100元内，米、面、油、肉蛋、水果、调味品等物品200元内的惠民价。

长效运行机制，志愿服务可积分换物品。“慈善惠民超市”均设有1个公益岗位，由街道、社区在辖区低保人员中推选符合岗位需要的志愿者轮流到超市开展志愿服务。志愿者的主要职责是协助相关人员为低保群众提供服务，督促超市经营管理符合惠民宗旨。每名志愿者原则上每天工作3小时，连续工作1个月。为了调动大家的参与积极性，武侯区慈善会还将对参与公益岗位服务的志愿者实行积分奖励，每工作1小时积1分，1分折算成3元钱，按月划入其“优惠卡”，用于在“慈善惠民超市”购买生活物品。

### 全面覆盖 2 500名低保群众受益

为在全区13个街道推广“慈善惠民超市”模式，实现“慈善惠民超市”满覆盖，武侯区根据实际需要和场地情况逐步增加“慈善惠民超市”点位，统一建设装修标准，统一运行管理模式，形成较为完善的“慈善惠民超市”网络。截至2013年底，共建成13个慈善惠民超市，为全区低保人员提供124.8万余元资助。

2013年2月，按照保证低保群众能够方便快捷地购买到质优价廉的商品和维持超市的正常经营的基本标准，武侯区慈善会联合超市经营方壹绿鲜食品有限公司，对前期发动网友建言提供的地址周边市场环境、消费者需求等进行了细致考察，最终综合群众建议和专业市场调研团队的调查结论，把慈善惠民超市建在群众最方便的地方。

企业是经营实体，以企业为主开展慈善惠民帮扶，是一种全新的尝试，激发企业的主观能动性尤为重要。由于政府的补贴支撑，基本补足了经营方的让利部分，加上公益性的品牌号召力，规模效益逐渐显现，为这种慈善惠民模式可持续运作提供了前提。

## 引入竞争　建立长效的帮扶机制

从单纯的政府一手操办到引入企业开办慈善惠民超市，这无疑是一种新的模式。一方面政府免费给企业在繁华地带提供经营场所，解决了企业在门面租金上的压力，企业能够在面向辖区的其他群众服务时有适度的盈利，确保了这项惠民工程的可持续发展；另一方面，政府也通过这个平台，把利民惠民的一些措施，实实在在地落实到了广大的低保群众身上。

为进一步稳定模式运行的可持续性，2013 年 8 月，区慈善会改变了慈善惠民超市只有一家公司进行管理的模式，引进多家企业同时管理。通过竞争机制，利用市场调节杠杆，促使企业探索更加灵活便民的经营方式，扩大经营，在便民利民的基础上实现自身利益。

目前，武侯区每年投入到慈善惠民超市中的补贴达到 100 多万元，在引入竞争机制进一步规范市场的同时，区民政等部门加强了监管工作。一方面是定期到店内巡查，了解物品的品种、店内卫生以及服务质量，同时对企业销售平台系统进行实时查看，重点监控低保户的充值、消费情况以及整个物品的价格等内容。这些从细节入手的举措，把多谋民生之利，多解民生之忧，解决好人民群众最关心最直接最现实的利益问题，努力让人民过上更有尊严的生活这些日常宣传的口号，落到了实处，接上了地气，成了武侯民生工作的亮点。

## 第五节 便民服务 实现无缝对接

2013年10月9日，国家民政部婚姻登记管理专家蔡建武率民政部专家组对武侯区创建国家5A级婚姻登记机关工作进行了检查验收。民政部专家组在对武侯区婚姻登记处进行了实地检查和听取工作汇报后认为，武侯区创建国家5A级婚姻登记机关工作得到了区委、区政府高度重视，相关部门的大力支持和密切配合；婚姻登记处管理细致、工作流程规范、工作人员能够准确、依法、按照法定程序进行婚姻登记，服务水平很高，是强化社会监督、提高工作效率的创新之举。希望武侯区面对民政工作不断出现的新情况、新问题，继续创新发展，进一步加强队伍建设，提高服务水平，提升服务质量，有效化解社会矛盾，促进社会和谐。

### 婚姻登记 创5A级婚姻登记机关

2012年以来，武侯区将创建国家5A级婚姻登记机关工作作为民政工作的重点工作，在场所建设、设备升级、队伍建设等方面加大力度，婚姻登记设施建设和服务管理得到了进一步规范。特别在打造全优婚姻登记环境、完善功能、创新服务方式和评价机制中，按照设施、环境和服务全国一流的便民服务窗口进行全面打造，婚姻登记综合水平得到了进一步提升，群众得到了更为高效、优质和更具特色的婚姻登记服务。

武侯区民政局婚姻登记大厅位于晋吉南路173号，2012年9月，

▲5A级婚姻登记机关

武侯区政府为更好地服务广大市民，把婚姻登记处打造成一个真正意义上的“幸福窗口”，投入800多万元，按照国家5A级标准，将这幢670多平方米的大楼建成了一座服务功能完备、硬件设施齐全、文化氛围浓厚、装修风格温馨、环境舒适宜人的婚姻登记处，并于2013年2月正式对外运行。

武侯区民政局婚姻登记大厅集咨询、审核、结婚、离婚登记及咨询，计生服务于一体，建立了周末预约制度，登记员轮休、补偿制度，方便快捷地满足婚姻当事人办事需求。

为方便办事群众咨询，安装了可由当事人自行选择人工咨询或24小时语音咨询的专线电话，号码为028—85093507，号码可在当地114查询。在便民服务上配置有冷暖空调、饮水机、饮水杯、老花镜、残疾人轮椅车、婴儿车、医药箱、针线箱、书报架等温馨服务。

在婚姻登记上每个窗口相对独立的设置，有LED电子显示屏滚动播放婚姻登记政策、法律法规和婚俗文化等内容；单独设置的专门办理离婚登记的区域；有资质的专业婚姻辅导员，为有需求的当事人免费提供法律咨询、情感疏导、危机处理、离婚辅导等服务无不体现了细致入微的人性关怀。

武侯区每年婚姻登记量在10 000对以上，配备的4名婚姻颁证员都经过省级及以上民政部门培训考核，并取得了婚姻颁证员资格证书。婚姻登记工作以“功能设置合理化、登记流程规范化、运行管理制度化、人员队伍专业化、贴心服务便捷化”为目标，不断改善婚姻登记条件，不断规范管理，不断优化服务，不断提升窗口建设水平，赢得了婚姻当事人和社会的一致好评。2006年、2008年，武侯区民政局婚姻登记处先后被民政部命名为“全国婚姻登记机构规范化建设窗口单位”，被省民政厅授予“四川省婚姻登记机构规范化建设示范窗口单位”。

## 强化综合服务　残疾人工作领先全国

关怀残疾人生活，促进残疾人事业，既是扶贫济困的中华传统美德的要求，更是现代社会文明水平的重要标尺。多年来，武侯区实施了积极的残疾人扶助政策，建设了全国一流的区县级残疾人综合服务中心，开展残疾人订单式个性化服务，极大地提高了残疾人的民生保障水平。2011年6月9日，武侯区获得国务院残疾人工作委员会授予的“全国残疾人先进单位”荣誉称号。

2013年1月16日，武侯区政府第十九次常务会在审议通过《武侯区残疾人事业“十二五”发展规划》时指出，《武侯区残疾人事业“十二五”发展规划》的编制工作一定要按照现代化、国际化的发展要求，围绕城乡统筹，超前编制规划，

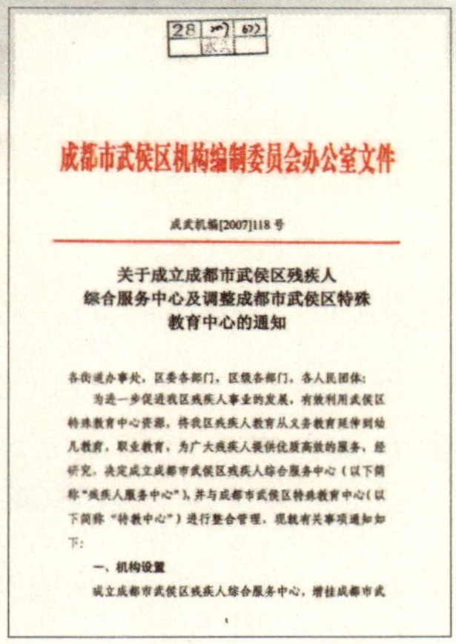

成都市武侯区机构编制委员会办公室文件

武武机编[2007]118号

关于成立成都市武侯区残疾人综合服务中心及调整成都市武侯区特殊教育中心的通知

各街道办事处，区委各部门，区级各部门，各人民团体：

为进一步促进我区残疾人事业的发展，有效利用武侯区特殊教育中心资源，将我区残疾人教育从义务教育延伸到幼儿教育，职业教育，为广大残疾人提供优质高效的服务，经研究，决定成立成都市武侯区残疾人综合服务中心（以下简称"残疾人服务中心"），并与成都市武侯区特殊教育中心（以下简称"特教中心"）进行整合管理，现就有关事项通知如下：

一、机构设置

成立成都市武侯区残疾人综合服务中心，增挂成都市武

▲婚姻登记大厅



多出特色亮点，为全区残疾人和流动人口中的残疾人服好务。无论是五年规划还是年度工作计划，武侯区在残疾人工作中始终按照民生优先的发展战略，推动全区残疾人事业的发展。

武侯区充分发挥残疾人综合服务中心载体作用，为残疾人提供全方位服务，使区域的残疾人事业走在了全国前列。

2008年1月，投资2 800万元的武侯区残疾人综合服务中心正式投入使用。作为全国区(县)级中一流的残疾人综合服务中心，按需开办的职业技能培训、专业的康复训练、残疾少年儿童的特殊教育、盲人按摩的技能展示、精神智力残疾人的融乐工场等服务项目，把全区的残疾人工作提高到了崭新的水平。位于晋阳街道的武侯区残疾人综合服务中心，占地9.117亩，总建筑面积达到11 742平方米，其明快的装修、整洁的环境、以人为本的人性化细节设计，从一个侧面展示了武侯残疾人工作的高水平运作。

不仅重视先进的硬件设施建设，武侯区还从先进的理念入手，由区残联具体实施的为残疾人提供"量体裁衣"式个性化服务工作，也有力地促进了全区残疾人生活质量的改善和提高。2012年6月，武侯区通过引进具有专业化职业化的公益组织——"善工家园"，为智力(精神)等重度残疾人回归社会，实现有所养、有所乐，找到了破解之策。

"善工家园"在区残联的指导下，引入了国际上先进的ISP(个性化服务计划)量身课程，由取得了资质证书的职业教师、医师、护理、社工等担任中心教师，将以前"阳光家园"的服务项目进行了延伸。如，以前"阳光家园"不能解决的重度残疾人康复、重度残疾人日间照料和培训教育等难题，在善工家园都得到了解决。"善工家园"的模式，在提供普及型均等化公益性服务的基础上，通过政府补贴、政府购买服务、政府服务外包等形式，借助社会力量的专业技术优势，一方面逐步满足不同经济收入水平的残疾人的服务需求，切实为残疾人提供了

差异化服务。另一方面为改变过去的大政府小社会，政府对社会服务大包大揽的社会服务模式，使社会管理和社会建设朝着"党委领导、政府主导、社会参与"方向发展作出了有益探索。

根据《武侯区社会管理创新发展规划(2012—2016)》，武侯区残联借鉴港台和沿海发达地区的先进经验，与四川慈善福利医疗基金会善工家园联合打造的"武侯助残社工服务站"项目，已于2013年11月29日正式启动。这是武侯区将助残工作进一步向社会化延伸的又一举措，旨在调度全社会的服务资源，努力实现残疾人工作"政府主导、部门负责、残联协调、街道组织、社会参与"的工作机制，提升残疾人工作社会化管理水平和服务效率，将"量体裁衣"式个性化服务引向更专业化的发展方向、

成立助残社会组织孵化中心，完善助残服务工作机制。随着社会的进步和发展，更多的残疾人渴望提升生活质量，融入社会，实现自身价值。因此，解决残疾人服务需求日益增长同服务力量相对滞后的矛盾，是残疾人工作永远的主题。

武侯区户籍人口中有3.35万名残疾人，仅办证残疾人就有6121人，而全区专职残疾人工作者不到100人。由于助残机构属于非营利性质，培育和引进社会组织参与助残服务，必须在政府主导力量的扶持下成长起来。为此，武侯区在引入"善工家园"助残中心的基础上，建立和完善机制体制，于2013年由武侯区残联成立了"助残社会组织孵化中心"，为进入助残事业的社会组织提供业务指导、能力建设、协助注册和小额补贴等公益创业期最亟须的资源。

社会组织服务残疾人

▲残疾人活动

孵化中心先后孵化培育了爱艺助残爱心俱乐部、雏鹰乐园早疗中心、同舟轮椅辅具适配中心、屈莎助残工作室等社会组织。助残社会组织的不断增加，为残疾人工作注入了新的活力。近年来，区残疾人综合服务中心、半边街社区、长寿苑社区均被评为“四川大学全国干部教育培训基地现场教学点”；机投桥街道、火车南站街道被评为四川省“两个体系”建设暨“量体裁衣”式个性化服务工作示范街道；半边街社区、长寿苑社区被评为四川省为残疾人提供“量体裁衣”式个性化服务工作示范社区。长寿苑社区作为成都市唯一现场考察点位，接受了“中国地方政府创新奖”组委会调研组一行的实地考察和评估；武侯区残联被四川省人民政府残疾人工作委员会授予“四川省残疾人之家”，武侯区被评为“全国残疾人工作先进区”。

# 第七章 社会管理篇

重经济、轻管理、弱服务是过去乡镇管理体制的一大弊端，街道成立后，乡镇原有的弊端被承续下来。街办作为城区政府的派出机构，“麻雀虽小，五脏俱全”，各种下设机构和上级一一对应，原有的运行模式是区（市）县各种经济指标被分解到各个街道办并进行考核，这是街道虽然从称谓上与乡镇已经有所区别，但仍然无法改变“重经济、轻管理、弱服务”问题的根本原因。武侯区通过社会管理创新，对街道行政管理体制动“大手术”，把创新社会管理的理念逐步渗透到街道、社区、院落，进入社会的每一根血管、每一个细胞。

## 第一节 街道行政管理体制改革破冰之举

率先启动街道行政管理体制改革；在区、街道、社区三级平台实行一个窗口对外的全新政务模式，从上世纪九十年代开始，武侯区在行政管理体制改革上的探索实践，一直受到社会各界的广泛关注。

### 强化管理　管理体制改革全面启动

2008年是街道行政管理体制改革的一个重要节点。当年12月17日，武侯工业园广场上艳阳高照，整齐的队列、统一的制服，1 000余人的综合执法队伍整装出发。武侯区街道行政管理体制改革暨街面综合执法体制改革从这一刻起全面启动。

这次的改革意义决不仅止于武侯区。当年，成都市推进行政管理体制改革五项试点。武侯区成为成都市委、市政府确定的全市街道办事处职能转变试点之一，在全省率先探索并实施街道行政管理体制改革。

改革最先从浆洗街道和红牌楼街道办事处起步。两个月后，在总结试点成功经验的基础上，以职能转变为核心的街道行政管理体制改革，在全区所有街道全面启动。

“职能调整”是武侯区推进街道行政管理体制改革的核心内容。

街道工作人员了解社情民意

◀社会组织开展为民服务

武侯区在 13 个街道设立社会事务服务中心，将劳动保障、就业、低保、残疾人、计生、老龄等面向居民和企业的公共服务办事项目统一到窗口办理，方便了企业和群众办事；全面推行以“居站分离”为核心的社区管理体制改革，成立社区工作站，承担行政事务和公共服务在社区的“落地”；街道办事处内设社会事务机构，承担相应的公共服务职能。

将社区卫生服务纳入街道管理，设立了 13 个社区卫生服务中心和 18 个社区卫生服务站，全区基本实现了“十五分钟服务圈”“小病不出社区”的优质服务。出台《关于政府购买公共服务的指导意见(试行)》，把公共服务推向市场，加强监管和评估，全面建立公共服务市场化运行机制。

## 理顺关系 调整职能促发展

推进街道经济发展和社会管理、公共服务职能的相对分离，撤销原街道经济科和招商办等机构，在街道成立投资促进中心，由区投资促进局负责业务指导，在街道党工委的领导下承担街道服务经济发展任务，理顺了区、街两级投资促进体制。

各街道大力整合优势资源，将长期从事招商引资工作，业务素质高、经验丰富的人员调整充实到“投促中心”，组建一支专业的招商引资队伍，彻底改变了长期以来“人人从事招商引资”的传统工作模式。与此同时，对街道办事处的公共服务和社会管理职能进行优化整合，确定了街道办事处的五大基本职能，并推行“大科制”，使街道承担的社会事务和公共职能全部集中在大科室内部流转，减少了互相推诿。

武侯区推进街道行政管理体制改革的另一个特色亮点，是整合城管执法和治安巡逻力量，成立综合执法大队。新成立的综合执法大队，集中行使城管、综治、交管及部分简易执法职能，按照“分片包干、分块负责”，实现了城市管理与治安防范的有机结合，群众满意度不断提高。

经过梳理，将卫生局、城管局、劳保局、环保局、安监局等区级部门的简易执

武侯区成立综合执法大队

法职责下沉到街道,并赋予街道相应的执法权限,包括取缔、行政处罚简易程序以及警告、行政处罚、检查权、督促整改权等。

## 健全机制　平台体系趋完善

整合社会事务与计划生育办公室、劳保科(所)等多个部门职能,成立了社会事务管理科集中行使职能;直接面向群众和企业的公共服务事项,集中到社会事务服务中心窗口办理,"职能集中、平台前移"的公共服务机制不断完善。

深化了以"居站分离"为核心的社区管理体制改革,成立社区工作站,承担公共服务在社区的"落地",全区三级(区、街道、社区)公共服务平台体系不断健全。社区卫生服务中心(站)纳入街道公共服务体系后,实行卫生局、所在街道双重管理,服务辖区群众的水平进一步提升。

通过采用政府购买服务, 培育社会组织承担部分公共服务等多种形式,将原来由政府直接举办的如城市管理、环卫绿化、特困老人居家养老等公共服务事项交由市场来完成,降低了行政成本,提高了服务水平,群众得到了实惠。

实践表明,改革加快了政府职能转变,实现了街道社会管理、公共服务职能和辖区经济发展的"双加强",实现了街道机构效能和社区服务水平、居委会自治能力"双提高";兼顾了发展、管理和服务的关系,让发展成果实实在在惠及民生,促进和谐。

## 第二节 社区(村)社会管理形成三种模式

昔日熙来攘往的街道办事处,现在显得门前冷落,只有几个工作人员在埋头忙碌。而社区(村)办公场所,却热闹非凡,前来办事的居民都是街坊邻居,相互打着招呼,开心地闲聊着。居民们说:“有事再不用到街道办事处打拥堂了,家门口就可以办。”这是居民们对社区自治管理体制改革的由衷赞叹。

### “居站分离” 改革社区自治管理体制

2001 年 8 月,武侯区出台《关于推进社区建设的实施意见》,要求改革城市基层管理体制,完善和强化社区功能,改变原街道居委会设置规模小、基础设施落后、干部素质不高的状况,努力建设管理有序、服务完善、环境优美、治安良好、生活便利、人际关系和谐的新型现代社区。

从 2007 年起,武侯区针对社区职能不清、负担过重、行政化倾向严重的实际,实施了以“居站分离”为基本内容的社区自治管理体制改革,理顺了社区党组织、居民委员会和社区工作站三者之间的关系。

2010 年,创新社区管理工程在全区铺开,社区机构被调整为“两委一站一室”(即社区党组织、居委会、综合服务管理站、警务室),推行“前后台互动、网格化服务”的社区管理新模式,实现了社区管理和服务的“两提升、两加强”。

经过数年的创新建设,武侯形成了社区(村)社会管理的三种模式:簧门街社区模式、长寿苑社区模式、白佛村模式。

2011 年 7 月 1 日,武侯区召开加强社会管理工作会,要求进一步深化创新社会管理工作和居民(村民)自治和院落整治工作,城区街道要按照簧门街社区和长寿苑社区的模式,涉农街道要按照白佛村的模式,加强创新社会管理,以及居民(村民)自治和院落整治工作。

### 科学管理 簧门街实施网格化

玉林街道簧门街社区面积 0.7 平方公里,有居民院落 44 个,常住户 4300 多家,常住人口 1.2 万人。针对社会转型期新老问题相互交错、多种矛盾纠纷叠加的情况，社区建立起以网格化管理为核心，构建大调解体系为基础，完善基层综合配套服务为保障的基层社会管理新模式。社区把区域内的 4 000 余套房子和街面划为 8 个网格，将 8 名综合服务管理员“下沉”到网格中，形成“网中有格，按格定岗，人在格上，事在网中”的责任片区包干负责制。同时社区工作站把原来的 6 个服务窗口整合为 3 个综合服务窗口，形成了以社区综治工作站为平台，以综合服务协管员为主体的“工作站—协管员—院落”三级联动管理服务方式。其中综合服务协管员“一岗多责、一员多能”，承担民情收集、矛盾调解、信息采集、综合服务等多项职责。

簧门街社区巧妙借鉴企业管理的经验性做法，将其移植到了社区管理中，建立起以网格化管理为核心、大调解体系为基础、基层综合配套服务为保障的基层社会管理新模式。一张“网”，让社区的管理触角延伸进院落，覆盖了整个社区居民的大事小情，居民事务在“网”中就能得到解决。这一张神奇的“网”就是簧门街社区发明的“网格化”管理模式。

网格化以后，“自留地”变小了，自然有精力来精心“耕种”。社区梳理出了 9 大类 89 项事务，大家“出门一把抓”“回来再分家”，矛盾和问题也能被处理在萌芽状态。

社区是一个服务民众的社会组织，应该弱化办公，强化服务，把工作体现到服务居民的各个领域中。武侯区委区政府发现，居家、生活、文化等需求是居民面临的最迫切的问题。社区要解决这些问题既没有精力，也没有专业人员，怎么办？2009 年年底，武侯区率先在玉林街道簧门社区进行网格化管理试点。网格化管理的原则是将社区以 300~500 户的规模划分为不同的区域网格，网格管理员每天通过走访听取民情，解决矛盾。网格化将整个社区的事情通过切分，变得更为精细，并将责任落实到人，消除了民情死角，更解决了政府人员忙闲不一的情况。“出门一把抓，回来再分家”生动地描写了网格化管理的新景象。

居民下班正需要服务的时候，社区也下班了，社区设施闲置，居民享受不到优质的服务。怎么办？簧门街社区率先成立了社区居民服务中心，设立了居家生活服务部和文体教育服务部，组建了 7 人社会工作服务专职团队，负责调查居民需求，制订各类社会工作服务便民方案，引入了 18 家社会组织，充分利用自身可用场地条件，开展各类社会服务工作，搭建起社会组织服务居民的大平台。针对社区下班出现的“空档”问题，簧门街社区采取“社区下班，社会组织上班”的办法，既满足居民的需求，同时也向社会开放社区的设施。为此，簧门街社区调整办公场所功能，利用社区设施建立了“爱心超市”“中外友谊之家”“摄影家沙龙”“社区小法庭”“才艺创作室”“电子图书阅览室”“黉门健康加油站”“仁爱华黉门居家养老服务中心”“暖心房残疾人就业扶助基地”“四点半学校”等各类社会服务功能室，开展各类日常服务。同时社区与上海绿地集团、四川大学华西医院、四川省农业科学院、中国移动武侯分公司、中信银行、全球联合之路以及各社会团体、慈善组织建立联系，从资金支持到基金申请，再到政府职能部门奖励各个渠道，为社会组织开展服务提供资金、物资上的支持。

社区生活的便利性更多地体现在生活服务方面。黉门街社区围绕居民生活所需提供服务：针对辖区群众“买菜难、买菜贵”的问题，引入成都新品川食品有限公司菜宅送社会组织，直销基地蔬菜，使社区居民得到“车载菜市”“优质平价、新鲜到家”的实惠。构建“仁爱华黉门居家养老模式”，实施社区养老助残工程，全面推进居家养老助残社会化管理，服务项目涵盖 6 大类 20 小项，包括健康管理、个人护理、康复锻炼、生活照护、就医服务、特殊护理等，均由专业化团队对服务对象进行评估，并根据评估情况确定量体裁衣式的服务。构建“华西坝个性化教育模式”，衔接学大教育、西南民族大学国学研究中心、成都天骄文化艺术学校等社会组织，以黉门街社区“四点半学校”为载体，为青少年开展器乐舞蹈艺术培训、道德讲堂百姓故事和暑期外来务工子女免费托管等服务，解决了青少年课余时间无人照料、补习费用昂贵等问题。目前社区已为 150 余名青少年提供了文化、舞蹈和器乐培训，为 80 余名外来务工子女提供了免费的暑期托管服务。

此外，社区还与中国移动公司、中信银行等开展了合作项目，建设了暖心房扶助残疾人就业，开展了黉门社区大物管服务，组织了各类文化服务活动等。到年底，社会组织都要接受辖区居民的测评，评价好的给予奖励，测评分不高的将

社区服务大厅

退出社区服务。

## 自主管理 长寿苑下放责权利

火车南站街道长寿苑社区面积0.8平方公里，常住人口11 532人，俗称“万人小区”。小区内有驻区单位15个、物管小区5个、居民院落7个，居民中95%以上是附近土地统征后拆迁安置的农民。这个全市最大的拆迁安置小区，人员素质参差不齐，再加之没有专门的物业管理，小区环境、秩序不佳，邻里纠纷和社会矛盾比较突出，尽管街道和社区居委会做了大量工作，仍然不能从根本上解决问题。为此，在广泛征求社区党员、居民意见的基础上，从2007年元月起，街道和社区全面实施了居民自治工作。长寿苑的经验可以概括为：社区组织细胞化、社区管理民主化、社区服务自主化。

长寿苑社区纵向构建“社区党总支—院落党支部—楼栋党小组”的组织体系；横向构建“社区党组织—辖区单位党组织—党员志愿者队伍”的工作体系；建立健全以“居民代表大会—居民委员会—院落民情议事代表大会—院落居民自治管理小组”为主线的梯次化社区治理结构，使自治端口前移，激活组织细胞，院落事务“策由民定、事由民理、权由民用”。实施五大社区管理制度，即社区自治制度、会议制度、财务制度、民情制度、考评制度，不断加强社区民主自治制度建设，全面推行“院落自治”；积极实施党务、居务、财务“三公开”，使院落事务大家评、院落管理大家议、院落决策大家定，社区事务回归民本。以院落居民自治管理小组为平台，社区生活服务进院落，社区服务信息进院落，社区志愿者服

◀长寿苑社区工作人员介绍网格化管理经验

务项目进院落，以人为本，开展“六大服务”（院落生活服务、为老服务、就业服务、残疾人服务、文化服务、宜居服务），逐步实现细小服务不出院落、一般服务不出社区的全方位、快节奏、便捷式社区服务运行机制。

2009年以来，长寿苑社区党总支充分发挥基层党组织推动发展、服务群众、凝聚人心、促进和谐的作用，探索出了“把组织划小、让骨干增多，网格管理、院落自治”的组织“细胞化”新模式，即根据社区党员和社区资源分布情况，将社区划分为以居民院落或若干居民楼为基本单元的院落型，以一个单位或几个相邻的单位为基本单元的单位型，分别建立党组织，形成纵向“社区党总支院落党支部楼栋（单元）党小组”的组织体系；横向“社区党组织辖区单位党组织党员志愿者队伍”的工作体系，使组织“细胞化”，并实行网格化管理，真正做到哪里有党员，党组织就建在哪里，作用就发挥在哪里。

很多社区曾认为社区为基本单位实施居民自治不现实，社区那么多居民，而且社区居委会受行政计划影响大，最多能让居民参与的就是选举和让居民代表审议社区工作报告，这些工作和居民的切身利益关联不大，居民兴趣不浓，积极性和参与度都不高。长寿苑社区抓住居民对自己身边的人和事最感兴趣的心理，划小居民自治单位，以院落基本单元实施居民自治。社区在每个楼栋单元海选出1至2名居民代表，组成院落居民代表大会，选举出1名居民小组长（负责安全消防），2名成员（1名负责人口、宣传、财务，1名负责环境卫生），负责组织本院落居民自治工作。社区同时规范制定了《社区居民自治管理小组职责》《民主评议考核制度》《财务管理办法》《民情联络制度》《居民公约》等一系列自治制度，同时建立了财务账册。街道和社区还在每个院落的门卫室为居民小组配设了一套办公桌椅、文件柜等必要设施，便于开展工作。

长寿苑小区没有物业管理，环境脏、秩序乱、纠纷多，居民的意见大，但要在这类拆迁小区引入专业物管公司又不现实，因此长寿苑从与老百姓生活密切相关的物业管理入手，解决群众居住环境和生活问题，成为居民自治的基本内容。社区将“权利”全部下放给居民小组，除环卫、治安外，居民小组要承担污水疏淘、纠纷调解、解决困难居民生活困难、开展文化活动等其他服务工作。居民自治工作并不由组长一人决定，必须向居民公开，并广泛征求意见。根据街道和社区制定的制度，小组办公室必须8小时有人值班，其中组长每天值班时间不低于4小时。让居民作主，是居民自治的根本。居民的重大事项、重要工作，特别是与居民生活相关的热点、难点事务，都要举行听证，由居民作主。

居民自治，必要的经费开支哪里来？怎么使用？长寿苑社区实施了自收自支的经费管理办法。小区院内机动车停车收入、非机动车停车棚收入，以及部分院落公共设施收入等，是社区居委会的重要收入。以前，这笔费用由社区居委会统一收取和管理，并统筹使用。虽然经费由各小组自我管理和使用，但会计由社区管理，经费开支按额度逐级审批，同时要全部公开。统筹收入的费用除了人工开支和必要的成本支出外，其他全部用于民生，比如逢年过节走访慰问院内群众，解决特困家庭生活困难等。小区7个院落，绝大部分的院落收入能满足自身需要，对于收入相对较少、经费不够的个别院落，社区还给予补贴。

长寿苑社区在“自我管理、自我教育、自我服务”的自治内容之外，还增加了“自我监督”的职责。那么，居民怎样发挥监督作用呢？居民小组每个月要召开一次居民代表会议，通报一个月的工作情况；每季度向居民公开院内财务收支情况，居民小组所做的工作全部放到群众眼皮下；半年开展一次民主测评，由居民代表评议组长、组员工作，充分保障居民的监督权。同时社区党总支以院落为单位调整设置党小组，发挥党小组的监督作用。小组财务由社区统一实施财会监督管理。街道和社区还组织开展了“星级院落”评比活动，通过评比激励推动居民自治上水平。

居民自治后，社区工作一下就轻松了。以前无论大小事情，居民全部找社区，现在在院内就能解决，基本实现了“小事不出院”。而社区居委会则主要负责指导督促和组织大型活动。

2009年以来，武侯区以长寿苑社区模式为蓝本，积极探索组织细胞化、管理民主化、服务自主化“三化合一”的城市社区民主自治新机制，同时在416个无专业化物业管理的居民院落倡导院落自治，并出资进行院落环境整治，受到居民的欢迎。

### 村级管理　白佛村探索新思路

机投桥街道白佛村面积0.45平方公里，辖3个村民小组，有3个党小组，常住人口859人，系典型的城郊结合部。同时，全村有各类企业20余家，流动人口4 450余人，流动人口数量是本地常住人口数量的近6倍。人口数量的增加，给辖区教育、卫生、社会治安等公共服务和社会管理工作带来了新挑战。

2011年，白佛村开始探索创新村级社会管理，通过建立“两委两站”、“首席接待”模式，以及实行“网格化”等方法，形成了符合涉农区域实际的社会管理和公共服务模式，使村民享受到和城市居民同等的优质服务，提升了村民的生活幸福指数。

◀学习白佛村管理经验

按照“集中管理，综合治理，延伸服务”三位一体的工作思路，白佛村将原有的社区工作站、流动人口服务管理站、综治工作站等，整合成综合服务管理站和促进和谐社会建设工作站。综合服务管理站主要承接政府“下沉”的劳动保障、计划生育等39项社会服务事项；把原来村劳动保障专干、流动人口协管员等进行整合，组建综合服务协管队伍，实行“一岗多责、一人多能”，把与城市社区同质的公共服务向农村延伸。“促和站”下设警务室、流动人口服务管理工作站、综治维稳群众工作室以及村综合执法巡逻中队，主要承担流动人口服务管理、矛盾纠纷调解、治安巡逻等社会管理职能，成为农村化解社会矛盾、维护辖区和谐稳定的重要支撑。

2011年以前没有综合服务管理站，村民到社区办事常常搞得很迷糊，不知道该去哪个窗口咨询和办理。2011年6月，白佛村按照“集中管理，综合治理，延伸服务”的思路，将原有的社区工作站、流动人口服务管理站、综合工作站等整合成综合服务管理站和促进和谐社会建设工作站，进一步强化由村党总支领导，村民委员会和综合服务站、促进和谐社会建设工作站协调配合的“两委两站”村级公共服务和社会管理工作体系。

综合服务管理站主要承接政府“下沉”的就业、计划生育、教育等39项社会服务事项。同时把以前的村劳动保障专干、计划生育专干、税收协管员等整合成综合服务协管队伍，“一岗多责、一人多能”，提高了整体工作效率。综合服务管理站侧重公共服务，促进和谐社会建设工作站侧重于社会平安建设。促和站下设警务室、综治维稳群众工作室和村综合巡逻中队，打造集综合治理、平安建设、维护稳定、社会服务于一体的全方位民情管理平台。

根据村民小组分布和人口情况，白佛村将全村划分为4个网格，每个网格由一名固定的村委会干部负责，每个网格再细分为三个片区，由片区党小组长、妇女代表等人员具体负责，这种方式充分保留了乡村自治的特色。

网格化管理的背后是强有力的干部队伍保障。在每名网格员的工作表里，每周要值一天班，其余四天要走访几个片区，收集村民意见。两口子吵架、流动人口孩子读书就业等，都是网格员管理和服务的内容。

为了让群众意见得到很好的受理和解决，白佛村在综合服务管理站大厅实施了首席接待制度，每天安排一名村“两委”干部作为首席接待员，轮流值守服务大厅。首席接待员就是当天服务站的最高工作负责人，负责接待来访群众，并将群众意见、建议“一包到底”，负责督促、协调解决，处理完成后还要向群众反馈。首席接待员是村“两委”成员，他们都是由群众投票选举产生的，有深厚的群众基础和丰富的基层工作经验，由他们负责接待群众，能够使其充分发挥人熟、地熟、情况熟、政策熟等优势，帮助解决群众反映的困难和问题。对暂时无法解决的群众诉求，他们将做好详细登记、分流办理、跟踪督促、逐一反馈，做到件件有着落、事事有回音。

## 第三节 公推直选 社区建设规范化

一直以来，中国社区（村）居委会行政化倾向十分严重，几乎已经成为政府部门的延伸，而这种以行政代替自治也屡遭诟病。

早在 1993 年 6 月，武侯区委就作出了深化街道管理体制改革，加强街道工作的决策和部署，明确要求建立居民代表会议制度，同时把解决好居委会的办公用房作为城市基础建设的一项基础性工作。

从 2004 年起，武侯区在全省率先启动了社区（村）党组织公推直选工作，对全区 13 个街道任期届满的社区（村）党组织全部进行了公推直选，随后又把社区居委会纳入公推直选范畴，逐步体现出群众的主体地位。

### “村改居” 从硬件到软件的“脱胎换骨”

2004 年武侯区太平村成为成都首个“村改居”试点社区。

早在 2001 年，武侯新型社区建设就开始试点。2004 年，武侯区村改社区试点全面推开，太平村变成太平社区，社区居委会首任班子产生成为全国的一大新闻。

当时，全区 13 个街道，共有 82 个村（社区）党组织。为了整体提升基层党组织战斗力，夯实基层党建基础，武侯区从 2004 年起就率先在全省推行了社区党组织差额公推直选，随后又把社区居委会纳入公推

民情专递会

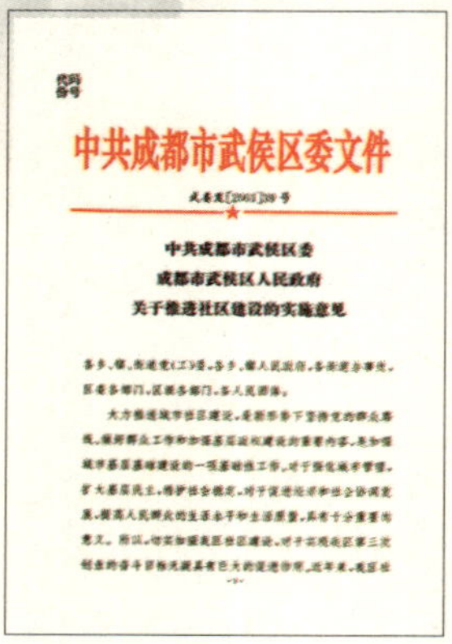

中共成都市武侯区委文件

中共成都市武侯区委
成都市武侯区人民政府
关于推进社区建设的实施意见

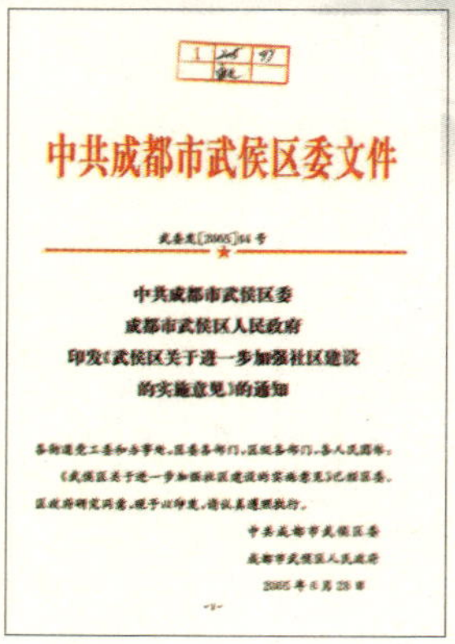

中共成都市武侯区委文件

中共成都市武侯区委
成都市武侯区人民政府
印发《武侯区关于进一步加强社区建设的实施意见》的通知

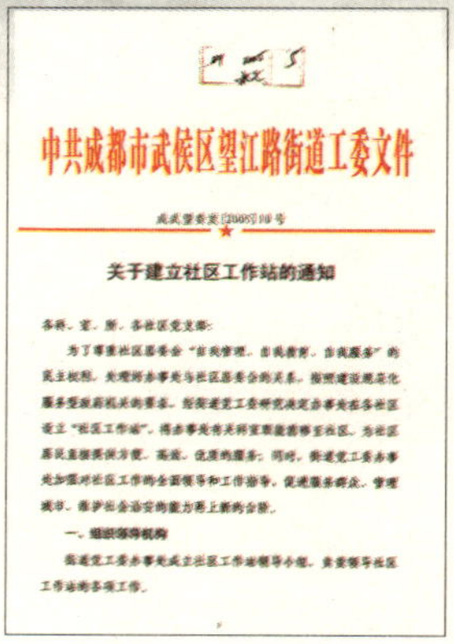

中共成都市武侯区望江路街道工委文件

关于建立社区工作站的通知

直选范围，首先在火南街道长寿苑社区、双楠街道百花社区、玉林街道玉东社区等八个社区进行社区党组织差额公推直选工作。

2004 年 10 月 14 日，7 个村全部改为社区、每个社区都建立劳动保障工作站、农民也可参加社会保险，全区不再有农业户口……这标志着武侯区在全市率先全面实现城乡管理体制一体化。

2005 年 6 月，区委在总结全区社区建设的经验后，出台《关于进一步加强社区建设的实施意见》，决定从加强社区党组织和自治组织建设入手，推进基层民主政治进程；从加强领导、建立健全社区建设工作机制、完善社区功能、建设特色社区等方面，进一步加强社区建设。

2007 年初，武侯区在部分社区设立社区工作站，进行了居委会与社区工作站分离的社区管理体制改革探索试点。经过半年运行，2007 年 11 月 02 日，武侯区政府召开第 21 次常务会议，原则审议通过了《武侯区关于改革社区管理体制推行社区工作站指导意见》，决定从 2008 年 1 月 1 日起，武侯区将全面启动社区管理体制改革，每个社区都要建社区工作站，承担政府及街办在社区的工作和公共服务，居委会则“回归”到居民自治组织的角色上去。

“居委会是个筐，啥事都往里头装。”以前居委会就是被当作政府办事的腿来使的，80%的精力在做政务工作，居民自治的作用没有发挥出来。武侯区考虑到：如果把居务和政务分开，居委会就专干居民自治的事。每个社区，看好自己的门，管好自己的人，自己能解决的事就不会找政府。

从 2007 年起，武侯区实施了以“居站分离”为基本内容的社区自治管理体制改革，即在每个社区设立工作站，实行社区居委会与社区工作站分开独立运行，让社区回归自治职能；同时充分发挥社区工作站的作用，在社区建立起以网格化管理为核心、构建大调解体系为基础、完善基层综合配套服务为保障的基层社会管理新模式，夯实了社区自治基础工作。

从 2007 年到 2010 年全区投入在社区建设方面的专项经费达到了 4000 万，利用这笔资金各街道进行了社区的软、硬件建设。在硬件方面，通过新购、新建和租赁三种方式对城市社区所有的办公用房进行了改造。每个社区办公用房达到200平方米以上，所有的社区用房能满足日常的需要；而且对所有社区进行了改造，统一了社区办公用房的门楣、吊牌、路牌等等，形成了一种武侯特色。

随着经济社会和文化的发展，办事处的职能得到了加强，那么延伸到社区的任务也逐渐增多，使社区在开展自治服务的同时也要承担大量的政务服务下沉的工作，使得社区居委会很难有更多的精力和更多的时间来开展自治服务。面对这个情况，武侯区于2007年出台了一份更加规范、涵盖更加全面的文件——《改革社区管理体制推行社区工作站指导意见》，2008年1月1日社区管理体制改革正式全面启动，实行居站分离。

《武侯区改革社区管理体制推行社区工作站指导意见》对改革社区管理体制的目的和意义作了清晰的阐述：就是要增强社区自治功能，提高社区“自我管理、自我教育、自我服务、自我监督”能力，推进社区居民自治；改进社区管理与服务，寓管理于服务中，增强社区凝聚力；进一步理顺社区内外关系，完善社区治理结构，改变社区居民委员会行政化倾向，实现社区承接行政事务与开展自治事务相互分离，实现行政事务专人管与社区服务大家做相互促进；促进社区工作者队伍职业化建设；促进社区资源的整合与共享，形成社区自治合力，增强社区工作活力，确保党委和政府各项工作在基层社区的有效落实。

社区管理体制改革到底怎么改？在社区设置社区工作站。社区工作站是街道办事处派驻到社区的工作机构，承担政府及街道办事处在社区的各项工作和公共服务。在社区工作站设置维稳综治、计生卫生、民政事务、劳动保障、文体科教、残疾人服务等工作岗位，具体承担政府下移的行政性事务和公共服务工作。社区工作站在街道党工委、办事处和社区党组织的领导下开展工作，街道办事

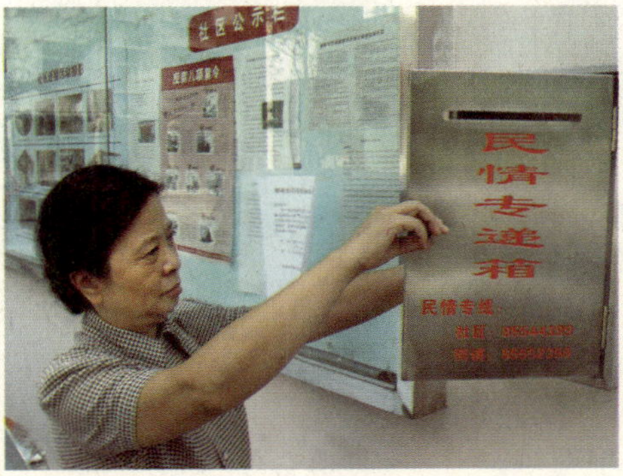


收集民情民意

处对社区工作站的各项工作进行安排和指导，并进行日常工作管理和年度工作考核。社区居委会应积极协助社区工作站做好相关工作，组织居民依法开展自治活动。这些都是之前社区建设中从未出现过的新内容。社区工作站的主要职能包括维稳综治、计生卫生、民政事务、劳动保障、文体科教、残疾人服务工作，以及其他需要社区工作站承担的工作。

### 民主政治建设 “官”由民选权为民用事由民议

近年来，在深入推进城乡统筹发展进程中，武侯区坚持以科学发展观为统领，按照以人为本的思想，不断扩大党内民主，切实加强村（居）民民主政治建设，扎实推进了民主选举全覆盖、民主管理全方位、民主决策制度化，有力地推进了经济发展和社会和谐。

“官”由民选，民主选举全覆盖。2004 年 8 月初，簧门街社区被列为村、社区党总支首批差额公推直选试点社区之一。当时，居民的社区认同度不高，但是变社区书记上级任命为党员群众直选，还是引起了党员和广大群众的极大兴趣。会场上，对于申民辉这样才冒出来的候选人，才能和水平究竟如何，上级心里没有底。但是他的竞选演讲征服了社区选民。到 2007 年，申民辉和社区一班人用了三年时间，不断探索推出具有示范意义的新举措，簧门街社区声誉鹊起，各项事业红红火火。他用实际行动证明了居民的选择没有错，因此在 2007 年的换届公推直选中，申民辉再度以高票当选为社区书记。

权为民用，民主管理全方位。在推进城乡统筹发展的过程中，党群干群关系发生了新的变化，群众反映利益诉求的方式也发生了新的变化。2006 年年底，武

民情专递员了解情况

侯区选择玉林街道等进行“民情专递”试点。玉林街道重点围绕广纳民情、突出民治、集聚民智和温暖民心，努力构建社区居民积极参与的自我管理体系、基层党组织领导下的社区自治组织体系、科学民主的决策和完善的社会评价体系以及更加均衡的社会管理和公共服务体系。试点后的玉林街道，通过统一工作制度和统一工作流程，广开民情直通车不断拓展民情民意收集新渠道，不断完善回忆开放新形式和不断构建民情专递新网络等，以达到通畅民情民意的反映渠道，建立健全民情民意事前掌握、事中介入、事后反馈的工作机制。随后，武侯开始全面探索建立民情专递工作，至 2007 年 5 月全区共有 306 名民情专递员、101 条 24 小时民情专线、181 个民情专递箱等便捷渠道，使民情民意反映更加快捷，解决更加及时，以党建促进了社会和谐。

红牌楼街道龙爪社区在居民院落里建起社区民情茶园，让茶园成为社区信息的集散地，在那里居民可以无拘无束随意摆谈、交流，社区干部可以“原汁原味”地听到群众的声音，及时解决民生问题。沈家桥村党总支积极探索建立民情民意畅通渠道、有效化解各种社会矛盾的机制和方法，针对村民院落较为集中的实际，在该村 10 个社区分别设立了“民情大院”，搭建起了一座党组织联系群众的连心桥，把矛盾解决在萌芽阶段。

2011 年 7 月 7 日召开的武侯区民情专递工作新闻发布会透露，到 2011 年，武侯区民情专递规范化覆盖面达 100%，办复率达 90%以上，群众满意度达 92.3%。刑事发案、群体性事件、信访总量、生产安全事故持续多年总体逐年下降。

事由民议，民主决策制度化。2010 年 5 月 14 日，成都市武侯区社区自治创新与发展论坛在蓉召开。会上，北师大政治学与国际关系学院院长助理、博士生导师施雪华等知名专家对武侯区构建基层党组织领导下的城市社区新型治理模式给予了高度肯定。专家认为，要构建和谐社区，必须充分调动居民的积极性，武侯的探索，很好地调动了居民建设社区、建设社会的积极性，有效化解社会矛盾。据统计，至 2010 年，武侯区在 27 个村和 56 个社区都建立了村民议事会，社区民情院落会等。让社区居民自己的事情自己议、自己办、自己管。居民大小事，都通过召开村(居)民议事会的形式来决定，成了基层民主政治建设的一大亮点。

### 政务下沉　最大限度延伸服务终端

过去，社区居委会承担了过多政府部门的事情，比如创文明城市宣传、调查房屋所有权性质等等，其实这些都是政府部门自身的工作。但各项工作下沉，导致居委会疲于应付，影响了居民自治功能的发挥。武侯区通过社区政务改革，不仅把事权下放给社区，实现权责分明，同时拨付对应的工作经费，以保障运行。

在社区管理体制改革中，对下沉的服务项目制定了三个工作原则，即“应沉尽沉、权随责走、费随事转”，以“简化程序，方便群众”为出发点，充分利用区、街道、社区三级平台的服务功能，凡是能够在社区办理的工作直接在社区工作站办理，并将专项经费拨付给社区，实行“谁办事、谁用钱、谁负责”。

一级平台（区政务服中心）主要提供行政许可(审批)类事项，二级平台（街道社事中心）主要提供服务类和部分非行政许可类审批事项，三级平台（社区工作站）主要提供便民类事项的服务。在三级平台上，下沉的服务事项涉及计划生育、残联、民政、劳动保障与就业、教育等五大类39个小项。

### “三社”互动　弥补服务短板

作为社区功能的重要补充，社会组织的发展也被提上了重要议事日程。2009年，武侯区在全市率先出台《武侯区加快社会组织培育发展的若干意见》《武侯区社区社会组织备案管理暂行办法》，以服务居民群众为核心，大力培育和发展社区“草根”社会组织，特别注重发展社区公益性、服务性、互助性社会组织。2011年出台《武侯区社会组织评价指标》，并对社会组织的等级评估进行公示。2013年6月，再次出台《武侯区社区公益性服务类社会组织登记管理办法》，进一步降低了公益性社会组织的登记门槛。

2013年，武侯区出台《关于推进“三社互动”工作实施意见》。意见中明确指出，将加快建立以社区建设为平台，社会组织培育发展为抓手，社工人才队伍建设为重点的“三社互动”社会管理机制实施路径。

武侯区关于进一步加强社区建设的实施意见

2001年，我区社区建设工作在城区全面开展，几年来，社区建设工作在推进我区基层民主政治建设，加强社会治安综合治理，强化城市管理，维护社会稳定，丰富居民文化生活，促进社区下岗职工再就业等方面取得了显著成绩。随着城市的建设和发展，社区建设工作在统筹城乡发展，构建和谐社会中的基础地位将会越来越重要，为进一步加强我区社区建设工作，结合我区实际，现提出以下实施意见。

一、指导思想

围绕推进城乡一体化和创建全国文明城市工作的总体目标，落实科学发展观，促进基层民主政治建设，加强社区党组织和自治组织建设，增强和巩固党在城市工作的组织基础和群众基础，完善和强化社区功能，理顺社区工作关系，改善社区基础条件，提高人民群众的生活质量和文明程度，努力造就环境优美、治安良好、管理有序、服务完善、人际关系融洽的和谐社区，为构建城乡和谐社会做出贡献。

二、加强社区党组织和自治组织建设，推进基层民主政治进程

-2-

加速城市化进程中“村改居”的理论与实践探讨

万蕙　海平

一、失地农民的生活景况应当予以严重关切

按照“三社互动”要求，力争用2到3年时间，在每个城区街道建成1个社区社会组织居民服务中心或孵化中心；每个社区（村）“两委”干部中至少有1名专业社工人才，每个社区（村）拥有2至3名专业社工人才。为加快一般社会工作者向社会工作专业人才的转化，目前武侯区民政局正联合街道，组织社工参加专业知识培训和职业资格考前培训；同时建立校地合作机制，依托四川大学、西南民族大学等高校资源，聘请高校社工专家作为武侯区“三社互动”工作的专业督导。

有党和政府的积极引导，有社会各界的强烈关注，有社区居民的强大需求，有社会分工的技术支持，社会组织已步入发展的“春天”，必将成为服务社区居民的强大“生力军”。

2012年10月10日，全区第一家社区居家养老服务机构——玉林北路社区朗力养老服务中心在玉林横街和苑小区内正式挂牌，从那以后，“社区社会组织”成为一个热络的名词。

其实早在2008年，武侯区就有35家社区社会组织，只是作用有限。2012年以后，社区社会组织如雨后春笋般涌现，截至去年年底，武侯区已有184家社区社会组织在街道办事处成功备案，实现了全区社区社会组织的全覆盖。

不过，目前依然缺乏致力于居民生活服务方面的公益性社区社会组织，比如缺乏为辖区居民提供送菜上门等服务的公益社区社会组织。社区社会组织服务中心提供的服务涵盖居民生活需求方方面面，可以为居民提供电器维修、文体培训、居家养老等方面的公益服务，弥补了政务服务的“短板”。

启动资金和专业人才的缺乏是当前社区社会组织发展壮大面临的普遍问题。2013年3月15日，武侯区成立社会工作者协会，该组织致力于为社会工作发展、资源整合和专业交流等方面搭建平台。与此同时，社区社会组织居民服务中心，也将对整合社区资源，引导社区社会组织开展为民服务活动起到积极的促进作用。

## 第四节 院落自治 居民自治“细胞化”

从2009年开始，武侯区积极探索了组织细胞化、管理民主化、服务自主化“三化合一”的城市社区民主自治新机制，实现社区事务“策由民定、事由民理、权由民用”的新转变。

武侯区把整个社区无专业化物业管理的居民楼院划分成若干个自治管理院落，以此建立“社区——院落——楼栋(单元)”为主线的梯次治理结构；同时成立院落党支部，民主推选院落民情代表，选举院落自治管理小组，使社区自治管理力量进一步充实和加强。加强院落民主自治管理组织建设，实现管理民主化。院落自治管理包括院落党组织、院落民情代表议事会、院落自治管理小组三个基本组织。院落事务采取民主议(决)事办法并向居民公示后，由院落自治管理小组负责执行。以居民院落自我服务自我管理为主体，实现服务自主化。倡导和支持居民“自己的事自己办，自己的家园自己管”，院落组织开展集中整治、门卫管理、文化活动等，维护好院落秩序和公共设施。

在此基础上，2010年年初，区委组织部、区文明办、区民政局、区财政局、区建设局、区爱卫办、区城管局六部门联合出台《关于积极推进居民自治加快构建居民院落常态长效管理机制的指导意见》，要求全区各街道、各部门进一步加强武侯区居民自治管理，加快居民院落整治步伐，构建居民院落常态长效管理机制。

社区干部与居民商议自治事务

## 自己事自己管　充分发挥民情代表和自治小组作用

《意见》指出，居民院落自治的范围是全区居民院落；工作重点是无专业化物业管理的院落。从2010年开始，用两年时间完成重点居民院落整治，建立常态长效管理机制。

居民院落自治的主要工作是，选好民情代表和自治小组，实现组织细胞化。要求建立健全以“社区—院落—楼栋”为主线的梯次治理结构，前移管理重心。充分发挥居民在院落管理方面的主体作用，以居民院落为单位民主选举自治管理组织，管理公共事务，开展公共服务。

其中，院落的民情代表和自治小组要求民主选举产生，每个院落民情代表不作具体人数规定，但应具有广泛代表性。自治小组视其管理范围大小，由3至5人组成，设组长一名。民情代表、自治小组的选举以划定的院落为单位，通过居民自愿报名或居民推荐，社区张榜公示自荐、推荐人员名单后，分别组织各院落单元的所有居民以一户一票的方式进行选举，选举结果进行公示。

## 自己事自己定　坚持民情代表议事会制度

居民院落自治的另一项主要工作是，坚持院落民情代表议事会制度，实现管理民主化。由社区党(总)支部、居委会按每月或每季度定期召集由民情代表、自治小组成员参加的民情代表议事会，听取自治小组的工作汇报，研究决定院落自治管理方面的重要事务，监督自治小组的工作。自治小组负责具体落实民情代表议事会的决定，对小区一般性事务进行管理。对院落特别重大的事务还要召开院落全体居民大会决定。

另外，自治小组要以接待、走访等形式，主动收集民情代表、居民群众对院落管理的意见、建议，并以台账的形式进行归纳整理。对重要的事宜，以议题的形式，提请民情代表议事会议定；对一般性的事宜，要及时解决，但事后要向民情代表议事会报告。

修建多年的老旧院落，墙体斑驳，地面坑洼，管线老化，污水横流；没有门卫，没有物管，小贩出没，小偷猖獗，居民缺乏安全感，整日提心吊胆，忧心忡忡。这种状况同武侯区提出的建设“商务高地·宜居武侯”的要求格格不入，于是，老旧院落的集中整治被提上了日程。

## 根治脏乱差　老旧院落换新颜

构建“社区组织细胞化、社区管理民主化、社区服务自主化”的新型社区治理机制，实现政府机构从“代民做主”到“让民做主”，从“直接管理”到“主动服务”，社区居民从“被动参与”到“主动参与”的转变，是武侯区进行社会管理改革的出发点和落脚点。作为一项重要的民生工作，老旧院落的改造整治，既是对改革成果的运用，更是对改革实效的检验。

2010年年初，武侯区针对城区街道的无物管老式居民院落建设年限较长，不同程度存在配套设施不完善、道路破损严重、院落环境脏乱差现象突出以及管理缺失等问题，出台了《积极推进居民自治，加快构建居民院落常态长效管理机制的指导意见》，在浆洗街、望江路、火车南站、跳伞塔、玉林、双楠、红牌楼7个城区街道的359个无物管老式居民院落开展自治管理和集中整治工作。

在充分调研、反复论证的基础上，紧紧抓住居民对院落环境进行改造的强烈愿望，将无物管老式居民院落的环境整治作为切入点，通过引导居民自发建立自治组织，强化管理责任，作为推进社区居民自治机制创新的助推器，积极探索社区院落自治的有效途径。对自愿建立自治组织的院落，由政府出资实施环境整治，自治组织负责日常的管理和维护。

▲ 工作培训

▶居民自治

## 尊重民意 居民满意自治组织和院落整治

通过一段时间的努力，全区完成整治工程的居民院落，在环境卫生、道路出行、治安消防、排污设施、垃圾回收点等方面得到了有效改善。为巩固整治成果，院落自治管理小组充分发挥管理职能，积极主动加强管理；有些院落的管理小组还自筹资金，力所能及地对本院落进行一些整治和维护，想方设法改善院落环境。

2010年，国家统计局成都调查队的民意调查显示，79.93%的居民对已建立自治组织的自治管理工作感到满意，84.40%的居民对已整治的院落的环境和基础设施感到满意，居民对自治组织运行情况和院落整治的效果总体评价较好。

2010年5月14日，成都市武侯区社区自治创新与发展论坛在蓉召开。会上，北师大政治学与国际关系学院院长助理、博士生导师施雪华等知名专家对武侯区构建基层党组织领导下的城市社区新型治理模式给予了高度肯定。一个月后，2010年6月18日，天气晴好。一列车队缓缓驶入电信路黉门街社区，出席全国社会治安综合治理工作会议的代表，专程到武侯区玉林街道黉门街社区视察了创新社会管理工作。这意味着，武侯经验从市、省，走向了全国。

2011年8月，国内著名社会管理专家、清华大学社会学教授孙立平到武侯区调研。调研结果令他感到欣喜："武侯区形成的社会管理机制的确是全国可借鉴的模式。"

# 第八章 平安建设篇

安全感不仅是民众的心理需求，更是平安建设的内在要求。从某种意义上来说，民众的安全感是最大的民生，治安良好是社会稳定、经济发展的前提。民众只有获得安全感，才能全身心投入社会生产，生活得舒心、安心、放心，共建共享平安武侯。

在平安建设过程中，武侯通过构建“天网”、划分网格等方式，从源头上降低发案率，形成了平安武侯建设人人有责、和谐社会人人共享的生动局面，极大地增强了武侯区全区群众的安全感。同时，增强流动人口的管理与服务，建立完善各类制度措施，既保护了流动人口的合法权益，又打击了各类违法犯罪，维护了社会稳定。

## 第一节 携手编织平安网

### 警力下沉联动防范

2005年初，武侯区提出用两年时间创建平安区的奋斗目标。随即，武侯区在社会治安综合治理方面推出一系列新举措：网格化布警、民警到社区挂职、建立综治协会和社区综治工作服务站等。把加强社会治安综合治理、开展平安创建纳入了全区经济社会发展全局，定期听取政法综治部门对平安创建的工作汇报，多次专题研究平安创建工作。与各街道、区级各部门，街道与社区、单位逐级签订了平安创建工作责任书，并把平安创建工作列入领导干部任期目标，作为年度述职报告的重要内容，与干部的提拔使用、奖励惩处挂钩，为平安创建提供了责任机制保证。在社会治安综合治理方面推出一系列新举措，率先在全省建立街道综治协会、矛盾纠纷联动调处中心，成立社区综治工作服务站，建立街道"军、警、民"治安防范联动机制等。

武侯公安分局实施全新的网格化布警巡逻方式，按照多点布警、全面辐射、整体联动、协调配合、快速反应的布警原则和各辖区发案实际，在重点时段、路段设立巡警、派出所民警、治保会巡逻队员、保安等固定卡点88个，基本实现对街面防范和社会面控制的无缝覆盖。今年武侯公安分局深化网格化布警，把70%以上的警力放在一线，对全区社会面的治安状况进行多点监控。同时武侯公安分局还切实落实"警务前移，警力下沉"，民警深入千家万户，宣传防范知识，广泛开展

创建平安武侯

现场执勤



社情民意调查，收集群众对防范工作的意见和建议。各派出所在加强发案分析的基础上，采取灵活的巡逻警务模式，通过对护厂、护校、护村、邻里互助小组、院落楼栋小组等义务防范群治力量的划片联防，使义务群防与专业巡逻互为补充。今年，全区刑事案件与去年同期相比下降了8.8%，其中抢劫案件同比下降10.6%，抢夺案件同比下降41.2%，入室盗窃案件同比下降28.5%。

武侯区采取切实措施深化整体联动防范工程建设，除加强群防群治队伍建设外，还逐步把技防措施推广落实到街道、社区、单位和居民楼院，同时深化"创安"细胞工程建设，积极开展"安全文明户""安全文明单元""安全文明楼幢""安全文明小区"的创建活动和"联勤制度"建设。

## "动""静"结合力保平安

2005年4月27日，武侯区玉林街道为青春岛等五个社区综治工作服务站举行授牌仪式，同时为30位"三员"（即街面治安信息员、邻里纠纷调解员、楼幢治安观察员）颁发了聘书。社区综治服务工作站是由社区居委会组织领导，并在社区综治办的指导下，以社区居民、外来人口、刑释解教人员、违法青少年、民间纠纷当事人等为服务对象，以法制宣传、人民调解、安置帮教、社区矫正、法律服务、提供法律援助为工作重点，以社区市民学校、警务室、法律服务工作站等为依托，以信息员、调解员、观察员和社区民警、检察官、法官、司法工作者以及街道相关工作人员为主要力量，开展服务的自我建设、自我教育、自我完善的群众性自治机构。这是对社区治安管理服务重新布局的一次积极探索，以进一步促进社区综治力量和综治工作更加有效地"合起来""动起来"。

武侯区还积极动员"四车、三员、两工"（"四车"即出租车、营运车、货车、人力三轮车；"三员"即城市清洁员、商业店铺人员、城管协管员；"两工"即送报工、送奶工）等社会力量参与治安防范工作，进一步扩大了治安防范的群众基础。

治保巡逻

很快,全区13个街道都成立了以辖区企事业单位、机关学校等为会员单位的街道综治协会;88个社区都成立了综治工作服务站,全方位拓展和延伸了"平安创建"。中央综治检查组在检查了武侯区综治工作后,对武侯实打实的举措给予了高度评价。当年,武侯区委书记敖锡贵被评为全国社会治安综合治理先进工作者;武侯区人民检察院被评为"全国先进检察院";武侯区公安分局被评为"全国优秀公安局"。

## 撒开"天网"夯实基础

2006年《最高人民法院工作报告》中的统计数据显示,2005年地方各级人民法院全年共审结一审刑事案件683 997件,判处罪犯844 717人,分别上升6.17%和10%。从这组数字可以看出当时中国治安状况尚不尽如人意,平安建设基础有待夯实。

为了更有效控制区域热点部位、路段的治安秩序,加强社会管理,提高公安机关快速反应和侦查破案能力,武侯区决定投资1 600余万元在全区范围内建设代号"天网"的街面图像实时监控系统。这是西南地区第一个覆盖全区的公共安全设施,它搭建起了城市现代平安应急平台。

系统首先在火车南站试点,"天网"选点重点放在了易发街面"两抢"、盗机动车、敲窗拎包、诈骗、扒窃等案件的地段和治安复杂的热点区域,以及大型娱乐场所门口,大、中、小学门口和进出武侯区的主要通道和路口。从屏幕上就可察看到监控点位每个人的模样、每一辆车的车牌号、图像存储7天等实用性让参观者大为赞叹。

其试用期的一件案件让所有人见识了“天网”的威力。2006年5月18日，太平南街共和村“爱乐音响”门口，一名黑衣男子鬼鬼祟祟、四处张望，形迹十分可疑。望江路派出所监控员发现这名男子后，立即将其体貌抓拍后向上级汇报，并马上安排监控人员通过“天网”对该路段以及该男子进行重点监控。下午5时47分，黑衣男子再次出现在太平南街共和村，望江路派出所随即对该男子实施全程监控，并安排民警对其进行跟踪。当该男子从一学生口袋里掏出一部手机，正准备转身离去时，警察将其抓获。

“天网”的作用主要包括：为有效处置突发事件提供保障、有效监控复杂路段的治安状况、固定并调取证据为侦查破案提供可靠线索、加强社会监控等。试点成功后，全区决定建设监控点位400处。

2006年5月24日，武侯区打击街面犯罪“天网”工程启动仪式在省体育馆东大门隆重举行。覆盖全区的安全“天网”正式撒开，“天网”之下，犯罪分子无处藏身。

为了配合“天网”街面实时监控系统的运行，更加贴近基层一线，增强快速反应，更加灵活地调警，分别建成分局指挥中心和14个派出所二级指挥中心。同时配合进行警务改革，武侯110巡警也全部下沉到辖区派出所，由各派出所对辖区巡警的警务工作进行直接管理，把监控覆盖范围以外的偏僻街巷、探头盲区、易发案地段作为重点，安排巡警加强巡逻，让“天网”监控系统和110巡警互为补充，形成电子警务区和网格化布警的有机结合，发挥最大效能，使其成为一张真正意义上的“天网”。2006年与上年相比，辖区内的发案明显下降，治安大局持续平稳。

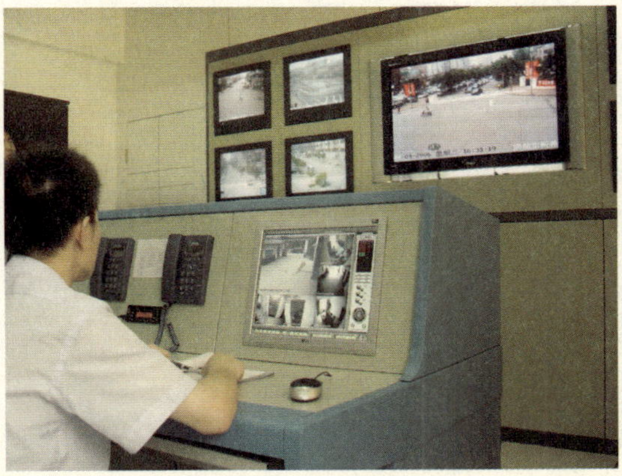

天网工程

据2007年年初公布的情况，2006年1至11月，全区刑事立案4 035件，与上年同期相比下降18.4%；共破各类刑事案件2 096件，比上年同期(1 901件)上升10.3%，破案率达52%，比上年同期上升14个百分点；打击处理各类刑事犯罪嫌疑人员1 678人，与上年同期相比上升9.2%，其中逮捕1 347人，劳教331人，一批重特大案件相继告破，人民群众的安全感继续增强。与此同时，武侯区突出重点，集中整治全区治安混乱地区，坚持"哪个地区混乱就重点整治哪个地区"的原则，组织以公安为主，各相关部门参与的城郊结合部集中整治。同时推行交警、巡警、刑警、社区民警"四警联勤"的打防控整体联合作战，在重点路段设置巡警必到点88个，全力控制和打击街面犯罪行为。经省统计局城调队调查，全区公众安全感满意度达到93.67%。

### 三级网络全面覆盖

2006年，新一轮平安创建活动拉开序幕，相继在区上成立矛盾纠纷联动排查调处中心，涉农办事处建立与综治相结合的新型警务区，在城区开展物管进社区，保安、技防进院落的三进活动等。

武侯区积极构建防控网络，深入开展安全防范宣传，切实提高了治安防范水平。组织指导企事业单位内保人员、物管人员、保安、门卫守"点"，巡警巡"线"，派出所民警带领综治(治保)巡逻专职力量在辖区控"面"，建成了"点、线、面"相结合的三级防控网络，并依托"天网"，形成立体防控格局。防控网络充分发挥了震慑犯罪、遏制犯罪的作用，增强了群众的安全感。当年，武侯区平安创建工作首批进入全省、全市先进行列，被省委、省政府命名为"平安区"，2008年再次获得"平安区"称号。武侯一时成为其他区(市)县竞相模仿的对象。

在平安建设过程中，相关部门想尽千方百计，付出了很大的努力，也取得了明显成效。武侯区公安分局坚持打防并举的方针，以打造"平安武侯"、"平安街道"、"平安社区"为载体，切实落实网格化布警、三级巡逻体制、治安信息员等治安防控措施，合理构建治安防范整体联动网络，使全区刑事发案得到了有效控制，2005年1~8月比去年同期下降了12%，该局被公安部表彰为"全国优秀公安局"，也是当时成都市惟一获此最高殊荣的公安局。2007年5月25日，在全国公安系统英雄模范立功集体表彰大会上，武侯公安分局再次荣获"全国优秀公安分局"称号，连续两次成为全市公安系统唯一获此殊荣的分局。

区法院年均收案数和结案数超过10 000件，年人均办案近300件，办案最多的突破400件。在案多人少的现实压力下，法院通过探索速裁模式，不断深化

居民群防群治



民事诉讼程序简化审理改革，积极探索“三次分流、全程提速”的武侯速裁模式，以不到全市5%的法官办结了全市10%的案件，被评为全市“效率之星”法院。2010年荣获“全国优秀法院”荣誉称号，2012年区法院再获“全国模范法院”殊荣。2011年10月8日，位于潮音大道6号的武侯区法院新址审判综合大楼建成开始正式办公。新法院汇集了多种创新，成为四川乃至西南地区首屈一指的“高科技”法院。

2002—2006年初，武侯区人民检察院人均年办案量80余件，办案准确率达100%，2005年获得最高人民检察院授予的“全国先进检察院”称号；2006年初获得象征该系统全国最高荣誉的大奖——“2002—2005年度全国模范检察院”称号。

## 第二节 一“网”消除不稳定

### 贴近群众 书记大接访

2008 年 7 月 1 日，武侯区信访局接待室。区委书记早早就来到这里，“坐诊”开展信访接待活动。

郑某是武侯区的居民，由于贫困无房，政府安排的返迁房他也因种种原因没有入住。当天，他来到了武侯区信访局接待室，提出了希望政府能为其解决住房的要求。当区委书记了解这一问题的来龙去脉以后，当即要求在场的房管局和街道相关负责人马上解决郑先生的住房问题，同时还要求街道和社区要切实解决他在生活中面临的实际困题。郑先生的生活困难问题终于得到了根本解决，他连连感谢武侯区委、区政府办了实事。

这标志着武侯区在全市率先启动“区委书记大接访”。

活动开展之前，武侯区对外公布了接访的时间、地点以及接待领导的姓名、职务等基本情况。对群众反映的涉及面广、社会关注度高的信访，领导将包案处理、亲自协调，直至“销案”。与此同时，该区的相关部门和街道也同步开展了领导接访活动，于每周一至周五与区领导接待日同步安排群众接待工作。

依法信访宣传

法制宣传

### 工作下沉 服务零距离

武侯区专门成立了排查调处信访问题工作组，全区16个职能部门组成了成员单位直接下到矛盾比较集中的社区，直接与群众面对面解决群众的信访问题，并承担督察、指导和帮助街道解决群众的困难和问题。

早在2005年6月7日，玉林街道就成立了社会矛盾纠纷调处中心，目的就是把矛盾尽量化解在基层，让小矛盾不出社区，大矛盾不出街道，促进邻里和睦，社区平安。根据矛盾纠纷性质，调处中心设立治安纠纷、民间纠纷以及邻里纠纷3个调解室。一支500余人的专职、兼职和义务调解员队伍也随之成立。中心成立3个月，就调解各类矛盾纠纷120余起，调解成功率100%。

玉林的经验性做法逐步推广到全区层面。为了探索、创新社会矛盾纠纷调处工作机制，提高发现、控制、化解和处置社会矛盾纠纷的能力，强化政治文明建设，维护全区社会稳定，优化投资环境，2007年3月，武侯区整合了维稳、综治、信访、劳动等力量，在全省率先建立了“区、街道、社区”三级矛盾纠纷联动排查调处网络。

在区一级，武侯区成立了“促进平安和谐建设办公室”，下设“区矛盾纠纷联动排查调处中心”。该中心由16个相关职能部门统一组成，实行“统一受理、归口办理、依法调处、限期处理”的运行方式。中心设立了区矛调中心受理窗口，完善了多功能的接待大厅硬件设施，由区信访办牵头，区级有关单位轮流坐班，统一受理各种矛盾纠纷，并分类建档；根据受理矛盾纠纷的性质和特点，分流至相关单位或职能部门进行调处，重大疑难的矛盾纠纷由区矛调中心报区领导签发指派；严格依照国家相关的法律、法规和政策进行调处。同时，注重法理与情理的有机结合，突出解决信访突出问题及群体性事件；明确规定责任单位调处期限，按规定时限回复办结情况。对因客观原因确实无法按期办结的，要将原因和下步工作意见回复区矛调中心“回流”调处，防止因民间纠纷激化引发的刑事案件、群体性事件和群体性上访。其中“归口办理”就是根据受理矛盾纠纷的性质和特点，分流指派至相关单位或职能部门进行调处，一包到底。对因客观原因却无法按期办结的，要将原因和下一步工作意见报告调处中心。

各街道相继成立了“促进平安和谐建设办公室”和“街道矛盾纠纷联动排查调处中心”，将调处中心机构设置为“一个中心三个调解室三支队伍”。各社区也设立了民间纠纷调解中心，做到定期排查，月查月报。武侯区矛盾纠纷联动排查调处中心在区促进平安和谐建设领导小组的领导下，与各街道矛盾纠纷联动调处中心、社区矛盾纠纷调处中心共同构成从上而下、完整的矛盾纠纷调处网络。

为着力建设一支高质量的基层综治维稳力量，切实解决好基层综治维稳工作机构设置、人员编制、干部配备、工作条件与新形势、新任务更加适应的问题，2008 年以后，武侯区全面启动并完成了以推行“大科制”为核心的街道行政管理体制改革，整合原综治办、司法所、信访调处中心职能，成立促进和谐社会建设办公室集中行使，形成了综合治理的大平台，解决了过去条块分割、力量分散、效率不高等问题。促和办下设促和站，即在各村(社区)成立的促进平安和谐建设工作站，主要由警务区和综治工作服务站组成。促和办对各促和站实施指导、督查和协助，各促和站对促和办负责，形成“办”和“站”两级工作平台，使综治、司法、信访部门得到有效整合，实现资源利用最大化。促和机构的创新整合，为辖区群众反映问题解决困难提供了便捷的“门路”。

2009 年，武侯区进一步整合力量，成立了区“综治维稳中心”。同时，在十三个街道各增设一名党工委副书记，专门负责综治、维稳、信访等工作，并将政治素质好、业务能力强、组织协调水平高、善于做群众工作的干部调整到综治队伍中来，确保每个街道有 3~5 名专职干部。有机构，有人员，有经费，综治、维稳工作在基层顺利推进、落实到位。

过去，由于社区管理力量分散、条块管理网格划分不清，呈现职能交叉、效率不高等问题。为此，武侯区按照“集中管理，综合治理，延伸服务”的思路，充分发挥社区工作站熟悉社情、贴近群众、协调利益、化解矛盾的作用，大胆创新社区服务网格化管理新模式。

武侯区以社区综治工作站为平台，把社区原有的劳动保障专干、计划生育专干、流动人口协管员等专兼职人员整合成社区综合服务管理员队伍。社区综合服务管理员“一岗多责、一员多能”，既是人民调解员、法制宣传员、信访代理员、综治维稳信息员，又是流动人口信息采集员、民情民意专递员、消防城管情报员、社会事务服务员。

按照全覆盖的原则，黉门街社区把区域内的4000余套房子和街面划成8个网格，将综合服务管理员“下沉”到网格中，对责任片区包干负责。综合管理服务员负责联系每一个院落的门卫、楼幢长、居民骨干、院落自治管理小组成员、院落民情代表议事会成员等，承担民情收集、矛盾调解、信息采集、综合服务等多项职责，形成了“网中有格，按格定岗，人在格上，事在网中”的运行模式，构建起“工作站人员、网格管理员、院落群众”齐抓共管、广泛参与的群防、群治、群管格局。

### “三三”调解　网络无疏漏

武侯区对原有三级矛盾纠纷调解机构的相关制度和机制进行完善，到2010年，已全面构建起党政统一领导，人民调解、司法调解、行政调解协调联动，公安接访与信访督导互为补充，区、街道、社区（村）三级“矛盾纠纷调解”有效配合的“三合一”“大调解”工作体系，是为大调解“三三”工作制。

“三三”工作制是指，三类矛盾纠纷调解机制：人民调解、司法调解、行政调解联动，资源整合。三级矛盾纠纷调解体系：区、街道、社区（村）三级矛盾纠纷调解有效配合，立体全覆盖。社区矛盾纠纷三三化解法：矛盾纠纷先由人民调解员（院落自治小组和社区综合服务管理员）调解三次；不成功的，由社区人民调解委员会协调各方力量调解三次；调解仍不成功，移交到街道社会矛盾纠纷大调解协调中心再进行三次调解。

“三三”工作制真正做到了“一竿子插到底”。各社区构建了工作站、综合服务协管员、居民院落自治小组“站、片、院”三级联动的调解体系。区、街道还在社

依法调解

握手言欢化解纠纷

区成立了司法调解指导站和行政调解指导联络点，区法院和区法制办明确专人对社区调解工作提供支持、帮助，社区的法律工作者、社区民警也积极参与调解工作，由此初步形成了社区矛盾化解的多方支持、多方调解的新格局，实现了矛盾化早化小，促进了社会稳定。大调解工作开展以后至2011年，全区共调解矛盾纠纷5 606起，调解成功5 097起，成功率90.92%。

“哪里有人群，哪里就有调解组织；哪里有矛盾，哪里就有调解工作”，“大调解”工作调解的是矛盾，调顺的是民心，切实做到“哪里有人群，哪里就有调解组织；哪里有矛盾，哪里就有调解工作”，有效地促进了社会和谐稳定。至2013年6月，全区共调处各类纠纷12 286件，处置各类突发事件465件，全辖区无突发性治安事件，重大治安问题和刑事案件得到有效处置，有力地维护了社会稳定，也让社区居民生活得更有安全感。

2010年4月13日，四川省深入推进社会矛盾化解暨社会管理创新工作会议代表参观了武侯区推进社会服务管理创新工作现场。代表们认为武侯区在创新社会管理方面探索形成的“武侯模式”效果较好，有积极的借鉴意义。至此，武侯区以网格化管理为核心、构建“大调解”体系为基础、流动人口“台账制”管理为抓手、完善基层综合配套服务为保障的基层社会管理“武侯模式”走向全省，成为成都经验。

## 第三节 流动人口 并网管理

武侯区外来人口逐年增多，和常住人口几乎达到了1:1的比例。如何管理好流动人口成为维护社会稳定和平安建设的一个重点。武侯区在街道成立了流动人口管理办公室，在各村和社区设立了流动人口服务管理工作站，在辖区流动人口集中的用工单位、出租房屋等处设置流动人口信息采集点，形成了全覆盖、立体化的“三级”流动人口服务管理工作体系，建立了流动人员的管理“台账”，实现了“以证管人”“以房管人”“以业控人”，形成了部门联动、信息共享、社会协同、公众参与的管理服务方式。

### 确保长效 建立完善三级流动人口服务管理机制

2009年年初，为全面提高流动人口服务和管理水平，探索并创新流动人口服务管理基础工作建设新机制，武侯区在全市率先启动了流动人口服务管理试点工作，全区29个部门联手参与流动人口的服务，建立完善区、街道、社区(村)三级流动人口服务管理机制。

为确保流管工作保质保量按时顺利完成，武侯区制定并实施了目标管理制度、联席会议制度、工作例会制度等17种规章制度，通过制度的有效运转，初步形成了长效机制。

作为全市试点单位的金花桥街道加强宣传发动，共印制正面宣传材料5万份、反面典型警示资料5万份，并制作固定宣传栏380个，广泛进行宣传发动，有效提高了群众的知晓率和参与度。建立了公安与法院联动处罚的机制，对违反规定雇佣未申报暂住登记或无暂住证登记的人员，由公安机关责令整改和处罚，对拒不交纳罚款的房主和单位，由公安机关依法申请人民法院强制执行。试点工作开展以来，共处罚违法企业负责人1人、违法房主5人。由于各项工作有序推进，流动人口服务管理基础工作建设取得阶段性成果，截至4月8日，金花桥街道共录入房屋信息表5 600多份，流动人口信息表53 000多份，录入单位用工表78份，单位流动人口表近7 000份，做到了辖区流动人口底数清、情况明，为进一步加强流动人口服务管理打下了良好的基础。

各村、社区分别成立村、社区流管站，每个村(居)民小组还确定了2~3 名流管站成员作为负责人。整合辖区物管公司、小区楼栋长等各方力量，在每个居民小区、楼栋分别确定了 1 名人员负责信息采集。全区 29 个区级相关部门按照各自的职责分工，积极参与流管工作。武侯区还从相关部门和街道抽调 50 余名工作人员组成驻村、社区工作组，深入金花桥街道 8 个村和 1 个社区开展工作，保障了流动人口服务管理工作的顺利进行。

在这背后还有多个部门给予的重要支撑——区劳动和社会保障局为流动人口提供就业信息、就业指导和就业服务，开展职业技能培训；卫生局负责指导各级各类医疗机构为流动人口提供医疗技术服务；文体旅游局负责免费向流动人口开放街道综合文化中心、图书馆等设施，丰富流动人口文化生活；妇联要开展对流动人口中的妇女、儿童权益的保护；民政局要推进流浪未成年人求助保护中心和管理信息网络平台建设，负责流浪少年儿童救助、教育、管理工作。

几个月后，市政府流动人口服务管理工作考核组来到金花桥街道，检查了武侯区流动人口服务管理基础工作。考核结果显示，武侯区流动人口服务管理基础试点工作做到了组织机构健全、工作重点突出、相关制度完善，初步形成了长效机制，取得了显著成效。

试点的成功为全区工作的开展提供了经验，全区各街道、村(社区)根据实际，因地制宜制订措施加强流动人口管理和服务。

## 管理机制　从单级监督转向多级监督

2009 年 5 月的一天，南桥村领到了一张由华兴街道办事处发出的《处罚通知单》，上面写明，由于南桥村未完成阶段目标，按照街道与各村签订的目标责任书内容，由街道办事处扣除南桥村部分规定经费。看清罚单内容的村干部才恍然大悟，原来 4 月份开始搞流动人口服务管理工作时，街道就与各村签订了目标责任书，把该项工作纳入目标考核。“我们以为只是说说而已，没想到真的要‘逗硬’。以后一定要吸取教训，把该做的都做好。”村干部们后悔不已。

一张罚单的背后，充分体现了武侯创造性地建立和完善了流动人口服务管理的工作网络和督查考核机制，并在督查考核过程中坚持“逗硬”、不走过场。

针对华兴、簇锦等城郊结合部特性，武侯区在深入推进第二批流动人口服务管理工作之初，就明确提出要构建一个“全覆盖、立体化”的流动人口服务管理三级网络体系。区政府成立了由分管副区长任组长，区级相关单位为成员单位的推进工作领导小组；在区公安分局设立了固定办公地点作为领导小组办公室，并从公安等部门抽调多名同志作为区流管办专门工作人员。华兴、簇锦街道流管办分别确定 4 名干部作为专门工作人员。两个辖区共设立 8 个流管站，在流动人口集中的用工单位、出租房屋地等设置了 80 个信息采集点。街道流管办定期对流动人口信息进行分析、汇总，与公安、地税、工商、劳动保障等部门共享，强化信息应用。通过完善“办、站、点”建设，规范工作制度，明确各级职责，形成了全覆盖、立体化的推进工作网络。

在这个工作网络中，督查考核成为一项重要工作。武侯区专门下发文件，对流动人口服务管理专项目标进行了细化分解，纳入对区级相关部门和华兴、簇锦街办当年的目标考核内容，并由目标管理部门牵头负责对推进情况进行全程跟踪、督查、考核。

在对街道进行督查考核的基础上，武侯区创新实施了对村的专项目标考核。街道办事处与各村签订目标责任书，将该项工作纳入各村年底综合目标、专项目标和阶段目标考核。在阶段目标考核中，将专兼职协管员工资和奖励与各村任务完成情况挂钩，未完成阶段目标的，由街道办事处发出处罚通知单，扣除这部分经费，由村上自理。

这种督查考核新机制，实现了由区到街道、由街道到村、由村到各户的层层监督、无缝对接，使监督更加到位，工作更加落实。开罚单的目的并不是为了处罚，而是为了激励争先。接到罚单的村知耻后勇，奋勇争先；没有接到罚单的村继续保持优势，争先创优。

同时，武侯区还坚持区流管办巡查街道、街道流管办巡查村社、村社服务站巡查信息采集点的“三级”巡查制度，确保日常管理责任的落实。

流动人口管理现场会

出租房管理有方

## 服务机制 从限制型管理转向服务型管理

要让流动人员感受到家的温暖，主动支持街道工作，不是一件容易的事。流动人口结构复杂、来源广泛、文化程度普遍偏低，对办理暂住证、居住证、临时婚育证明和求职登记证明，抱着能省则省的心态，不愿办理。

面对工作中的实际困难，武侯区在村社流管站设立了便民服务窗口，为流动人口代办暂住证、居住证、婚育证明和求职登记等证明，为办理了暂住证的流动人口，优先提供就业、就学、社保、计划生育等服务。华兴街办在促和办设立了流动人口维权窗口，对办理了暂住证的流动人口优先提供维权帮助、解决实际困难，使流动人口感受到了政府的关怀与温暖，最终自觉接受管理，融入城市和谐生活。

同时，武侯区做好各种证照办理的后续服务，使暂住证、居住证、临时婚育证明和求职登记证明等不再是简单的管理人口的卡片，而是作为暂住人口提供服务的通行证。以各村流动人口服务管理工作站为主体，统筹协调流动人口协管员、劳动保障协管员和计生协管员等队伍，采取上门服务、主动服务相结合的工作模式，积极为外来人员提供就业培训以及就业、就学、社保、计划生育、证照办理、纠纷调处和参加各种文体活动等全方位服务。

本着“服务为先”的工作原则，武侯区为流动人员设身处地考虑，尽量减少对他们工作和生活上的困扰，从提高协管员素质出发，强化服务意识，采取综合采集信息办法，尽量一次上门采集到综治、计生、劳动保障等所有相关信息，得到了辖区群众的认可与支持。

上级部门在总结武侯区做好流动人口服务管理工作的经验时指出：把服务、尊重流动人口作为管理的前提，就抓住了问题的关键。把服务搞好了，流动人口安居乐业，管理自然就好搞了。

## 激励机制:从单纯处罚转向激励为先

房屋出租户的房主是最直接的受益者，也是流动人口最直接的管理者,要管理好流动人口,就得从房屋出租户抓起。“以房管人”是武侯区开展流动人口服务管理的一个重要方面。武侯区运用“以房管人,以业控人”的工作模式,实行出租房屋、用工单位星级管理办法,由街道办事处通过检查打分的方式,按照分值评选出星级房屋出租户和用工单位。根据星级评选结果,对村民和企业实行奖励,形成了有效的激励机制。

武侯区以房屋为载体,实行出租和承租的连带责任,要求出租户不得向“三无”人员出租房屋,对外来人口有效证件进行验证并进行登记,采集租房人照片,填写个人基本情况,将新增承租人个人资料信息在三日内报(村)居流动人口管理站进行备案登记,确认无误后到辖区派出所办理暂住证,并与承租人签订责任书,力争做到不漏一人、不少一户,确保“外来一人,登记申报一人;离开一人,注销一人”。使房主真正成了管理信息员、法律法规宣传员、落实管理的督导员,切实把好管理的第一关。对已经出租的房屋,由房管、消防部门将出租屋主、承租人及房屋建筑、消防安全等情况登记造册,逐一检查整改安全隐患。公安、计生等部门与出租屋主签订治安、消防、计划生育责任书,并督促其履行相关责任。协管员定期对出租房屋进行安全检查,落实防火、防盗措施,及时排除治安隐患。

同时,对不配合管理、违法违规的出租房屋主、用工单位等,由公安机关依照《治安管理处罚法》《成都市暂住人口治安管理规定》等法律法规依法进行处罚。仅 2009 年 7 月 10 日至 7 月 30 日,全区共处罚违规出租房主 17 名、用工单位 1 个。

在实践中,武侯区创新的目标管理、奖惩激励、多级监督和优先服务新机制,真正将流动人口服务管理工作落到了实处,使武侯区的流动人员感受到了政府的关怀、温暖与服务,并自觉自愿地接受管理,与城市生活融入在一起。

针对流动人口结构复杂、来源广泛、文化程度普遍偏低,对办理暂住证、居住证、临时婚育证明和求职登记证明等不主动的情况,该区在村(社区)流管站设立了便民服务窗口,为流动人口代办暂住证、居住证、婚育证明和求职登记等,并为办理了暂住证的流动人口优先提供就业、就学、社保、计划生育等服务。同时,街道还设立了流动人口维权窗口,对办理了暂住证的流动人口优先提供维权帮助,为他们解决实际困难。

华兴街道地处城郊结合部,随着大量流动人口的涌入,很多本地村民成了

"包租公""包租婆"。为激发房主配合管理的积极性,更好地服务流动人口,华兴街道创新实施了"星级管理"工作,形成了流动人口服务管理一种全新的工作模式。在"星级管理"工作中,华兴街道由社区民警、综治干部、居民小组长、房主和承租人代表组成了评星委员会,根据出租房的软硬件设施、安全规范和管理服务等标准评定星级。星级出租房由低到高分为"三、四、五"三级,对于无星出租户,村上会督促房主整改。自从开展了出租房"星级"评选,流动人口的办证率接近100%,发案率也大大下降。

### 簇桥街道划网格变管理为服务

在流动人口管理中,许多街道因地制宜,根据实际情况开创性地提出许多新的做法。这其中,簇桥、红牌楼、玉林等街道的特色性做法最值得称道。

簇桥街道实施网格管理,进一步完善流动人口信息采集的办法,每次安排两位网格协管员一起上门录入流动人口的信息,便于相互配合和监督,避免只有1名信息采集员出现弄虚作假的情况。同时村委会加大了流动人口信息采集的抽查力度。增加了摄像头等安防设施,对光线暗淡的巷道也安装了路灯;组建了守厂护院队,队员们于夜间和凌晨期间对易发治安事件的地方进行重点巡查。

单纯的网格图只划定了某个区域,网格图上往往没有标出具体的企业、单位。七里村网格员手绘的网格图标出了具体的商家和企业,便于他们熟悉区域环境,也便于街道和村委会对流动人口网格协管员的工作进行有效监管。

为了让流动人口的网格真正发挥作用,簇桥街道综治办、簇桥街道派出所、七里村村委会等单位还与出租房房东、用工单位等签订了责任书,并要求房东要当好流动人口的第一责任人,填写的出租房屋流动人口登记表要具体到租住人的姓名、身份证号码、户籍地址、来址时间等信息,填写的用工单位流动人口登记表要具体到来厂时间、离厂时间等方面信息。

七里村还积极探索流动人口的创新管理机制,村综治办每月定期举行案情分析会,根据一段时间的案发率,科学分析和研判辖区的治安管理形势,并及时调整治安管理的工作重点。

七里村综治办对辖区案发率高的区域和时段、易发的案件类型等方面情况进行了深入分析。针对电动自行车被盗案件有所抬头的现象,该村又启动了新一轮的安全防范宣传活动,同时加大了对该村重点区域治安巡逻的力度,启动了百日安全大检查,派出所驻村民警也带队检查辖区有无漏登流动人口信息的情况。

簇桥街道派出所驻村民警与村委会强化了流动人口的分片包干责任制,特别明确了家住外地的房东要承担起核实租房人的就业等方面信息的责任，对辖区无正当职业的流动人员进行了清理，对工厂雇用没有身份证的员工的行为进行了处罚，在复杂区域加装了 20 余个摄像头，同时实现了单纯的流动人口管理向流动人口、计划生育、食品安全等方面的综合管理转变。

七里村村委会创新流动人口的管理机制，变管理为服务，积极引导该村积极引导厂家将工人安排在统一的地方居住，以便对流动人口进行集中管理，也便于他们之间的相互帮助，同时积极引导租房户将房屋租住给有正当职业的流动人员。从管理到服务，七里村流动人口信息采集、计划生育等方面工作均得到了稳步推进，辖区的流动人口切实感受到了家的温暖和城市的包容，为辖区的和谐稳定奠定了坚实的基础。

簇桥街道还围绕流动人口开展了一系列的服务活动，为他们提供了处理劳动就业纠纷等方面的法律援助服务、职业病防治、劳动技能、安防技巧等方面的培训服务，并为他们的子女提供了从幼儿园到高中阶段的就学服务和参观博物馆、观看爱国电影等方面的假期服务。街道流管办定期对各站、点采集的流动人口信息进行分析、汇总，并与公安、地税、工商、劳动保障等部门信息共享，同时强化督查考核，坚持奖惩逗硬。

### 红牌楼“7+5” 着力于规范

红牌楼街道辖区面积 6.36 平方公里，总人口 122 797 人，其中流动人口 34 425 人，占总人口的 28.03%，出租房屋 8 643 户，并拥有西部汽车城、伊藤洋华堂、红

为流动人员开展法律服务

星美凯龙、大蓉和等大型用工单位近百家，是流动人口居住和就业相对集中的地区。抓好流动人口服务管理工作对推动辖区经济社会各项事业全面发展、维护社会平安和谐稳定有着极其重要的作用。

该街道按照“党委领导、行政负责、社会协调、公众参与”的工作思路，着力探索实施“7+5”模式，从长效上着眼，在规范上着力。通过集中采集录入，常态维护更新，有效推动了流动人口服务管理工作深入持续开展，取得了初步成效。在成都市第三批流动人口服务管理工作考核验收中，红牌楼街道名列全市 66 个街道第一名。

“7”即落实七项服务职能，为流动人口提供包括劳动保障、计划生育、子女义务教育入学、治安防范、法律援助、卫生防疫、居住在内的七大项服务；“5”即落实五项管理责任，实施对用工单位流动人员的源头管理和用工管理、流动党员管理、流动人员法制教育和行业管理五项管理。

街道将流动人口服务管理工作作为创新社会管理的一项常态工作来抓，成立了流动人口服务管理工作领导小组，设立了街道流动人口服务管理办公室，在 7 个社区设立了工作站。同时街道配备了 27 名专职协管员，在辖区住宅小区、用工单位设立了 152 个流动人口出租房屋信息采集点，在院落门卫、单位内保人员、小区物管中聘请了 145 名兼职协管员。同时按照“划片包干到组、每日定量到人”的原则，实行“网格化分片包干”，进行信息采集和维护更新。

同时街道建立完善质量监控机制，按照“录入前审核、录入后倒查”的原则，坚持对采集的信息实施“社区流管站、街道流管办、区流管办”三级质量监控制度，通过网上核查、实地倒查等方式对信息质量进行层层把关，实行信息质量“每周通报、每月考核”，确保“栋不漏户、户不漏人、人不漏项、项无差错”，确保数据信息的准确性与真实性。

“以人为本、服务为先、管理并重”是街道流动人口服务管理工作的一项原则，服务跟上了，管理也就好搞了。街道按照“在管理中体现服务、在服务中实施管理”的原则，建立完善科室联动服务机制，要求治安防范、计划生育、劳动保障、协税护税等部门形成“大联动”格局，共同为流动人口提供 7 大项服务。

除了法律援助外，在劳动保障方面，街道通过督促用工单位与外来务工人员补签、续签劳动用工合同，维护他们的合法权益。在计划生育服务上，定期为流动人口免费发放计生用具。在治安防范上，强化对辖区大型用工单位人防、物防、技防和消防等各项防范措施的落实，杜绝发生治安、消防等事故；同时辖区社区民警每周三开展“相约警务室延时服务活动”，主动上门为流动人口办理暂住证。在卫生防疫上，督促用工单位对从事食品生产、餐饮服务的从业人员进行体检，并为他们提供义诊服务。在居住服务上，督促建筑工地、用工单位按照文明城市标准，为外来务工人员提供规范良好的集中居住条件。

与此同时，该街道还着力落实五项管理责任。即在劳动用工上实行通过凭证用工、持证上岗等管理方式，加强对用工单位流动人员的源头管理、用工管理。在党团建设上，把流动党员纳入到社区党组织活动中，同时强化用工单位党建工作，街道党工委在伊藤洋华堂等大型用工单位建立了党支部，壮大企业党组织。在法制教育上，开办民工夜校，率先在全省开设社区法制讲坛，邀请法律服务工作者定期到社区、大型用工单位为流动人口提供法律咨询和法制教育。在行业管理上，对建筑施工企业采取由开发商负总责、分包方和转包方分别负责的办法进行管理，对商场服务业、餐饮服务业则采取由法人负总责、行政主管和班(组)长分别负责的办法进行管理。在治安管理上，对辖区流动人口和出租房屋实施分类管理。

## 第四节 用心织就民族团结网

2012 年 11 月 30 日，武侯区天使宾馆的会议室内热闹非凡，其中有多位来自四川全省范围内的少数民族代表，他们服饰鲜艳，兴高采烈。四川省民族团结进步创建活动示范单位和民族团结进步教育基地授牌仪式在这里举行。当天受到表彰的单位比较多，但获得全国级表彰的全省仅有 3 家单位，社区级的只有一家——武侯区浆洗街洗面桥社区。综观全国民族团结进步创建活动示范单位名单，全国获得表彰的单位也不过 35 家，社区一级的基层“小单位”更是凤毛麟角，仅有 9 家，洗面桥社区就是其中一家。

一个辖区面积仅为 0.6 平方公里，拥有居民 4 000 多户、常住人口 1 万余人，它和涉农街道动辄数万人、十数万人的社区相比，只能算是个“小不点”，这个社区为什么能够获得全国性的荣誉？从洗面桥社区的工作里可以折射出武侯区在促进民族团结方面作出的努力。

### 三级网络服务民族群众

武侯区始终把民族群众的小事当作大事来抓，率先在全省建立了

民族团结联欢会

街道民族工作协调小组——辖区成员单位——社区民族工作联络站三级工作网络。同时以社区民族工作协调小组为基础,在少数民族驻蓉办事处建立了民族工作联络点,并吸收了少数民族干部和群众作为社区民族工作联络员。通过助学工程、学雷锋包户春雨行动、党员和基层党组织认领惠民项目等办实事、做好事活动,解决他们就医、就业、入学、经商等问题,进一步加强和创新社会管理,促进民族大团结。

成都历来就是汉族与西部各少数民族开展经济、文化、政治交流的重要窗口。唐宋以来形成的茶马古道,其中包括从明代形成的川藏茶道,就是从成都出发,以红牌楼为起点,经雅安、康定、昌都,最后到拉萨、尼泊尔、印度等地。新中国成立以后,随着1956年西藏自治区驻成都办事处的成立,及1958年川藏公路南北两线全线贯通,在武侯区武侯祠附近出现藏族同胞的小范围聚集。随着改革开放的深入,在武侯区政府的大力支持下,藏族同胞在武侯祠附近的浆洗街街道浆洗街社区的洗面桥横街、武侯祠东街和武侯柯横街组成的十字形街区上,形成了独具一格的"藏文化用品一条街",吸引了各族客商和大量中外游客。武侯也就自然而然地成为了青藏高原地区少数民族进入中原地区的首选目的地,或理想的中转站。武侯祠附近的浆洗街社区,作为川藏公路的起点,迎来了大批藏区来的朋友。

为落实党的民族政策,保证少数民族受教育的权利和培养少数民族干部,西南民族大学于1951年成立于浆洗街社区内。大批的少数民族干部,特别是来自四川藏区和部分西藏自治区的藏族干部和知识分子来到西南民族大学接受教育,同时也有一批藏族知识分子成了民族学院的老师并长期定居于此。1979年,甘孜藏族自治州驻蓉办事处在武侯祠横街设立,并附带招待所(今三星级宾馆"康定酒店")。更多甘孜、阿坝籍的藏族商人进入成都,并下榻于驻蓉办事处开设的招待所。暂时或长期居住于此的藏族同胞使得这里成为成都市区最大的藏族聚居区域。

洗面桥社区虽小,但到2011年,社区已有省、市、区政府机关及街道办事处、高等院校等驻区单位22家,民族地区驻辖区单位有3家;常住人口中少数民族3 285人,占全辖区常住人口的三成。驻区单位中包括西南地区首屈一指的民族综合大学——西南民族大学,学生人数两万多人,囊括了56个民族。

洗面桥社区在民族团结进步创建工作中,通过建立社区民族工作基础队伍、少数民族经营户协会队伍、大学生民族工作志愿者队伍,充分调动辖区内各方力量,为民族团结进步建设工作注入活力。为充实基层民族工作队伍,社区将辖区院落党组织负责人、院落自治管理小组组长、辖区机关事业单位民族工作联络员纳入联络小组，同时聘请在社区有影响力的少数民族人大代表、政协委员、离退休干部等作为特约联络员，共同推进民族团结进步示范社区建设工作。

少数民族经营户协会是商户与辖区各族群众间的桥梁纽带，协会既引导少数民族经营户诚信经营、互助共赢，又充分调动商户的主人翁意识，鼓励其积极参与和谐宜居社区建设，推动社区形成各族群众共同关心社会公益、共同致力于民族团结和谐的良好局面。与此同时，洗面桥社区利用紧邻西南民族大学的优势，积极抓好大学生民族工作志愿者队伍建设，在社区建立社会实践基地，充分发挥各族学生在语言、文化等方面的优势，吸纳他们到社区参与志愿服务。学生一茬接一茬地离开校园，大学生志愿者队伍的规模却不断扩大。

民族团结宣传教育一直是洗面桥社区民族工作的重点，除每年 3 月的民族团结宣传月外，社区还利用“藏历新年”“火把节”等少数民族重要节日和春节、端午、中秋等中华民族传统节日，积极开展“践行法治理念、加强民族团结、共促和谐发展”“相亲相爱一家人”等主题活动，通过文艺会演、发放宣传资料等形式，寓教于乐，面对面地向各族群众宣传党的民族宗教政策、城市流动人口相关政策等。社区还深入推动民族政策法规和民族知识进机关、进社区、进学校、进企业、进家庭的“五进”活动，利用各驻区单位、居民院落公示栏，制作民族政策法规、普法展板，大力营造各民族和衷共济、和谐发展的良好氛围。为方便少数民族群众办事，社区在办事大厅设置了汉、藏双语指示牌、标识牌和办事指南，并邀请少数民族同胞担任志愿者，为辖区内少数民族群众服务。

辖区少数民族居民也积极为和谐社区建设贡献力量，藏、回等少数民族群众自告奋勇，担任起院落党组织负责人、院落（小区）民情议事会代表、自治小组负责人、治保队员、“民情专递员”和“特约调解员”等，积极参与到社区和院落自治中去。

### “6+1”协议促民族团结

至 2013 年，武侯区驻有民族地区党政机关、企事业单位驻蓉办事机构 65 个，有少数民族常住人口 2.06 万人，登记在册的少数民族流动人口 12.5 万人。面对区内少数民族单位众多、少数民族群众来源广泛的实际，武侯区认识到：如果单靠武侯区一家之力，难以为少数民族群众提供周到细致的服务，难以胜任民族团结进步工作。

为探索少数民族输出地和输入地政府间的沟通模式，充分发挥民族地区驻

▲各民族群众载歌载舞

蓉办事处及驻区大专院校在民族宗教工作方面的优势，武侯区在现有“三办一校”民族工作联席会议基础上，构建了“6+1”区域民族工作平台和协作机制。

2012 年 9 月，武侯区政府与西藏自治区驻成都办事处、甘孜州驻成都办事处、凉山州驻成都办事处、阿坝州驻成都办事处、四川大学、西南民族大学签订了武侯区“6+1”民族工作共建协议，共同开展民族共建工作。

通过建立共建平台，武侯区与驻区民族地区办事处建立起信息交流渠道，武侯区民族宗教局对涉及民政社保服务、经营就业情况等进行了统计分析，通过定期召开共建联席会，为切实解决少数民族输入地与输出地政府部门的服务管理脱节问题进行了有益尝试。

### 特色服务助沟通交流

武侯区另一少数民族较为集中的区域——双楠街道，也专门针对少数民族推出了 6 项特色服务项目：专人服务，即组建为民族单位、群众服务的专门机构和人员，从社区中挑选一批素质较高、懂民族政策、善于沟通交流的工作人员作为民族单位、群众联络服务员，及时为少数民族同胞提供服务；热线服务，即通过开通民族服务和维权热线，利用社区服务电话咨询平台，做到民族单位、群众问题有人发现、困难有人帮助、生活有人关心；问需服务，即对辖区民族家庭、民族宗教方面人士开展走访问需工作，及时了解家庭困难和需求；帮扶服务，即利用春节、民族新年、民族纪念日等传统佳节走访慰问民族单位、家庭，为他们送

社区民警为少数民族群众排忧解难

去温暖；文化服务，即通过驻区单位活动、院落文体活动，架起沟通交流的桥梁，让民族单位、群众真正融入城市社区；维权服务，即建立影响民族团结的矛盾纠纷调处中心，及时化解各种矛盾纠纷，同时帮助其运用合法方式维护自身权益。

2013 年 8 月 6 日，晋阳街道吉福社区还建立了“民族文化之家”、社区少数民族联络服务站、民族工作志愿者、民族歌舞队，丰富辖区少数民族群众生活，增进各民族之间的沟通交流。该社区还围绕“各民族温馨家园”的建设目标，探索出了“123456”的社区民族工作模式，即：围绕城市民族工作这个核心，开展辖区服务少数民族居民、少数民族居民服务辖区的双向服务，打造养老服务、救助服务、社区服务 3 个平台，实现少数民族无集体上访、无重大刑事案件、无特殊群体无人照料、无违反计生政策的“四无”目标。

### 系列措施帮扶少数民族地区

武侯区积极深化与民族地区的区域合作，实施了输血与造血相结合的帮扶模式，特别是在经济、教育等方面采取了一系列帮扶少数民族地区的创新举措。与此同时，少数民族地区的优秀干部也来到武侯区各级部门挂职，通过两地干部的交流深化了区域合作的内涵。

2012 年，根据武侯区与白玉县签订的对口支援框架协议，武侯区对白玉县的新一轮对口援助为期 5 年，包括帮助白玉制定城区风貌规划、城市综合规划，援建白玉县第二人民医院、教育基础设施及信息化建设和流经县城的偶曲河防洪综合工程建设等。

武侯区推动建立了藏区医疗服务中心，为藏区来蓉就医的群众提供信息资源、预约挂号、住宿安排等一系列服务，并在华西医院、363 医院等开通就医“绿色通道”。中心成立于 2012 年，共接待藏区就医群众 11.2 万余人次，为藏区贫困群众减免各项费用 32 万余元。

2013 年，为增强藏族地区经济发展的自身“造血”功能，武侯区援藏工作队与白玉县相关部门积极思考当地经济的发展出路，特别是依托白玉县的资源优势提出并启动了七大惠民产业示范基地建设，受到白玉县的肯定。至 2013 年底，武侯区已启动了对口支援白玉县项目以绒盖乡仲学村为中心的“中藏药材 GAP 种植基地”，以金沙乡八吉村为中心的马铃薯基地，以建设镇扎盘村为中心的“优质蔬菜种植基地”建设；以建设镇为中心的“藏式民居接待基地”，以河坡乡为中心的“民族特色手工业基地”，以察青松多高原生态食品为特色的“林下资源加工业基地”，以集会务、旅游、接待为一体的“昌台帐篷城接待基地”等惠民产业基地项目也完成规划布点工作。

在促进各民族共同繁荣发展、团结进步的过程中，武侯区连续四次被省委、省政府授予“民族团结进步模范集体”称号，浆洗街街道办事处 2004 年 7 月 27 日被国务院命名为“全国民族团结进步表彰大会模范集体”。

作为成都市的中心城区，武侯建区时就将城乡交通作为全区经济建设的龙头。1992—1995年建成了武侯大道，1996年后，陆续修建、改扩建双星大道、新川藏路武侯段、草金路、人民南路武侯段、武侯祠大街等主干线，新建和改建乡村道路99条，是城市建设投资规模最大、城市发展最快的时期，也是城市面貌变化最显著的时期。

在成都向东、向南发展的进程中，武侯区在城市建设和发展上依据城市总体规划和区域特质，突出了中心城区科技、商贸、金融和交通、通信枢纽的特点，以及历史文化名城的特色，以城市道路建设带动市政公用基础设施建设，城市综合服务功能增强。全区新建和改扩建了武侯大道、川藏路、人民南路、武侯祠大街等城市主干道，整治中小街道，用快速交通加深了中心城区与二、三圈层的连接。

2011年12月，武侯区委第110次常委会议和区政府第106次常务会议审议通过《成都市武侯区"十二五"交通规划》，明确了以发展现代交通业为主线，着力调整交通结构，转变发展方式，提升发展质量；坚持建、养、运、管并重，统筹区域、城乡交通协调发展，积极推动综合运输体系建设，促进现代物流发展；不断推进科技进步、行业创新和从业人员素质提高，发展绿色交通，强化安全保障，提升公共服务水平，进一步提高交通现代化水平。

在突出公共设施建设的同时，高度重视居民住宅建设，不断提高城市住宅环境质量，市民住房条件经历了从简棚陋屋到青砖黑瓦的平房，再到注重生态环境的科技智能公寓的"三级跳"。丽都花园、双楠小区等现代化的居住小区如雨后春笋般崛起，还涌现出了锦绣花园等一大批注重规划设计、环境营造和物业管理的高品质住宅小区，并进一步加快危旧房改造步伐，特别是2013年8月7日，武侯区召开切实维护群众正当权益、推进新型城镇化建设工作动员会，提出用三年时间，改造全区22个棚户区，让8 140户居民住上新居。

## 第一节 交通先行 打通区域发展大动脉

一个区域的发展，与道路息息相关。不管是经济发展还是民生改善，都离不开道路的建设。建区以来，武侯区着力加强道路交通基础设施建设，如今，全区范围内逐步形成了以一环路、二环路、2.5 环路、三环路、双星大道为横向，草金路、武侯大道、人民南路、老川藏路、科华路为纵向的道路骨架网。道路基础的不断完善，既加快了城市化进程，又不断改善着城市面貌和人居环境。

"十五"期间是武侯区公路基础设施发展较快的五年，路网规模持续扩大，技术等级普遍提高，随着城市化进程的加快，公路交通条件不断改善。五年里相继按城市快速通道标准改建武侯大道 4.2 公里，改建后道路宽 50 米；双星大道 4.451 公里，改建后道路宽 40 米；老川藏公路 10.266 公里，改建后道路宽 40 米；规划新川藏公路 2.42 公里(路面宽 50 米，城市道路)；改扩建草金公路 4.5 公里(路面宽 40 米，城市道路)。

截至 2005 年，全区公路总里程已达到 170.729 公里，其中县道 38.189 公里（占 22%）、县道按城市道路标准改建 26 公里（占县道 68%），乡道 116.09 公里(占 68%)，村道 14.093 公里(占 8%)，自然路段 2.353 公里(占 2%)。成都市公路网面积密度每百平方公里为 133.5 公里，武侯区公路网面积密度每百平方公里为 240 公里，名列全市第一。全区二级以上公路占路网比例为 55%，也居全市第一。

武侯大道

“十一五”期间，武侯区重点新建和改扩建公路 156.22 公里，并加强管养县道 38.2 公里的维护和路政执法。同时，为解决群众出行难的问题，2006 年，武侯区对暂不建设的土路进行全面硬化，并对道路破损严重、造成扬尘污染的街道进行修复。其中，三环路以内的道路改造工作由武侯区建设局牵头，需要硬化的道路共涉及 6 个街办 21 条道路，面积为 62 260 平方米，投资约 685 万元；需要修复的道路共涉及 4 个街办 17 条道路，面积为 6 747 平方米，投资约 50 万元；三环路以外的道路硬化工作由武侯区交通局牵头，共涉及 5 个街办 145 条道路，全长 54.6 公里，面积 32 万平方米，投资约 1 854 万元。整治工作在 2006 年 6 月底前全面完成，武侯区彻底告别了泥土道路。到“十一五”期末，武侯区基本形成布局合理、功能规范、设施配套的一、二、三环路横贯东西，川藏路、机场路、草金路、武侯大道等辐射南北的“三纵”和“四横”道路网络，使全区拥有了便捷的交通系统。

武侯区出台的“十二五”基础设施（区域道路）发展规划，明确了“十二五”期间将投入 7.6 亿元，新建道路 49 条，同时对双星大道和武兴路实施升级改造。

新建 49 条道路：“十二五”规划期间，武侯区计划共建设市政道路 49 条，建设道路总长 46 152 米，面积达 125 万平方米，总投资约 66 800 万元。其中，三环路内建设道路 32 条，长约 26.7 公里，面积达 77 万平方米；三环路外建设道路 17 条，长约 19.5 公里，面积约 48 万平方米。升级改造两条道路：“十二五”规划期间，武侯区计划共升级改造市政道路 2 条，总投资约 9 400 万元。

根据规划，“十二五”期间，武侯区将建设市政道路约 46.6 公里，道路建设的主要路段（桥）有八段，改造的路段主要有三段。此次规划按年度实施，确定了五个实施阶段。

2011 年：新建道路 11 条。2011 年计划建设市政道路 11 条，分别为光华 8 线（武侯段）道路、武晋路 B 段、潮音大道（武科东四路至草金路段）道路、武兴一路北段道路、长城片区 B5 线道路、果堰街南段道路、维港 B1 线道路、科园路西段道路、晋吉西路、永丰 B-10 和顺和横街，建设道路全长共计 5 958 米。

2012 年：新建道路 10 条。2012 年计划建设城市道路 10 条，为果盛路、武科西二路、簇桥 A-1、晋吉东一街、铁路内侧道路、华兴 A-2、永丰 B-6、华兴 A-3 和同盛路，建设道路全长共计 12 712 米。

2013 年：新建道路 11 条。2013 年计划建设城市道路 11 条，分别为金凤路、武青西（东）二路、铁路外侧道路、金兴北路、机投东（西）街、吉顺街、华兴 A-7、华兴 A-8、晋吉西一街和永丰场街，建设道路全长共计 15 470 米。

2014年：新建道路9条。2014年计划建设道路9条，分别为机投北街、武科东(西)六路、百锦路、交通大道、华兴路、吉福北(南)路、金兴中(南)路、红运街和果堰B-7，建设道路全长共计5 978米。

2015年：新建道路8条。2015年计划建设道路8条，分别为金瓦路、晋吉西三街、永顺路、龙锦西街及沿线、万寿路(草金南路)、永丰B-11、永丰B-12以及永丰B-13，建设道路全长共计6 034米。

## 武侯大道　启动一个区域的繁华

1992年，武侯区大部分区域还是阡陌纵横的乡村，一年财政总收入仅仅6 000多万元，面对投资7 000万元修建40米宽的"高端大气上档次"武侯大道计划的各种质疑。区委、区政府前瞻性地认识到，大手笔推进道路建设，对推动新区开发和经济社会快速发展具有战略意义。至今，武侯大道都不失为成都市最具远见卓识的一条道路。

武侯大道作为武侯区建区初期倾全区之力建设的重点项目，号称"武侯第一路"。1990年，武侯区内环状道路仅有一环路，纵向有九三公路、元华路、川藏公路，以及草金公路，除一环路以内的区域外，其他地方基本都是农村。农民守着自己的田地，虽然不缺吃穿，但手头缺钱。乡间虽有机耕道，但最宽的仅3米，且晴天一身灰，雨天一身泥；村与村无路相连，乡与乡交通不便。落后的交通不仅造成村民出行难，城乡隔离，更让投资者望路却步。

要致富先修路，当时成都已经有了二环路规划，但武侯境内的桂溪、石羊、簇桥、永丰四个乡却基本上都是农田，区上就想修一条路，把四个乡连起来，由武侯区交通局先拿初步方案。最初的方案是东起永安桥(现高新区境内)，西到机投桥，叫永机路。当时成都汽车还不多，因此计划道路总宽12米，按三级标准公路修建，预计投资3 000万元。

方案提交后，武侯区委、区政府前瞻性地将道路最终规划成40米宽、红线控制50米、主车道双向6车道、非机动车2道、总长20公里的二级公路；道路中央设绿化分离带，设计时速80公里，路面为全水泥混凝土构成；道路建设采取民工建勤、民办公助的方式筹集资金，预计投资7 000万元。

这个方案当时一些干部不理解：在穷乡僻壤的区域投那么多钱修路，值得吗？车没几辆，一环路都才4车道，修那么宽不是浪费吗？武侯区委、区政府办公都没地方，部门没有办公经费，哪来钱修路？甚至，上级相关部门对修武侯大道也持有异议。

▲人民南路武侯段

发展的需求、百姓的期盼、区委区政府的胆识促成了 1992 年 9 月 18 日武侯大道的全线开工,并经历时三年的修建,于 1995 年 12 月建成通车。一条路促成了全区 4 个乡镇的有机连接,并与其他干道交织成网,发挥了骨干交通作用,提升了一个区域的价值,带来了无限的商机。武侯大道还没修好,大大小小的企业便一家接一家地来到了周边,51 家三资企业落户沿线,总投资达 4.9 亿元。

除了商机无限,武侯大道更是有效地改善了区域环境,完善了城市功能,为还有大片农田的武侯区打通了破除城乡二元结构的瓶颈。

1996 年 6 月 1 日,成都二次区划调整,机投桥镇被划入武侯区,连接机投的道路建设被列入议事日程。武侯大道最初的规划方案中,本是从永安桥修到机投,在成都市西南面呈环状结构。但当时机投桥属于双流县,于是武侯大道在簇桥铁佛村万龙路口拐个弯,接上了二环路双楠段。

新规划道路从簇桥万龙路口到机投桥场镇,打通草金公路,并向北和青羊区苏坡乡相接,道路被命名为西区大道,全长 4.6 公里,双向四车道,1996 年和 1998 年分两段建成,建成后被命名为武青路。

1997 年 4 月,武侯区又投资 3 100 万元开始了武侯大道南延线(新川藏路)建设,该路起于武侯大道万龙路口,止于金花草金公路,设计为双向四车道。2004 年至 2006 年,武侯区又建成了另一条交通大动脉武阳大道。与此同时,成都市也陆续建成了二环路、三环路、天府大道等。至此,武侯区境内形成了以一环路、二环路、三环路、武阳大道、双星大道等为环状,以草金路、武侯大道、川藏路、浆洗街、人民南路、科华北路为放射状出城通道的交通骨架网络。

随着社会的发展，一些公路因破损和等级低已越来越不适应现代经济社会发展需要，为全面提升道路通行能力，充分发挥道路对区域发展的带动作用，从1999年起加快了道路改扩建。

老川藏公路武侯段起于一环路高升桥，止于与双流县交界的江安河大桥，全长9.8公里，途经当时的永丰（今红牌楼街道）、簇桥、金花桥三个乡镇，串联西部汽车城和被誉为“家具十里长街”的太平园家私广场和八益家具城等大型专业市场，一直是重要的物流通道。数十年来，狭窄的道路，以及道路两侧陈旧低矮的建筑几乎一成不变，而与之形成巨大反差的是，沿线经济充满勃勃生机。

1999年10月23日，政府在财力有限的条件下，采取市场化机制，引入民间资本参与政府投资项目，推动老川藏路改扩建顺利实施。老川藏公路武侯段全线均按城市一级干道技术标准设计，双向6车道，同时道路、桥涵、排水、绿化、路灯、天然气、电力、通讯等同步实施，2003年10月31日，道路全线竣工。在改造川藏路的同时，从2001年8月开始，武侯区还对双星大道进行改造，扩建为双向6车道后起到了城市主干线的作用。

经济社会发展的提速及两园一中心（武侯科技园、鞋都工业园、西南物流中心）的筹建，使武侯大道车辆密度增大，道路拥堵日益严重。2001年3月底，武侯区投资2 600万元对武侯大道双楠路口至西区大道路口全长3.61公里路段进行改造、扩建。改造后的路段形成路宽50米、机动车双向8车道的路面，按城市主干道标准，配齐雨污管道和水电气、通信等市政公用设施。

2008年11月初，经过前期规划、招标等积极筹备，武侯大道（二环至三环）

川藏路新貌

改造工程全面开工。此次改造工程起于二环路双楠路口，止于三环路，全长2 875米，工程主要是为了配合武侯大道铁路下穿隧道和二环至三环路间污水干管减压工程的建设。此次改造把原来的破损路面全部用沥青重新铺设，车道设置为双向八车道，中间增设3米左右的绿化隔离带，道路两侧设置5至10米的绿化景观带，机动车、非机动车、行人分道通行。

改造之前，由于管网建设相对滞后，武侯大道污雨水管已不能满足道路两侧片区污雨水的收集功能，因此紧邻武侯大道的外双楠片区的地下污水经龙腾路管网接入二环路管网，再经红牌楼佳灵路管网接入城西污水处理厂，其承载力已经达到极限；尤其是晋阳路、清水河二环外三环内部分区域的一些小区，甚至出现了地下污水回流现象。在武侯大道改造中，对供排水管网进行了升级，在道路两侧各埋设了一根直径为1 600毫米的供排水管，由此整个外双楠片区的污水直接经武侯大道管网排入污水处理厂。这两根主管网将从武侯大道经成双大道直接接入污水处理厂，使整个外双楠片区的污水通过武侯大道新建的管网系统排出，从而有效缓解了外双楠片区的管网压力。同时考虑到城乡环境整治和城市形象的提升，在地下新埋设了一根2.2×3米的电力主管网，将原来架设在空中的所有电力、通讯等线路全部接入地下，沿途不再满天“蜘蛛网”。道路两边还专门为非机动车和行人铺设了专用通道，实现机动车、非机动车、行人的分道通行。该路直接与双流县相连，成为成都南片区最重要的出城通道之一。

2006年9月28日，又一条高等级快速通道新川藏公路与双流双楠大道相接的接待寺立交桥正式通车，由此从双楠小区沿武侯大道到双流国际新城仅需8分钟。由于该路段的接待寺互通式立交桥实现了与绕城高速路的对接，该路也成为武侯区唯一一条直接上绕城高速路的快速通道。新川藏公路武侯段起于双楠小区二环路口，止于金花桥街道办事处江安河村，与双流辖区的接待寺立交桥相接。该段路全长7.5公里，总投资1.5亿元。随着双流段接待寺立交桥的通车，成都西南面这条高等级快速出城通道全面建成。

打通2.5环，武侯提速又添新跑道。2009年11月，红牌楼片区的居民心情很高兴，因为他们盼望已久的断头路终于通车了。2009年年初，包括2.5环在内的红牌楼片区12条断头路改造工程被列为成都市为民办实事目标。在市、区的大力配合下，该片区的断头路已全部打通，红牌楼商圈焕发出了新活力。

双向6车道的2.5环全线贯通，带动了周边区域环境的改造，疏通了红牌楼商圈的路网经络，既方便了居民出行，也使其商业价值得到进一步提升。

## 人民南路　带动一个区域的升华

素有“天府第一大道”之称的人民南路是成都市的中轴线，又是成都市第一景观大道，连接着中心城区与南部新区。建区以来，人民南路历经数次整治，它见证了成都南门的巨大城市变化，又见证了人民南路科技商务区的崛起。

人民南路一直是成都市的标志性大道，承载着城市交通、景观、历史文化、标志性建筑等多种功能，道路及两侧的建筑都体现着城市建设发展成就和城市历史文化的变迁。随着打造人南科技商务区战略的深入实施，科技、商务、高端成为人民南路全新的定位。

人民南路的变迁是成都发展最直观的剪影，建于20世纪50年代。刚改革开放的时候，人民南路两侧的建筑只延续到了一环路以内。20世纪80年代初期，沼气所、生殖学院等单位开始陆续搬迁到人民南路沿线，人民南路形成了大单位和大院落的聚集发展格局。2004年秋，人民南路开始挖补“手术”，定下了现有道路结构格局的基础；2005年5月，人民南路开始电力通信架空线的下地施工和人行道改造，人行道改用了更加耐压力、视觉色彩突出的方砖；2006年，7 800株香樟、雪松等从人民南路迁移，为地铁1号线一期工程省体育馆站、倪家桥站的施工做准备；2009年年初，建设部门利用地铁一号线修建之际，对人民南路的景观、路面、管线设施进行一次全面改造。

人民南路的每一次改造都是一次新的发展机遇，随着科技商务区的建设，人民南路已不仅是成都的城市地标，更成了商务地标，许多国际国内的知名公司以入驻这个商务环境最成熟的区域为首选和荣誉。

2005年，武侯区提出了人民南路科技商务区发展规划，用三年时间打造全长4.2公里，集金融、商务、科技、文化等功能于一体，包括研发教育、商务酒店、娱乐餐饮、中高档住宅区等四大分区的人南科技商务区。

人民南路科技商务区最大的变化缘于引领业界前沿的楼宇相继投入使用和运营。北京王府井、成都来福士广场、温斯顿联邦大厦、力宝大厦、中汇广场、汇日央扩大厦、保利中心等响亮的名号，引来了一批世界500强和实力企业，人民南路科技商务区成了这些大公司大企业抢占西部的战略高地。

如今，卡特彼勒、沃特飞机、德州仪器、施耐德电气、环球医生、韩国友利银行、仁宝集团等国际知名企业的分支机构均已入驻人南科技商务区。特别值得一提的是，法国安盟保险（中国）有限公司，成了首家将中国区总部设在成都的世界500强企业。“澳洲环球医生”等高端配套机构的入驻，掀起了服务于甲级写字楼内高端人士商业配套的步伐，也展现出这个区域的商业活力。

浆洗街



2012年9月23日正式开业的成都来福士广场，作为目前人民南路上体量最大、定位高端的购物中心，吸引入驻的商家中国际品牌达70%，超过50%的品牌是首次进入成都并开设旗舰店，部分国际知名品牌也是首次登陆中国大陆。

实施国际化的发展路径，让甲级写字楼吸引更多的国际化公司，人民南路科技商务区在推进硬件建设的同时，更是在软件建设上下足了功夫。2012年3月1日，人民南路科技商务区推进办委托《读城》杂志面向国际友人开展了成都餐饮、购物环境、治安管理、医疗服务等方面的满意度调查。

三个月后，人民南路科技商务区推进办根据调查和建议，从生活环境、交通环境、国际化都市气质、政府更加开放等方面入手，于2012年5月30日启动了共建"最便利最友好国际示范区"工作。当年10月18日，人民南路科技商务区推进办联合成都外商投资企业协会、武侯区投资促进局举行了外汇管理政策专题知识讲座，马士基、莫仕等数十家全球企业高管聚集人南科技商务区，与国家外汇管理局四川省分局的负责人"面对面"，交流外汇管理的相关政策并进行个案解读，共谋如何加速人民南路科技商务区的国际化进程以及该区域"最便利最友好国际示范区"建设。

根据人民南路科技商务区推进办的规划，该区域将按照国际化标准对高端小区、商务楼宇的物管进行系统培训，努力形成"最便利最友好国际示范区"的行业标准，同时将在交通节点、重要公共区域内增加中英文标识。

人民南路科技商务区的建设，为一条城市道路注入了开放、包容和国际化的内涵。一条道路的变迁辐射了一片区域，通过对建筑立面、道路景观、人行道及露天吧、标识标牌系统、夜景照明、广告牌摆放等一系列改造，人南科技商务区在体现现代化国际化气质的同时，也极大优化了城市功能，变革着生活方式，提升了生活品质。

## 第二节 小区建设 凸显城市活力

### 现代居住小区 聚集人气商气

品质决定发展的高度，决定着房地产开发企业项目运作的成败。武侯区房地产经过20多年的发展，商品房品质的变化可谓翻天覆地、脱胎换骨。品质的上升，使商品房基本居住功能，提升为生活享受的重要元素。

作为成都最早开发建设现代居住小区的武侯区，一直十分重视“宜商、宜居、宜人”的理念。从当初的玉林小区、棕北小区，到后来的双楠小区、外双楠小区，再到棕树社区、桐梓林小区，小区建设越来越完美，城市功能越来越完善。

武侯区房地产业发展始于20世纪90代初，人民南路一二环路之间两侧先后出现了玉林小区和棕北、棕南小区这样的中高档居住片区。90年代中期至90年代末，又在人民南路二环路外侧部分的左右两侧出现了桐梓林小区和棕树小区这样的较高档次居住片区。

1991年成都市统建办在城南修建占地12.245公顷，面积16.5万平方米的棕北小区，这是成都首个注重小区环境规划的小区，并成为建设部优秀示范小区。其每平方米1200元左右的售价，在当时为入住其中的人贴上了“成功人士”标签；其设计理念、小区环境等，在很长一段时间内都处于引领地位。

锦绣花园

中华园小区





2000年前后，随着人民南路南延线（即天府大道）建成通车，在南延线三环路外侧部分逐渐出现了不少住宅的开发。2003年，成都向东向南发展的城南副中心规划出台后，南沿线住宅开发热度日升，特色各异的中档住宅成为城南亮点。

“双楠”在武侯区有“内外”之分。人们约定俗成的双楠仅指“内双楠”，限于双楠街道管辖区域；“外双楠”指的是红牌楼、晋阳等区域。而毗邻的双流县为拉近与中心城区的距离，把连接武侯区的道路取名为双楠大道，以此带动了沿线房地产业的发展，更延展了“双楠”的概念。如今，因古老楠木而得名的区域名称，已成为散发着时代气息的生活品质的名片。

1995年以前，双楠辖区还是由永丰乡所辖的双楠村、百花村、武侯村所构成的一片农田村落。90年代初，随着成都市全面整治府南河工程的开展，沿河两岸的一些单位、企业和拆迁居民迁到双楠辖区，房地产商开始在这里开发建设商住楼盘，加速了这里从乡村向城市居住区转变的步伐。

1997年，置信地产开发了成立后的首个项目双楠谊苑。当时，双楠谊苑地块所在的双楠片区还是一片荒芜、没有开发商问津的农田。年轻的置信公司把全新的现代居住理念注入这个项目中，起价每平方米不到1 600元的双楠谊苑成为当时“老百姓买得起，有钱人看得起”的房子，引发了购房热潮。置信在双楠谊苑营销基础上开创的“置信生活方式”“先做环境再造房子”理念，引领了双楠后续开发的理念，为双楠成为高品质的住宅小区奠定了良好基础。

1997年6月，双楠街道办事处成立，村民们也变成了居民，住进了在那时还颇为高档的小区。那时候整个双楠片区还没有形成完整的路网，很多道路都还是泥路机耕道，整个辖区基本公共配套很不完善。随着府南河整治安置过来的居民越来越多，双楠辖区的人气越来越旺，继置信谊苑后，森桦苑、金地花园、新空间、名都苑等等楼盘相继建成，片区成为高品质住宅的汇聚之地。

随着住房品质的提升，购房者把更多的目光投向了生活的便利性上，公建配套、社区环境的改善就成了当务之急。在住宅开发同时同步跟进的路网、医疗教育

◀双楠府邸

设施建设，以及水、电、气、光纤、通讯，绿化的打造，彻底改变了双楠“城乡结合部”的面貌。到2000年年初，地处一二环路之间的双楠辖区，已初步形成了四通八达的城市道路，成为设施初步完善，商业繁荣、生活便利的名副其实的中心城区。

“外双楠”建设起步于对“五大花园”的改造。2000年12月成立的晋阳街道办事处，面对的是水、电、路等基础配套设施均不齐备的“五大花园”，一幢金雁大厦外和大片的农田和农房。

1992年，双流县为发展乡镇经济，先后在当时还隶属于该县的晋阳辖区建成中央花园、红运花园、交大花园、皇家花园、名流花园（俗称五大花园）等住宅区。“五大花园”规划总面积213.6万平方米，投资近9亿元，房屋出售147.9万平方米，居住人口约10万人。

由于规划滞后，监管缺失，人们在“抢先”入住“五大花园”后才发现，原本用来搞公建配套建设的土地被占用，建成了密密麻麻的商住楼，上学难、买菜难、用水难、用电难等等难题，使许多购房住户变成了房东，大量的房屋出租引来了大量的外来人口，片区的治安环境相较中心城区严峻不少，晋阳片区成了成都知名的最大城中村。

1996年5月，成都市重新区划之后，晋阳作为双流县机投镇属下的村，同机投镇一并划归武侯区管辖。2000年12月武侯区将机投镇所辖的沙堰村、晋阳村二至六组、吉福村二至六组划出成立晋阳街道办事处，其第一个攻坚任务就是“五大花园”的硬件改造社会管理。为加大工作力度，2004年3月，武侯区成立了区“五大花园”综合整治办公室，联手晋阳街办对“五大花园”水电管网及公建配套进行全面的综合整治。

2004年9月，武侯区投入巨资对“五大花园”片区进行全面整治和改造，把各类管网与中心城区连接起来，让“五大花园”的居民全部用上城市管网水。整治后的“五大花园”新建了道路，配建了中学、小学、农贸市场、医院、商场、小吃街、商业街、酒店及若干公共服务设施；与此同时，电视、电话、电脑三网合一的宽带网络工程在辖区全面开通，解决了困扰“五大花园”居民多年的生活配套问题。

城市综合体是现代小区的体现之一，随着基础设施的改善，晋阳逐渐成为“外双楠”的核心区域，区域吸引力也有了很大提升。2012年，龙湖将“金楠天街”落户到武侯区。尽管所处的“五大花园”区域发展较慢，商业配套落后，但成都龙湖地产公司负责人却认为，现在的“金楠天街”恰恰是城市综合体发展条件最好的，和十年前的重庆北城天街有很多的相似之处，都是处于核心老城区，配套交通齐全，人口密度大，消费基础好。相比之下，“金楠天街”向外延伸的消费市场潜力巨大。可以预见，地处金楠天街，将极大地提升“外双楠”特别是“五大花园”片区的区域形象和生活品质。

## 武侯房产 人居典范

城市的发展，是以房产发展为重要依托的。建区以来，武侯房产在全市率先发力，以质量和品质，引领着成都房地产发展潮流，曾经造就了“南富西贵”的民间说法，也铸就了“武侯房产人居典范”的美誉。从1992年锦绣花园的开篇力作，到1998年丽都花园的本土大作，再到今天各类名楼名盘比比皆是，武侯房产可以说为城市发展和品质提升做出了卓越贡献。

武侯区房地产起步早、发展快、影响大，发展新兴房地产的产业基础扎实，品牌形象突出，长期引导着成都房地产业的走向。1999年2月5至7日举行的“99武侯之春房地产交易会”，开启了武侯房产“人居典范”的时代。随后，武侯区政府率区内房产企业赴雅安、拉萨、重庆等地举办房产交易会，使武侯房产声名远播，逐渐在公众心目中树立起了“宜居武侯”的形象，并由此演化出了“武侯房

丽都花园小区

产·人居典范”品牌。

回眸武侯区房地产业的发展，走过了一条从“造城”到“宜居”再到“宜人”的过程。1991年，成都八益家具城始建；1992年，“科技一条街”正式挂牌；1993年，成都市第一个电脑城——华益电脑城诞生；1993年，成都市最早的专业物业管理公司在武侯区诞生；1993年，成都较早的外事外商高级住宅区锦绣花园建成；1994年，成都西部汽车城建成投入营运；1994年，棕北小区成为成都市首个被国家建设部评为“全国住宅示范小区”的商品房项目；1995年，锦绣花园成为西部地区首家“全国城市物业管理优秀示范住宅小区”……随着人民南路国际化核心商务区和总部集聚区、红牌楼现代商贸业集聚区、武侯新城轻工总部基地及电子信息服务总部基地的打造，对高端载体的需求日益显现，也推进了武侯区房产业从宜居到宜人的转变。

“十一五”期间武侯区新兴房地产业初具规模，是全市高端写字楼、高级酒店、城市综合体、高品质住宅项目最多的中心城区。改善人居环境，房地产业的发展起到了十分重要的作用。建区以来，武侯区始终坚持把武侯房地产业作为支柱产业，知名房企不断涌现，置信、信德、武城、华新国际、武海、岷江新希望、蓝光和骏等在成都以至整个西部都颇具影响力。这些企业开发的锦绣花园、丽都花园、中华园、锦官新城、诺丁山、鹭岛社区等知名楼盘，不仅提升了入住者的生活品质，也提升了其所处的桐梓林小区、双楠小区、外双楠小区、新棕树社区等居住区的品质，为宜居武侯、人居典范打下了坚实基础。

在武侯房产发展过程中，有几个“人居典范”的节点颇具代表性。1992年，锦绣花园以每平方米5000元的天价备受成功人士的青睐，标志着成都别墅时代的到来。置信·丽都花园于1999—2004年开发建设，占地近300亩，分为ABCD四个区，其中公园占地100亩，成为成都“建楼先造园”先行者，其开启的“置信生活方式”，也引起了成都楼市的跟风和学习。2009年3月建设的丽都花园·丽府，定位于高品质城市适居公寓，作为丽都花园的升级产品，引入了欧式理念，除了房屋功能和环境“欧化”，还将直饮水（软水）系统、中央空调系统、同层排水系统、中空断桥玻璃、指纹密码锁等高标准配置引入小区，再次树立了成都人居新标杆。

## 第三节 旧城改造 新居工程惠民生

城市的发展日新月异，但是在时尚和繁华背后，旧城（棚户区）却成为现代都市的伤疤。“城市不能一边是现代化高楼，一边是低矮的棚户区。”一直以来，武侯区在加快城市建设的同时，也不断推进旧城（棚户区）改造，浆洗街片区、倒桑树片区、老马路片区、太平新巷片区、红牌楼片区，一个个旧城（棚户区）的成功改造，一幢幢新居工程拔地而起，不断改善着百姓的居家生活品质。2013 年 8 月 7 日，武侯区委、区政府提出“三年彻底消除棚户区”目标，全区最后的棚户区改造工作全面启动。

### 阳光拆迁 打造魅力武侯

2013 年 8 月 27 日，就在武侯区陆续启动实施十四巷、十一街、十五北街、民主路和九茹村 1 号等 5 个棚户区改造项目的同时，武侯区 2012 年实施的棚户区（危旧房）改造的项目——红牌楼街道永盛南街 9 号院的住户们已经高高兴兴地装新房、住新房。

永盛南街 9 号院是武侯区 2012 年启动的棚户区改造项目之一。武侯区在创造 9 号院改造“武侯速度”的同时，也为棚户区改造探索出

陆坝新型社区

改造后的太平新巷

"武侯经验":只有充分尊重居民愿望,才能实现搬迁工作和谐推进。从 2012 年 6 月到 9 月期间,该院 191 户居民 100%签订搬迁协议,整个过程完全公开、公平、阳光,一把尺子量到底。

随着城市化进程的加快,面对一边是破旧的棚户区,一边是时尚的高楼大厦;一边是落后的基础设施,一边是现代的生活方式,武侯区为着力解决棚户区群众住房困难和生活困难,2013 年 8 月 7 日, 武侯区召开切实维护群众正当权益、推进新型城镇化建设工作动员会,提出用三年时间,通过一年有变化,两年见成效,三年出形象,改造全区 22 个棚户区,让 8 140 户居民幸福住新居。

为顺利推进改造工作,武侯区出台了《旧城(棚户区、危旧房)改造实施办法》,成立了由区委、区政府主要负责人牵头的推进工作领导小组,建立了区政府、部门、街道、社区(村组)联动机制;同时区"四大班子"相关领导包片牵头,负责统筹、指导和督促改造工作。区委还将工作进度与目标考核相结合,区房管局等相关责任部门与区政府签订了目标责任书。

"五个一"规范,一把尺子量到底。棚户区改造是一项政策性强、涉及面广的系统工程。经历多年改造后剩下的棚户区,地块小、遗留问题多、群众诉求不一。为切实维护好群众的合法利益,武侯区用"一套领导有力的决策机构,一套公正严格的拆迁模式,一套完善有效的拆迁制度,一套依法规范的拆迁流程,一套严厉的监督约束机制"的"五个一"推进改造,坚持统一政策,统一标准,统一执行,一把尺子量到底,坚持"利民为本,利民为先"的理念,在政策允许的范围内,本着就高不就低,让利于群众的原则,公开、公平、公正地满足被拆迁户的合法诉求和合理要求。

在旧城改造中,武侯区的阳光拆迁起步早。据 2002 年统计数据,全区旧城改造总占地面积 1 213 亩，分布在 37 个片区；总拆迁面积 91 万平方米，其中二环路以内 1 024 亩，总拆迁面积 81 万平方米。截至 2004 年 6 月，全区已启动二环路以内地块 29 个，总占地面积 778.5 亩，占改造总数的 76%，拆除户数 9 600 余户；新开工项目 10 个，占地面积 191 亩，总拆除面积 12 万平方米，拆除户数 1 700 余户。

安置房建设和分配是拆迁顺利进行的重要保证。一直以来，武侯区非常重视拆迁安置房的建设，将其作为提升人居环境的大事来抓。仅截止到 2004 年 6 月，武侯区房管局通过自建、联合开发、购买等形式，为拆迁安置工作准备了 20 余万平方米的安置房，安置拆迁户 6 500 余户。重点项目有华馨名屋、武侯名居、吉馨苑、聚园、新瑞苑等近 20 个安置小区。

老马路片区是武侯区在成都市一环路以内最大的低洼棚户区，该片区的改造是市、区政府为民办实事重点工程。在拆迁安置中，武侯区拆迁办针对住房、经济双困户多，下岗、失业人员和家庭经济困难多，危旧房屋、搭建房屋、人均住房面积低得多，残疾人户数多的特点，采取拆迁安置"政策拼盘"的方式，把所有能够提供给被拆迁人的优惠政策组合在一起，进行清清楚楚明明白白的政策交底。为此，武侯区在全市率先推出了"八项便民措施"：一是设立廉租住房补贴办公点办理廉租住房补贴业务，对特困户最长给予一次性发放五年补贴；二是提前代办普通商品房或二手房购房补助资金发放；三是开展商品房、二手房、拆迁安置房担保抵押贷款业务；四是免费为经济、住房双困户提供搬家服务；五是开展住房调(互)换业务；六是开展"为特困住户献爱心活动"，筹集专项资金 8 万余元；七是优惠，为住户提供房屋中介服务；八是对住房面积在 15 平方米以下，安置一套一(面积在 42 平方米以内)的住房困难户，回收款实行"倒三七"优惠，即只付 30%回收款。"八项便民措施"的推出，受到了被拆迁人的欢迎，有力地推动了拆迁安置工作的进行。

扶贫助残暖民心。旧城改造项目大都是危破房屋，低洼棚户区居多。据对老马路旧城改造项目的调查，家庭经济困难户、低保户、住房面积低于 16 平方米的住户和残疾人住户占拆迁总户数的 60%以上。这部分弱势群体因经济、家庭等方面的具体困难，即使按"倒三七"实行政策优惠，有的仍然补不起房屋价差款。

面对这种情况，武侯区通过深入研究，推出了"三方联动"抓结合，开展"扶贫助残暖民心"活动，解决特困残疾拆迁户安置难的新模式。即：区房管局、区残联、辖区办事处和社区三方联动，共同做好残疾拆迁户的拆迁安置工作。针对老马路片区残疾户多、特困家庭多的特殊情况，武侯区拆迁办与区残联的工作人员一起深入残疾户家庭摸情况，做工作，共同研究安置方案。通过艰苦细致的工作，取得了明显的成效，该片区的 27 户残疾拆迁户告别了低洼棚户房，搬进了宽敞明亮的新房。

通过阳光拆迁的全面实施，我区旧城改造力度更大了。拆迁工作得到被拆迁户的理解和支持，他们说，阳光拆迁为城市带来的，不仅仅是城市的变化和发展，还有对被拆迁户的温暖与关怀……

创新推动旧城改造工作，让破烂的棚户区出现奇迹，九眼桥太平新巷以前的房子是老式小青瓦房，有近百年的历史，消防通道缺失，存在安全隐患，下雨的时候“大下大漏，小下小漏”，让居民十分烦心。

在调查摸底工作中，面对大量居民不愿意搬迁的情况，武侯区率先实施的太平新巷的“修旧如旧”改造、多元化投资模式，犹如惊雷在成都炸响。改造不搬迁，方式新颖，群众受益，深受社会和广大市民关注。

当时在太平新巷的旧城改造中，没有一味地“拆城”，前瞻性的思考规划更重要。旧城改造也要体现特色，用特色项目来打造亮点，使之既提升城市形象，又发展成为特色经济区。此次改造的另一个特点是，当地住户可以不用拆迁安置，就地当老板。过去的拆迁模式往往是政府有关部门统一征地拆迁，腾出地块交市有关部门公开拍卖，开发商中标后才能进行开发。这样不仅要面对大量的拆迁矛盾，而且一些很有价值的历史文化遗迹也被毁掉。

太平新巷的开发，基本上保留老街古屋的原有风貌，对原有建筑进行保护性开发。与以往不同的是，政府投资进行公建配套，完善基础设施，住在这里的居民不再被拆迁，他们可以自己投资参与改造，也可以引入开发商投资、合资参与开发老房子。

改造后的太平新巷灰砖青瓦、格窗木柱的仿古式建筑已静静地立在路边。房子是纯粹的砖木结构，屋顶是一色的小青瓦，门口是赭红色的木柱，窗户是木格窗，门是木门，门前有一对石狮子。整个建筑古色古香，在城市林立的现代高楼中，显示出独特的古朴与典雅。

凉水井、倒桑树片区与武侯祠毗邻，武侯区结合武侯祠蜀汉三国文化的特点，在该旧城片区建设一个“耍都”，具有“三国文化”特色的集商务、旅游、餐饮、娱乐、住宿、停车、休闲等多功能大型文化（旅游）地产项目“锦江春月”，形成“两点一线”（两点指武侯祠、锦江春月，一线即武侯祠大街）蜀汉三国文化区域，从而强化武侯祠片区核心商圈的文化、经济功能，再通过“整体规划、统一包装、统一运作”，最大限度地提升这一区域的品牌形象和价值。

红牌楼作为千年古镇，在改造中对红牌楼川藏路沿线两侧径深100米范围地块进行综合改造，打造集汽车成品、装饰、配件、展场及维修、保养等售后服务为一体的中国西部汽车贸易第一城——中国西部汽车城，提升红牌楼的区域形象。

一个个旧城地块的全新改造，不仅改善了市民的居住环境，而且改善了交通，完善了设施，优化了商业业态。

改造城中村，赋予边缘区域现代时尚。那里地处繁华都市的边缘，曾延续着落后的生活方式，是都市里落后的城中村，如今那里即将融入现代化的大都市。城中村改造并不是重新建造房屋那么简单，村民变市民还伴随着其生活方式的转变，严格意义上说，这是关系到社会生活方方面面的系统工程。武侯区在全市率先启动城中村改造，而且取得了可喜的成绩。这除了武侯区长期坚持"财政保民生"的思路以外，还与武侯区经济开辟城中村改造的融资新思路息息相关。

武侯区三环路外侧区域曾因汽车、家具贸易而远近闻名，那里不仅有中国女鞋之都的"脑中心"，还云集着众多高科技企业，然而落后的城中村就镶嵌在那些区域。武侯区城中村改造区域涉及簇桥、金花桥、机投桥三地，该区域位于我区西南板块，三大片区呈鼎足之势，是成都南扩战略的重要发展区域，地缘优势十分显著。

2007年11月26日，武侯区簇桥、机投桥、金花桥三大城中村改造工程正式拉开帷幕，打响了成都市12个城中村改造的第一枪。短短几年，武侯区城中村区域发生了翻天覆地的变化，城中村区域拥有了大型超市，国内知名的房产开发公司正在修建一栋栋高档小区。这样的变化缘于武侯区从市政管网建设、道路规划、市民生活方式、产业引进等最基础的工作入手，努力构建了宜居的人居环境。

农民新居

过去城市化是由内向外“摊大饼”式的扩展，而现在是在规划先行、产业支撑、公共服务配套的基础上，主动、科学地规划城市发展的蓝图。城中村改造，也不再仅仅是户口簿上发生的变化，村民的社会保障、福利待遇、教育卫生等公共事业都将实现与城区的接轨。为彻底改变三大城中村的落后面貌，武侯区对这三大城中村进行道路改造建设、水电气基础设施配套建设，进行功能配套的完善，使城中村完全融入城市中去。

资金来源历来都是城中村改造的瓶颈问题，城中村改造费用包括集体土地与国有土地的拆迁赔付费用，和社保、征地、基础设施及公建设施建设等费用。改造将涉及上亿元乃至几十亿元的资金，由谁来负担或如何分担无疑是改造的重点和难点。“财政保民生，市场搞建设”，武侯区委、区政府站在建设惠民的高度提出了城中村改造的发展理念。在实施城中村的改造过程中，采用了市场化的手段，确保了财政用于民生建设的目标。采用市场运营的方式，不仅减少了财政压力，而且还充分发挥了商业的灵活性，让惠民真正落到了实处。

城中村改造是一项浩大的工程，它是打破“二元”结构，实现城乡统筹一体发展的重要组成部分。武侯区城中村改造区域面临拆迁安置面广、人数多、道路及公建配套设施不合理等现状，需要投入高达50多亿元的巨资来进行全面改造。

在城中村改造中，武侯区创新地实现了“政府主导、市场运作”的全新模式，进而使该区域的城市化水平和居民生活的幸福指数得到了大大提升。近年来，一是采取招标或比选的方式，引进具有资金实力的民营企业，参与城中村改造建设的投资；二是采取面向社会广泛招商的方式，重点接触洽谈选择具有国资性质的企业，参与投资，与政府共同实施城中村改造和建设；三是加强对项目的包装宣传，采取向银行贷款的融资方式，吸纳银行资金用于城中村改造建设，确

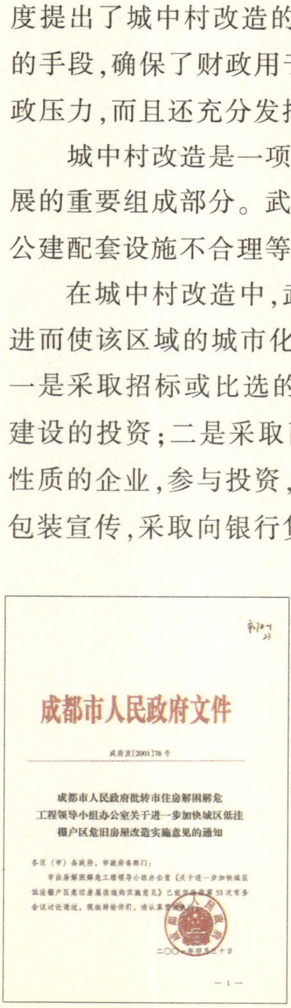
成都市人民政府文件

成府发〔2001〕76号

成都市人民政府批转市住房解困解危工程领导小组办公室关于进一步加快城区低洼棚户区危旧房屋改造实施意见的通知

各区（市）县政府，市政府各部门：

市住房解困解危工程领导小组办公室《关于进一步加快城区低洼棚户区危旧房屋改造的实施意见》已经市政府第53次常务会议讨论通过，现批转给你们，请认真贯彻执行。

二〇〇一年四月二十日

— 1 —

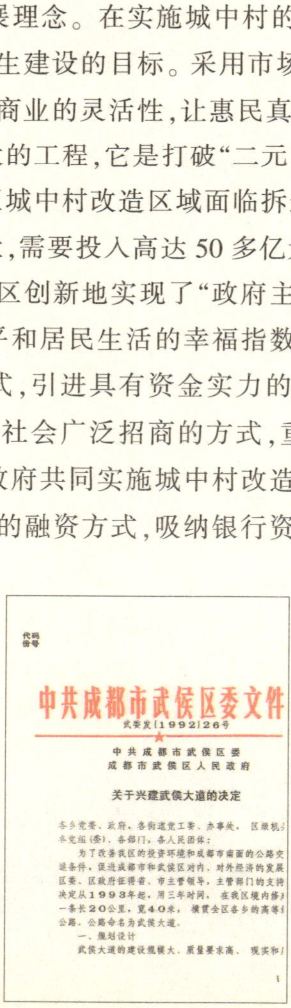
代码
份号

中共成都市武侯区委文件

武委发〔1992〕26号

中共成都市武侯区委
成都市武侯区人民政府

关于兴建武侯大道的决定

各乡党委、政府，各街道党工委、办事处，区级机
各党组（委）、各部门，各人民团体：

为了改善我区的投资环境和成都市南面的公路交通条件，促进成都市和武侯区对内、对外经济的发展，区委、区政府征得省、市主管领导，主管部门的支持，决定从1993年起，用三年时间，在我区境内修
一条长20公里，宽40米，横贯全区各乡的高等
公路。公路命名为武侯大道。

一、规划设计

武侯大道的建设规模大、质量要求高、现实和

1

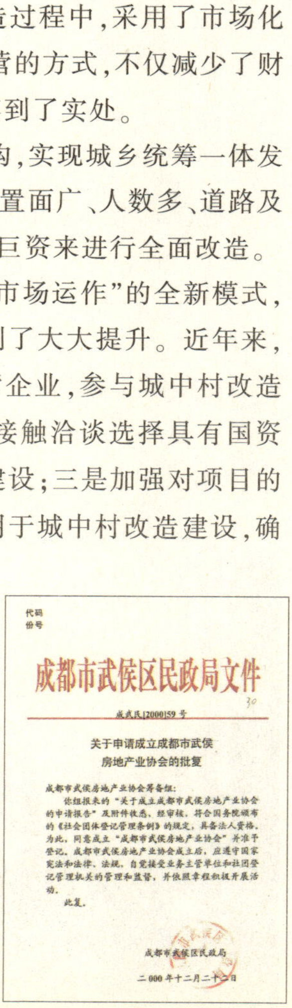
代码
份号

成都市武侯区民政局文件

成武民〔2000〕59号

关于申请成立成都市武侯房地产业协会的批复

成都市武侯房地产业协会筹备组：

你组报来的“关于成立成都市武侯房地产业协会的申请报告”及附件收悉。经审核，符合国务院颁布的《社会团体登记管理条例》的规定，具备法人资格。为此，同意成立“成都市武侯房地产业协会”并准予登记。成都市武侯房地产业协会成立后，应遵守国家宪法和法律、法规，自觉接受业务主管单位和社团登记管理机关的管理和监督，并依照章程积极开展活动。

此复。

成都市武侯区民政局
二〇〇〇年十二月二十二日

保了拆迁建设的顺利进行,圆满地完成了目标任务。同时,还成立了具备融资平台的国有股份公司,并广泛吸纳社会资本参与改造建设。

城中村改造以来,拆迁与建设均取得了一定的成绩。区域内老百姓的工作、生活、出行等方面正在发生着改变,城乡差距在缩小,城中村改造效果初显。

## 创新搬迁　探索旧城改造新思路

旧城改造,是城市现代化国际化发展的必然之路,也是提升城市形象,改善居住环境的重要抓手。数十年甚至上百年的老房子老院落,没有绿化,没有厕所,没有配套设施,生活的不便可想而知,人们迫切期望改造。然而,改造必然涉及搬迁,搬迁工作又极其复杂,容易引发社会矛盾。

党的十八大报告指出:"提高人民物质文化生活水平,是改革开放和社会主义现代化建设的根本目的。要多谋民生之利,多解民生之忧,解决好人民最关心最直接最现实的利益问题,努力让人民过上更好的生活。"

一直以来,武侯区始终把维护人民群众的切身利益放在首位,积极探寻旧城改造新路,通过"协商搬迁"、"消防站叠建"、"生态绿地还原"等一系列改造模式,在切实增进民生福祉的基础上,更好地优化、完善、提升区域城市功能,努力营造更舒适的居住条件、更优美的环境。

永盛南街9号院是原星火皮件厂宿舍,始建于20世纪60年代。从2012年3月份开始摸底调查,6月底进场,到9月底所有住户的搬迁协议全部签订完毕。区房管局在该院实施的"协商搬迁",创造了旧城改造搬迁的"武侯速度",同时也探索出旧城改造的"武侯经验"。

以民为本的"协商搬迁"。2012年9月8日,红牌楼辖区永盛南街9号院内热闹非凡,热烈庆祝永盛南街9号院旧城改造成功告捷的标语迎风招展,50桌坝坝筵在院子里气势不凡地展开。人们相互问候、致敬,叙说着几十年的邻里友情,畅想着未来的美好生活。

没有自来水,也没有厕所,没有天然气,没有排水系统,一切全部"公用"。全院191户住户,户均居住面积仅16平方米。比居住条件差更可怕的是电器线路严重老化,2005年因电路原因引发的一场大火虽然及时被扑灭,但着实把居民吓了一大跳。

改造旧城区,改善居住环境,既是群众的迫切需求,更是党和政府工作的着力点。然而,旧改工作并非想象中那般简单。武侯区房管局等区级部门和红牌楼街道,甚至该院所在的竹园社区也纷纷找来企业和开发商。但开发商们实地考察后纷纷摇头:院内住户多,房屋密度大,房屋权属十分复杂;同时,除去公共用地和绿化用地,可供开发土地不足4亩,实在是没有“油水”,弄不好还会倒贴。

但是武侯区委、区政府始终没有放弃,多方寻求努力。2012年3月初,武侯区房管局着手该院落的摸底调查。

院落状况究竟怎么样?居民究竟愿不愿意搬迁?有些什么样的需求?每家每户的具体情况是什么样?一系列问题,成为工作人员调查的重点。

武侯区坚持把群众利益放在首位,改不改由群众自己定。项目启动前派出工作组深入改造现场,入户开展宣传工作,发动群众主动参与;同时及时召开棚户区院落坝坝会,向居民细致讲解改造工作的原则及补偿政策,确保棚户区居民政策知晓率达到100%。工作组还组织居民选举成立了“改造业主代表委员会”,并由其代表全体居民参与和监督搬迁工作全过程,真正体现群众自主改造的意愿。搬迁改造工作得到居民赞成,充分体现了居民意愿的“协商搬迁模式”正式启动。

尊重科学的“民生关怀”。“协商搬迁模式”,即由居民自己作主决定是否搬迁。这不是简单的举手能确定的,而要一户一户地具体落实,签订协商搬迁协议。当搬迁协议签订达到100%时,协议正式生效,搬迁正式启动。

191户居民数百人口各有各的期盼,“如何搬迁、如何安置”成为大家热议的焦点。在前期的摸底调查中,绝大多数住户表示,大家都是一个厂里的老同事,即使企业破产了大家依然是老邻居,能否就地返迁?然而9号院搬迁后实际可使用土地不足4亩,无法实现居民原地返迁的愿望。最后经过协商,产权调换加货币补贴成为9号院的搬迁方案。

为了让191户居民搬得放心,武侯区房管局按照就近安置、环境品质好、购物方便、交通便捷的原则就近寻找房源。同时邀请居民代表组成考察团,带着全院住户的期待,深入楼盘建设一线,对房屋质量、户型进行考察,同时对商品房附近的交通、购物等综合环境也进行了详细了解,最终在红牌楼商圈2.5环附近的融汇新贵公馆和蓝光·金楠府落实房源,距9号院地址不到2公里距离。

用商品房作安置房,居民很意外。考虑到这一区域的居民收入普遍偏低,在搬迁改造中,武侯区在政策允许的范围内最大限度、最大可能地让利于民。搬迁安置除房屋产权置换外,还给予了过渡费、搬家费、装修补贴等利好政策。9号院内困难群众占住户的1/4,武侯区坚持“以人为本”,除了严格按照拆迁赔偿相关规定来办以外,还对22户特别困难的群众额外增加生活补助。

院落中三分之一以上的家庭居住面积仅16平方米,按照产权调换无法安

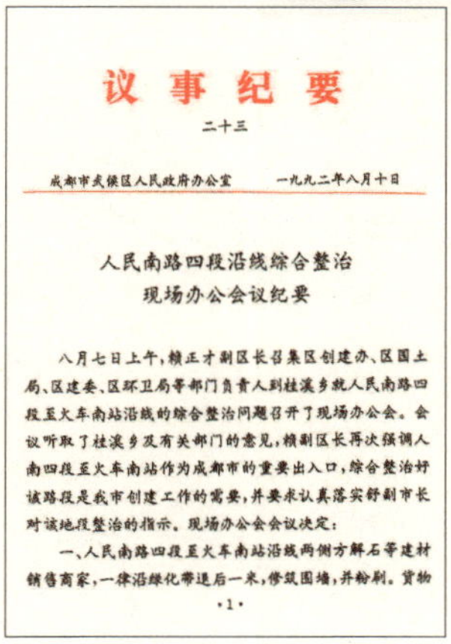

# 议 事 纪 要

二十三

成都市武侯区人民政府办公室　一九九二年八月十日

人民南路四段沿线综合整治
现场办公会议纪要

八月七日上午，赖正才副区长召集区创建办、区国土局、区建委、区环卫局等部门负责人到桂溪乡就人民南路四段至火车南站沿线的综合整治问题召开了现场办公会。会议听取了桂溪乡及有关部门的意见，赖副区长再次强调人南四段至火车南站作为成都市的重要出入口，综合整治好该路段是我市创建工作的需要，并要求认真落实舒副市长对该地段整治的指示。现场办公会会议决定：

一、人民南路四段至火车南站沿线两侧方解石等建材销售商家，一律沿绿化带退后一米，修筑围墙，并粉刷。货物

·1·

# 成都市武侯区人民政府

成武府函〔2005〕34号

成都市武侯区人民政府
关于构建人民南路商务区有关建议的函

市规划局：

根据人民南路的区位优势，结合成都市城市总体规划，为积极引导其向商务区方向发展，经武侯区委、区政府及相关职能部门会同有关专家共同研讨，特提出构建人民南路商务区的建议的初步方案，恳请贵局在规划上予以调整和引导。

此函

附件：1、构建人民南路商务区的初步设想
2、在规划上需要调整和引导的部分地块
3、人民南路商务区部分地块位置示意图

二〇〇五年[illegible]十五日

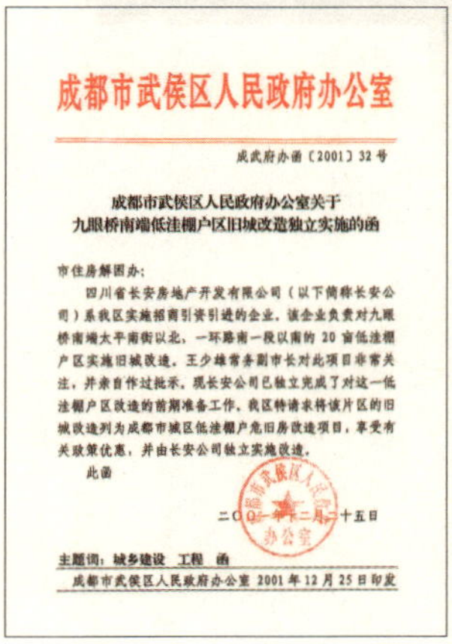

# 成都市武侯区人民政府办公室

成武府办函〔2001〕32号

成都市武侯区人民政府办公室关于
九眼桥南端低洼棚户区旧城改造独立实施的函

市住房解困办：

四川省长安房地产开发有限公司（以下简称长安公司）系我区实施招商引资引进的企业，该企业负责对九眼桥南端太平南街以北、一环路南一段以南的20亩低洼棚户区实施旧城改造。王少雄常务副市长对此项目非常关注，并亲自作过批示。现长安公司已独立完成了对这一低洼棚户区改造的前期准备工作，我区特请求将该片区的旧城改造列为成都市城区低洼棚户危旧房改造项目，享受有关政策优惠，并由长安公司独立实施改造。

此函

二〇〇一年十二月二十五日

主题词：城乡建设　工程　函

成都市武侯区人民政府办公室　2001年12月25日印发

置到房屋户型；我区依照有关政策实行了搬迁“保底”，于是保底安置“一套一”户型的方案得到了住户的肯定。心贴心的关怀，让老百姓实实在在地感受到了党和政府的温暖，搬迁工作得以顺利进行。

公开公正的“一把尺子”。从入户摸底到居民搬迁，整个过程完全公开、公平、阳光。武侯区努力做的是居民“我的地盘我当家、我的事情我做主”。搬迁最容易引发矛盾的是执行政策不规范；而一把尺子量到底，一碗水端平，就能得到居民的理解和支持。拆迁小组严格执行现有旧城改造政策，统一补贴赔偿标准，主动把改造工作置于群众的监督下。通过张贴公告的形式，让居民全面了解改造原则、补偿政策和工作流程。同时始终坚持政策和补助标准保持一致，确保签订的每户协议执行相同的标准，做到决不让先改造的住户“吃亏”，也绝不让后签约的住户“吃糖”。同时坚持每一个环节、每一个程序都按“规定动作”走到位，保证拆迁工作规范有序、合理合法。

为把居民搬迁工作做细做实，武侯区始终把服务群众、方便群众放在首位。武侯区房管局抽调精兵强将组成工作组，红牌楼街道和竹园社区积极协助，整体联动，深入每家每户详细了解居民在改造中的真实困难和诉求，对居民提出的困难和诉求进行逐一研究和办理，对符合政策规定的尽快给予解决落实；同时紧紧依靠“改造业主代表委员会”做好少数群众工作，让少数人放弃不合理的利益要求。

永盛南街9号院是原星火皮件厂的职工宿舍区，必须要将集体产权落实到住户，完成集体产权的有效分割，才能实现产权调换房屋置换。工作人员积极协调相关方面，完善房屋手续，解决了搬迁的瓶颈问题。

最忙的时候也是最热的时候，工作人员顶着烈日做工作，每天中午吃盒饭。他们不仅要解决住户的需求，同时还要积极协调住户家庭财产分割，避免家庭矛盾。

从摸底调查到政策宣传，从谈判协商到协议签订，从房源考察到做居民协调工作，永盛南街9号院改造业主代表委员会成员全程参与；同时纪工委全程介入，公布了监督电话，使每一个环节、每一步骤、每一个协议都置于完全的监督之下。耐心细致的工作和贴心的服务赢得了群众的口碑，群众也以实际行动加以回报。

拆迁办工作人员2012年6月26日进场正式落实永盛南街9号院搬迁工作，6月28日当天就有121户签订了相关合同，甚至出现居民头晚11时就排队等候签协议的情况。从6月到9月底，9号院住户100%签订搬迁协议。居民还自发给武侯区政府和街道、房管局送上锦旗，表达心中的谢意。

一个项目从启动到搬迁，一般要两年左右时间，永盛南街9号院的顺利搬迁，在创造“武侯速度”的同时，也在探索出能够推广的“武侯经验”。

2013年8月，武侯区提出“一年有变化、两年见成效，三年彻底消除棚户区”目标，相继启动新一轮的棚户区改造项目，其中包括民主路、致民路省运司、染厂造纸厂等8个棚户区项目改造。针对棚户区改造项目中可能存在的资金、土地等困难，武侯区又创新提出“消防站叠建”“生态绿地还原”等一系列改造模式。

危旧宿舍变生态绿地。成化四厂宿舍区位于华兴街道沈家桥社区，原企业破产后，宿舍区便成了几乎被人遗忘的角落，其中8栋宿舍楼经鉴定属于D级危房。根据武侯区房管局相关推进方案，成化四厂宿舍地块的棚户区今后将变成生态绿地，一方面是争取雨季到来前尽快搬迁，另一方面也是为了加快区域生态建设。

“叠建”破解民主路难题。民主路位于一环路川音爱乐酒店旁，虽然地处一环路内侧，举步就是繁华的街道，但民主路一间间低洼的瓦房却成为整个区域

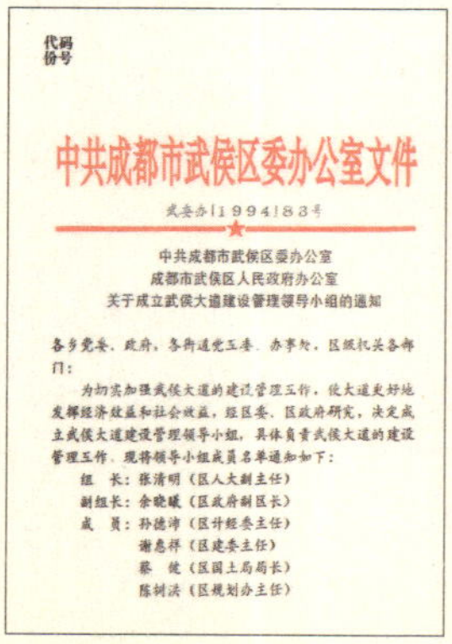
代码
份号

中共成都市武侯区委办公室文件

武委办[1994]83号

中共成都市武侯区委办公室
成都市武侯区人民政府办公室
关于成立武侯大道建设管理领导小组的通知

各乡党委、政府，各街道党工委、办事处，区级机关各部门：

为切实加强武侯大道的建设管理工作，使大道更好地发挥经济效益和社会效益，经区委、区政府研究，决定成立武侯大道建设管理领导小组，具体负责武侯大道的建设管理工作。现将领导小组成员名单通知如下：

组　长：张清明（区人大副主任）
副组长：余晓曦（区政府副区长）
成　员：孙德沛（区计经委主任）
谢惠祥（区建委主任）
蔡　健（区国土局局长）
陈钢洪（区规划办主任）

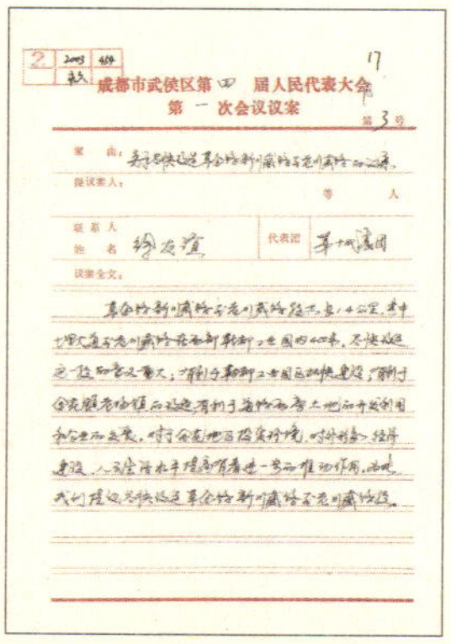
成都市武侯区第四届人民代表大会
第一次会议议案
第3号
案　由：
提议案人：　　等　　人
联系人姓名：　　代表团：
议案全文：

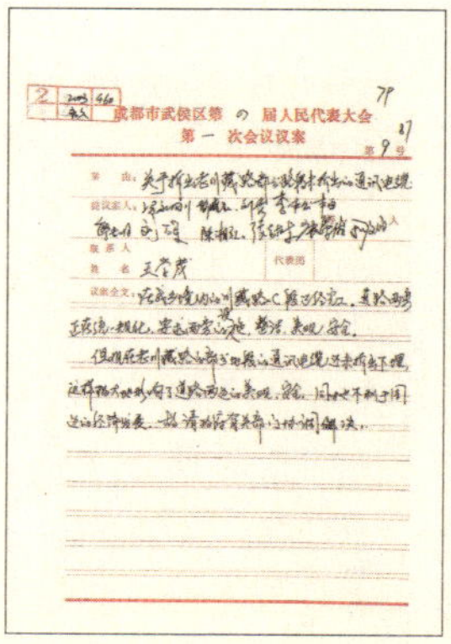
成都市武侯区第四届人民代表大会
第一次会议议案
第9号
案　由：
提议案人：　　人
联系人姓名：　　代表团：
议案全文：

内的最大安全隐患。按照成都市相关城市规划，民主路地块为市政消防设施用地。在过去十几年间，资金不足、成本大的难题一度让民主路棚户区的搬迁陷入僵局，也让整个消防站的建设一拖再拖。

为了圆民主路300多户老百姓的安居梦，同时完善城市功能配套，提升区域消防能力，我区提出了民主路棚户区改造的“叠建”模式——市政设施消防站与商业配建合二为一。

同时，武侯区房管局等相关部门出台《棚户区、危旧房改造工作职责及流程》《房屋搬迁工作劳务外包委托单位名录库建设及劳务委托实施暂行办法》等一系列工作措施。按照规定，棚户区、危旧房改造首先需要经过项目申请，经2/3以上住户签名同意后才能提出改造申请。在项目调查摸底阶段，武侯区房管局牵头相关部门要指导社区对改造区域内住户的改造意愿进行征集，拆迁公司需要在名录库中随机抽取，并在资金筹措阶段、项目立项、项目确定以及项目实施阶段，各个相关部门将按照各自职能职责做好相关服务。

### 新居建设　农村向城市转变的样本

统筹城乡发展是新形势下国家发展战略的重要组成部分，它不仅包括经济繁荣、社会和谐，还包括大力提高人口素质，培育有文化、懂技术、会经营、讲文明、守法制的新型市民。因此，在以“三个集中”为根本途径的城乡统筹发展中，促进人的转变和发展是核心内容。加快农民向市民转变，着力培育新型城市居民是促进农村向城市协调发展的前提和基础。只有通过有形的组织形式、服务方式和生活环境的改变，以及不断提高市民综合素质的系列举措的实施，来增强农民的发展意识、科技意识、创新意识、效率意识、竞争意识、文明意识等，才能真正地从人的层面破除城乡二元结构的思维和意识，使广大农民真正告别农村，成为现代城市的一员。

在城乡一体化发展中，通过“新居”集中居住改善农民的生活质量，通过“村居联建”和党建、就业、物管、政务服务“四个跟进”加快新型社区建设，通过村集体资产股份制改革确权保障农民根本利益……在全区加快城乡统筹、“四位一体”科学发展的大潮中，作为全市统筹城乡示范街道的簇桥街道，以保障农民利益为关键，以龙井村的率先转型为突破，积极探索并有效破解了“农民居住质量如何提升、农民利益如何保障、农村怎么向城市转变”的三大难题，走出了一条具有簇桥特色的城乡一体化实践之路，为全区加快农村向城市转变、农民向市民转变提供了鲜活的样本。

集中居住，村民过上幸福的城市生活。一排排靓丽的草绿色楼房、整洁的小区绿化、明亮的商业铺面、宽阔的步行街道；年轻人外出务工，老人们三三两两在院子里聊天、散步……这是武侯区第一个建成并交付的农民新居“龙井桂苑”小区时，和谐的一幕幕映入眼帘。

2005 年年初，武侯区启动了第一个农民新居——龙井桂苑的建设，当时很多村民不知道城乡一体化究竟会怎么样，不少人都担心集中居住后日子怎么过。虽然有很多疑问，但是经过广泛宣传，村民们还是签了拆迁协议。

接下来的日子里，村民们天天盼着龙井桂苑早日完工。龙井桂苑占地 132.69 亩，一、二期建筑面积 15.4 万平方米，共计 1 580 套，可安置 2 890 余人。经过两年的建设，龙井桂苑如期完工，全村农民全部入住新居。

村居联建，“四个跟进”加快农村变城市。龙井村共有 11 个社 3 400 余人，其中 85%以上都被拆迁，2 890 人入住龙井桂苑，其余的安置到其他点位。但是全村完全统征的只有 6 个社，还有 2 300 余人没有农转非。拆迁、统征、转非、安置、就业、转变等一系列问题和需求，村委会的职能已远远不能满足和解决。而同时，随着龙井桂苑的入住，以该小区为核心，逐步形成了新型的城市社区形态。

在村民向市民转变过程中，政府服务尤其不能断档，必须提前做好农民的“转移”和“接收”准备工作，才能在城乡统筹中加快农村向城市转变。为此，武侯区积极筹划了新型社区建设的及时跟进，同时一并提出党建、就业、物管、政务服务“四个跟进”的模式，为农村变城市、农民变市民铺好路。

百锦路 111 号，“簇桥街道龙锦社区(筹)”几个大字分外醒目，它标志着这片曾经的农村，现如今已完全踏入了城市。按照全区社区办公用房设计和装修风格的统一要求，这个社区成为全区城乡统筹以来第一个筹建并即将正式成立的新型社区。社区用房现有面积 530 平方米，一楼设置了 80 平方米的工作站服务大厅，群众在这里可以办理计生、劳动保障、民政、残疾人等事务；同时设置了 3 个社区办公室和社区警务室；楼上是图书阅览室和多功能活动室。龙井桂苑二期交付后，还将有 500 平方米的活动用房交付给社区，将建老年活动中心、残疾人康复训练中心、文化体育活动中心(青少年活动中心)。

社区的范围不仅仅限于这个新居，而且包括周边 0.6 平方公里面积、15 个居民小区和 1.2 万人口；服务的人群不仅有辖区居民，还要服务于龙井村未拆迁和未转非的农民。为了做好居民服务工作，簇桥街道创新思路，实施了“村居联建”模式，即将龙井村的社会管理和公共服务职能全部移交到社区，村委专心于拆迁、集体资产改革等，而社区的资源和职能也同时得以充分体现，由此还增强了居民对社区的归属感。街道分别招聘了工作站工作人员，工作站按照全区的统一要求规范运作，提供了39项政务服务内容，极大地方便了辖区居民(村民)。

同时考虑到进入社区的“居民”与龙井村还有利益上的联系，在党建跟进工作中，街道党工委将社区党总支归属到龙井村党委管理。与此同时，社区高度重视就业跟进工作，在集中居住区内设立了职业介绍点，为辖区居民提供“一站式”服务，同时强化就业创业培训，提高居民就业技能；还通过公益性岗位，依托龙井物业公司、千盛百货等辖区企业，尽可能地安置居民就业。

物管跟进在龙井村有较好的基础，龙井物业管理公司伴随着簇桥场镇的建设而发展壮大，早已得到了村民的认同，它入驻龙井桂苑既顺理成章，又得到老百姓的赞同。因此，在村委会补贴之后，每平方米0.3元的物管费得到广大居民的支持，物管缴费率高达98%！

在城乡统筹的加快发展时期，用创新的思路和办法，就能及时做好人的工作，进而解决复杂的问题和矛盾。

股份确权，改革集体资产村民当股东。以前很多村民有大量房屋出租，入住新居后部分居民的收益受到一定的影响，同时要支出物管、水电、清洁费等各种费用，居住的成本相应地增加。同时由于就业期望高、就业技能较低，也决定了村民就业收入较低，因此他们格外关注自身利益的走向。

同时村集体资产备受关注，2004年龙井村建成了龙井综合大楼，商业面积5 000余平方米；2006年建成了千盛百货项目，形成了20 000余平方米商业面积，再加上分散各处的小规模集体资产，初步估计，龙井村集体资产超过了1亿元规模。同时，还有龙井桂苑5 300平方米配置商铺。因此，这笔巨大的财富何去何从，村民最为关心。

陆坝新型社区内景

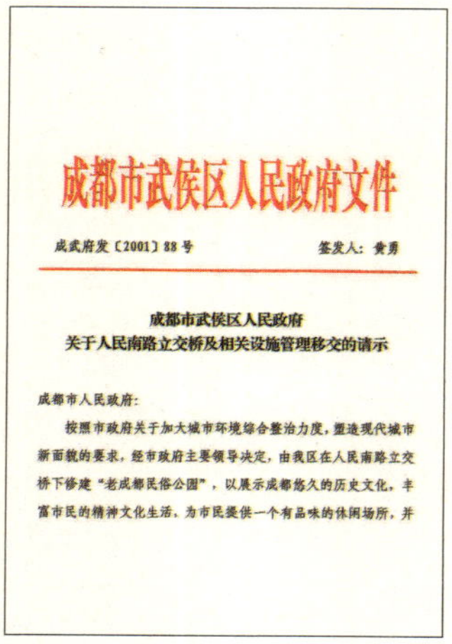

成都市武侯区人民政府文件

成武府发〔2001〕88号　　签发人：黄勇

成都市武侯区人民政府
关于人民南路立交桥及相关设施管理移交的请示

成都市人民政府：

按照市政府关于加大城市环境综合整治力度，塑造现代城市新面貌的要求，经市政府主要领导决定，由我区在人民南路立交桥下修建“老成都民俗公园”，以展示成都悠久的历史文化，丰富市民的精神文化生活，为市民提供一个有品味的休闲场所，并

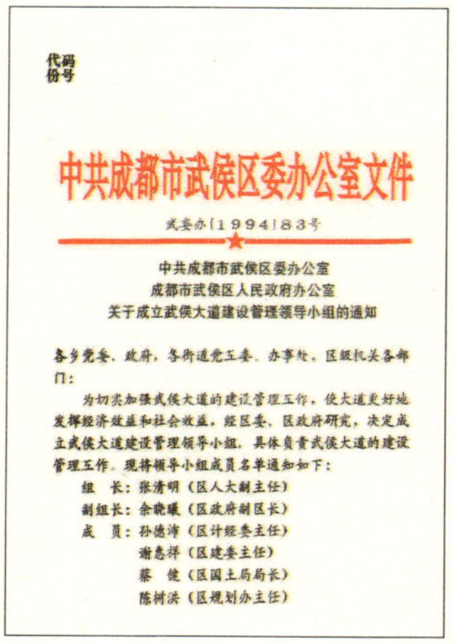

代码
份号

中共成都市武侯区委办公室文件

武委办〔1994〕83号

中共成都市武侯区委办公室
成都市武侯区人民政府办公室
关于成立武侯大道建设管理领导小组的通知

各乡党委、政府，各街道党工委、办事处，区级机关各部门：

为切实加强武侯大道的建设管理工作，使大道更好地发挥经济效益和社会效益，经区委、区政府研究，决定成立武侯大道建设管理领导小组，具体负责武侯大道的建设管理工作。现将领导小组成员名单通知如下：

组　长：张清明（区人大副主任）
副组长：余晓曦（区政府副区长）
成　员：孙德沛（区计经委主任）
谢惠祥（区建委主任）
蔡　健（区国土局局长）
陈树洪（区规划办主任）

2006年12月底，龙井桂苑商业铺面移交到了龙井村委会手中。部分村民站在个人利益的角度上，强烈要求直接分配到人。在全村村民代表大会上，几个村民的“诉求”引来了多数人的支持……

从2007年2月起，簇桥街道和村两委先后召开了10余次会议，并请来区一体局现场指导。在随后的村民代表大会上，现场选举生产了村集体资产管理小组，同时组成宣传、财务监管、招商三个小组，负责商铺的招租和监督管理。4月25日，招租竞拍举行，商铺以远远高出预期价格拍出，全年租金达到300多万元，高出预期120多万元，保障了村民收益的最大化。当年年底，入住新居的居民每人每月分到100多元的红利，2008年分红达150元每月。

居民参与决策过程的程度越高，对决策实施结果的意见就会越少，因此，构建基层民主自治组织——村集体资产管理小组，是提高村民们对居住、就业、社会保障等切身利益相关的重大事项的自主参与度的一个必要的途径。强化基层治理民主化，必须促进基层组织在决策和执行中由“代民作主”向“为民服务”转变。

经过2007年的龙井桂苑商铺的运作，街道加快了基层民主决策和议事改革，并以龙井村为试点先期启动。随后，一场以居民民主参与的、更加彻底的村级集体资产股份制量化确权工作全面举行。

社区在集体资产股份制量化中，做了一年多的准备工作，并出台了《集体资产改制股东资格界定办法》，经过10来次讨论和征集意见，尽可能地做到股份制改革公平公正地进行，85%以上的村民赞成就可以全面实施。社区通过全部完成量化确权，给每位村民分发股权证。”

在村民赞同的基础上，股份量化后将成立资产管理公司负责资产管理，实现保值增值的目标。根据估算，股份确权后每人可获得3万至5万不等的股权，可以继承，每人每月可分配红利数百元！

改善居家生活，提升居住质量，是人们的梦想。近年来，武侯区在加快推进城乡一体化进程中，高度关注民生，把改善人居环境作为惠民行动的重要目标，抓紧抓落实，全区亮点楼盘、精品小区、精致景观不断呈现。同时，按照统筹城乡发展的统一规划，推进农村向城市、农民向市民转变。从2005年起，大力实施农民新居工程建设，先后实施了龙井桂苑、铁佛新居、半边街新居、江安河新居等6个新居工程点位建设，同时认真研究农民集中居住后的就业增收、社会保障、物业管理、资产管理等问题，逐步让村民迁进时尚、现代的新居。

纵观武侯城乡，城市建设如火如荼，新居工程全面推进，一项项惠民举措的落实，让广大百姓实实在在地享受到了城市化带来的文明和实惠。

古街
Jinli Street
茶

# 第十章 宜人环境篇

优美的环境、良好的秩序，是城市文明的标志。管理好城市，不仅是城管部门、环保部门的事情，也是全体市民的义务。

武侯区坚持统筹城乡的办法，创新机制体制，制定了《武侯区城乡环境综合治理手册》，整合城管、交警、巡警力量，建立了交通秩序管理大队，对机动车乱停放、摊点乱摆放、垃圾乱堆放进行全方位的管理；以市场化手段，通过招投标的方式，政府购买服务，实行城市管理物业化、清扫保洁公司化、环境治理标准化等举措，创新城乡环境综合治理工作，推动了“美丽武侯”建设。

城市建设与管理不仅仅是城市发展的需要，也是提升城市形象和品质，优化人居环境的需要。而城市建设发展带来的变化，莫过于看得见、摸得着的各项民生工程。

多年来，武侯区大胆探索创新，全面启动了各项工程：改造道路、整治市容市貌、拆除违建、建设游园，城市一天比一天靓，环境一处比一处美……作为城市发展的重要载体，这些工程承载着加快产业发展、提升城市形象、促进城乡统筹、实现惠民利民等各项任务。正是一项项打造宜人环境的民生工程的全面推进，改变了城市的面貌与形象，提升了城市品质和武侯魅力。

## 第一节 扫把市场化　市容焕然新

“一把扫把扫武侯”。2002 年 12 月，武侯区为进一步适应市场经济体制，建立“产权明晰、权责明确、政企分开、管干分离、管理科学、高效运转”的环卫运作新模式，将原区市容环境管理局管理的部分主、次干道清扫保洁作业按辖区范围同清洁队、联户保洁队“三把扫把”合并归入街道（乡镇）管理。实行属地化管理后，区市容局，各街道（乡镇）成立环卫服务公司进行市场化运作，负责辖区环境卫生工作、环卫作业进行管理，承担区域内道路清扫保洁、环卫设施保洁维护、垃圾收集、运输等责任范围的环卫作业，并接受区市容局的指导和考核。

2005 年 1 月，武侯区率先推出了玉林、双楠辖区环卫作业服务公开招标的工作。2005 年 5 月，武侯区完成了 13 个街办环卫作业的市场化，由专门的环卫公司扫大街，不仅街道更干净，而且全年下来，可以节省费用 459 万元左右。

2012 年 5 月，制作全市首本《武侯区城乡环境综合治理工作手册》。这本手册堪称城乡环境综合治理的阐明书，涵盖了环境卫生、市容秩序等 12 个方面的业务，对工作标准、人员编制、设备配置、运行方法、工作流程、考核根据等都作出明确规定，甚至细化到环卫工扫地的动作要领，十分全面。

2014 年，武侯区在新一轮环卫作业市场化招投标中，将原街道成立的环卫公司全部脱钩，并按“大城市细管理”的理念，严格执行《武

岗位练兵

垃圾清运

侯区城乡环境综合治理手册》的标准，通过问题管理、精细管理，让市容市貌焕然一新。

## 涉农街道　加快农村向城市转变

武侯区区划调整后，地处城郊结合部的区域也随之加大。由于公共基础设施差，群众的城市管理意识淡薄，加之城市管理考核监管机制不完善，给城市管理工作增添了很大的难度。为此，武侯区创新城市管理理念，积极探索长效管理机制，创造性地实施了城市管理网格化、市容秩序规范化、环卫作业公司化、监管考核经常化的“四化”建设新举措，辖区城市管理工作不断显现新活力，市容形象不断得到新提升。

推进城乡一体化，加快农村向城市转变，首先要提升城市管理水平，促进辖区城市面貌改变。在统筹城乡经济社会发展进程中，武侯区通过城市市容秩序和面貌的综合整治，彻底改变“城郊结合部”形象，从而提高了群众的生活质量。

武侯区城管局在调研中获得了第一手资料，并在机投桥辖区开展试点后向全区涉农区域推广。机投桥辖区面积 8.2 平方公里，常住人口 2 万余人，外来人员 4 万余人。农村群众居住相对分散，流动人口较多，摆摊设点较多，辖区市容环境和卫生秩序不佳，群众颇有意见。

取缔“赶场”，推进文明。在川西平原有一种习俗——“赶场”。每月 2 号、5 号、8 号是逢场天，场镇万佛街、西一街、东二街、北一街等三分之二的街道、总长近 4 公里的路面，都会被摆摊的人占去，人来人往川流不息，叫买叫卖人声鼎沸。在经济落后、物资匮乏的年代，这种“赶场”有一定的积极作用；但机投桥场镇已基本融入城市中心区，“赶场”的习俗不仅与机投镇的城市化发展进程极不适应，而且极大地影响了市容形象。

为此，街道印制宣传资料，向所有商家店铺发出《致商家店铺的公开信》；同时印发份取缔“赶场”的《通知》，到邻近的区域扩大宣传。建立了 300 余人的劝导队伍，组织开展劝导活动。同时武侯区城管执法局联合市交警部门，进行集中

清淘河道

农村垃圾收运

专项整治，逐步改变了居民的商贸流通观念，最终取缔了“赶场”的习俗。

武侯区是成都市最早推行“门前五包”的城区，除了在城区街道实行以“包卫生、包秩序、包文明、包绿化、包安全”为主要内容的“门前五包”责任制外，在涉农区域也全面实行“门前五包”。机投桥街道结合市容秩序示范工程，严格落实“门前五包”责任制，与场镇商家店铺签订了以“包卫生、包秩序、包文明、包绿化、包安全”为主要内容的“门前五包”责任书；在签订的同时进一步细化工作，对商家店铺的名称、经营地址、负责人姓名、联系电话等基本情况进行登记并录入电脑，实行动态管理。

生活环境的好坏，直接影响到当地居民的身心健康，随着城乡统筹发展，农村环卫工作得到前所未有的重视。在人们的印象中，走进农村院落，路上、树丛里，随处可见白色的生活垃圾，臭气熏鼻。而在武侯区的农村居民院里，却“出奇”的干净整洁。随意走进华兴、机投桥等街道的农家大院，见不到半点垃圾，在院门口张贴了一个银杏叶形的监督牌，监督牌上有农村院落专业保洁员的名字和监督投诉电话。大院的清洁都有专业的保洁员打扫，如果打扫不干净，村民可以根据监督牌上的电话，向街道城管科投诉。

生活垃圾集中收运处置，是城乡环境综合治理成效的重要指标。为大力改善农村居民的环境卫生状况，武侯区在推进城乡环境综合治理工作中，始终将城乡生活垃圾集中收运处置工作摆在重要位置，将其作为一项刚性考核指标；各街道办事处也都采取了切实的措施，扎实提高生活垃圾集中收运处置率。

2002 年，经过市、区两级政府反复论证，武侯区在参照国内外垃圾收集转运先进经验的基础上，提出了解决“垃圾二次污染”问题的方案——按照“收集袋装化、压缩自动化、运输密闭化、高效无污染”的思路，改变垃圾清运方式，在当时城市管理中确实是进了一大步。

2004 年南桥村垃圾压缩中转站一期工程建成，日处理垃圾量 600 吨，原有的垃圾收运模式被彻底打破。但南桥村垃圾压缩站每天 600 吨的垃圾处理量仍无法满足全区每天产生 1 000 吨垃圾量的需要。

2007 年 4 月，武侯区完成了南桥村垃圾压缩中转站二期扩建工程，扩建后的压缩站日处理垃圾量可达 1 200 吨，规模位居全国第一。扩建后的中转站将

“垃圾收运无污染、废水无洒漏、清洁卫生、高效运转”的垃圾收运方式从二环路内扩展到了全区的每一个角落，真正实现了全区垃圾的日产日清。

武侯区在巩固城区环卫清扫作业的基础上，实行“环卫管理城乡一体化”，对涉农辖区采取“户集、村收、街道运、区处理”的全面覆盖“四级模式”。同时，以环卫作业市场化运行机制为依托，在院落居民自集，村上组织入户收集的基础上，由街道把生活垃圾的清运任务委托给各环卫作业公司；并从经济奖惩、续约条件等方面对公司作业质量形成有力监管，使生活垃圾的前端收集、中转清运、尾端运输都有了硬件和制度的刚性保障，确保农村生活垃圾处理不囤积、不过夜，全区生活垃圾无害化处置率达100%。

环境保护，是一项任重道远的复杂工程，武侯区在“十二五”的规划中也明确将城乡环境治理作为一项重点工作，以改善区域环境质量、促进经济社会持续发展为目标，坚持从抓污染物总量减排、大气和水环境综合整治、环境监督管理等重点工作入手，积极采取措施推进各项工作目标顺利完成并取得了比较好的成果，辖区环境质量持续改善，环境安全得以保障。

武侯区在金花堰支流建设了簇桥凉水井污水处理站。该站是武侯区小流域整治治理建设的6座污水处理站之一，也是区内规模最大一座污水处理站，主要处理金花堰支流1、2、3、4线沟沿线马家河村、新苗村、凉水井村的生活、生产污水。

2013年，武侯区环保减排的一项重点工程就是对凉水井污水处理站扩容。经过扩容后，凉水井污水处理站日处理生活污水能力由原来的10 000吨提高到15 000吨，能够有效处理凉马片区5.9万人产生的生活污水。

整治燃煤

水环境综合整治是涉农区域的重点之一，一直以来，武侯区深入实施以治污、治臭、治脏、治乱为重点的水环境治理提升工程。2013 年以来，武侯区共完成清水河、肖家河、楠杆堰等 50 个下河排水口排污治理，杜绝污水下河；动工建设楠杆堰进水闸等 5 项中心城区环境用水输配工程，科学调配有限的水资源；同时通过创新河道长效管理机制，派出专人管理，使河道旁“污、臭、脏、乱”现象得到极大改观，越来越多“水清、岸绿、景美、宜居”的水域环境正在形成。

随着人们生活水平的提高，机动车数量也随之增多；加之城市建设的不断推进，外来人口大量流入，导致城乡结合部车辆乱停放、摊点乱摆放、治安热点多。2010 年 3 月，武侯区交警、巡警、城管三支力量，成立了武侯区交通秩序管理大队，率先在全市开展交警、巡警、城管“三合一”执法试点工作，重点对红牌楼、晋阳、簇桥、簇锦、华兴、金花桥、机投桥 7 个街道办事处的涉农区域和武侯新城管委会区域进行整治，整治面积达 62.44 平方公里，整治工作将紧紧围绕城乡环境综合治理和文明城市建设。

四川省社会科学院社会学研究所副所长胡光伟认为，武侯区交通秩序管理大队这一全新模式，首先搭建了一个统一指挥、调动、管理的平台，然后整合交警、巡警、城管的所有资源，一站式解决城市管理存在的问题。创新模式，不应是简单的 1+1+1=3，而应大于 3。队伍构成和职能职责上的有机统一，可有效杜绝过去各部门之间相互推诿扯皮的现象，以提高管理效率、节约社会资源。这一模式是在成都城乡统筹试验区内的一次有益探索和尝试，在总结经验、不断完善的基础上，可为城市管理提供借鉴的样本。

▲城市小品

▲三国文化墙

◀赏花武侯



## 城区街道　综合治理环境更宜人

公路两旁没有了裸土，多了青草、鲜花、绿树；街面上烟头、纸屑无迹可寻，全是统一编号电子管理的垃圾箱；居民院落里少了杂物堆，有了新建的景观绿化地、垃圾中转站；大街小巷规范整洁，车辆行停有序；特色街区“移步一景”，店招容颜靓丽，雕塑造型各异……城区街道高标准的城市管理，让居民感到环境更加宜人。

2014 年 4 月改造后的碧云路生活垃圾中转站占地面 1 260 余平方米，其中作业区和停放区都达到了 500 余平方米，解决了生活垃圾裸露装运的问题，确保生活垃圾中转过程的清洁化、秩序化和规范化。

占用道路裸露收集垃圾，排污设施简陋、污水乱流，消杀设备缺失、臭味扰民……是居民对垃圾当街转运诉说的“罪状”。生活垃圾转运事关群众切身利益，事关城市形象，多年来屡遭市民诟病。“生活垃圾转运站整治”是武侯区 2014 年五大城市病治理的重要内容，采取了“组织协调、调查研究、资金保障、进度督办”的措施，围绕生活垃圾转运站“异地重建”和“整治提升”两条工作主线，全力抓好民生工程，切实解决群众反映的热点难点问题。

为彻底解决垃圾当街转运扰民的问题，2014 年年初，武侯区将实行生活垃圾袋装区域的 7 个街道办事处共 26 座垃圾转运站点纳入先期整治工作范围，其中包含封闭式生活垃圾转运站 5 处，半封闭式生活垃圾转运(站)点 10 处，敞开式生活垃圾转运点 11 处。在规范建设垃圾中转站工作中，武侯区通过多方调研、科学选址、合理规划、沟通协调、加大宣传、收集建议、公示方案，赢得了群众对中转站建设的理解和支持。首先对现有垃圾房的内外墙贴砖进行改造，其次是修建消毒池、垃圾装运凹槽和收集车辆巡回通道、安装除臭装置、完善排污及冲洗设施等硬件设施进行规范化建设，并在后期管理中规范环卫车辆的停放。

永康森林公园

风貌塑造，城区街道“讲故事”。墙上讲述“二十四孝”故事，脚下则是“和谐美玉”之景；白天席地而坐，晚上美轮美奂；左边三国文化，右边农耕文化；桥上雕梁画栋，桥下成都民俗……不管是玉洁东街、人民南路武侯段，还是武侯祠大街、蜀汉街、人南立交桥，一街一景，一步一景彰显出武侯的和谐美景。

武侯区在特色街道打造中，按照“本土化、景观化、多样化”要求，对主次干道、重要节点等地，结合区位特点因地制宜，在玉洁东街、红瓦寺街等地段强力推进风貌塑造、景观打造工程。

2001 年 12 月 30 日，位于人南立交桥下占地 3 万余平方米，投资 800 万元，融历史、人文为一体的老成都民俗公园建成。公园以微缩景观、浮雕、民俗人物造型，再配以诗词、史料等多种形式，由成都老桥老街文化艺术区、成都民俗文化雕塑休闲区、健身区、绿化游园和老街坊休闲区 4 个景点构成。

建区以来，武侯区建成了以浓缩千年成都民风民俗的老成都民俗公园、以弘扬蜀汉文化的武侯祠大街、以彰显现代时尚的人民南路为代表的城市新景观，并成为成都市一张张靓丽的名片。

作为“特色街区”之一的玉洁东街示范街，是成都市打造完成的首条“特色街区”示范街。全新的玉洁东街以“和谐美玉”为主题，一亮相就受到了居民的欢迎。玉洁东街近 400 米长的街面焕然一新，人行道全部用彩色混凝土进行了重新铺筑。一段近 300 米的围墙成为亮点，墙面全部采用纯天然的杏黄色木纹石，顶部采用回字形红砂石，根部为枫叶红花岗石。在靠近人民南路路口新增了“冰清玉洁”雕塑，雕塑高 8 米，宽约 5 米，上、左、右为传统的中国结，主体部分为放大的中国传统“佩玉”。最为亮丽的是人行道上浮雕的 47 个“玉”字，既包含了所在辖区的“玉林元素”，又显得古朴大方。同时依照“二十四孝”故事在围墙上设计了相应的浮雕，并镌刻了世界名人名言。示范街同时完善了全民健身设施，为市民健身提供了好去处。如今，经过升级打造后的红瓦寺、玉洁东街、新光路、蜀汉街、人民南路、机投正街、滨江路等街道，已成为了武侯区环境综合治理的“新名片”。

除了打造特色示范街区外，武侯区结合城市转型升级实施的“花开武侯”工程成为打造宜居环境的又一亮点。樱花、海棠、白玉兰……今年开春以来，市民徜徉在武侯区的大街小巷和公园、游园，处处花团锦簇，美不胜收。

20条街可赏花。在武侯祠大街，整条大街已成为“桂花一条街”。2013年5月，武侯区在这条街上引种了当年开花的66棵优良桂花树，经过精心照料，这些桂花树都长势良好，开花数量、质量也格外好。金秋时节，满街丹桂飘香，成为市民赏桂品香的绝好去处。目前，武侯区共有20余条街道实施了“花开武侯”工程，已栽种樱花、垂丝海棠、白玉兰、紫薇、红千层、蜡梅等花木16300多株。

2014年，武侯区按照全市城市转型升级的目标，在现有“花开武侯”布局上重点实施“添花增绿”工程，增加开花植物，真正达到推窗见绿、出门见景、四季见花的效果。在出入城通道、主干道、公园、广场、游园、花台等城市地段补种樱花、紫薇等鲜艳开花乔灌木，同时搭配摆放时令盆栽鲜花，丰富城市色彩，让成都“繁花似锦”。

武侯区在园林绿化工作中，按照“四季见花，常年见绿”的总体要求，通过屋顶绿化、破墙透绿、“花开武侯”、邮票绿地等工程，在规划上以“成线、成片、成规模、成气势”进行特色打造，想方设法为城市添色扮靓。形成了生态优美，环境宜人，休憩游园、生态带、健康绿道构建起覆盖全域的生态体系，全区绿化覆盖率达42%。

2012年，武侯区掀起了城乡环境综合治理的新一轮高潮：率先开展整治机动车“两乱”行为，创新“门前三包政策”，垃圾收运车不断巡回，让垃圾“动”起

文明劝导

来。2012年5月开始,武侯区在成都率先创新全面推广火车南站街道"垃圾不落地"的循环收运方式,除了固定时段上门清运垃圾外,在每天下午1点至6点和晚上10点半至次日上午9点的"非收运时段",要求商家和居民将垃圾暂时放在室内,如有垃圾需要及时清运处理,可以按照"垃圾清运预约卡"进行预约,垃圾清运人员10分钟内就会上门带走垃圾。针对商店门口垃圾堆放问题,武侯区采取建立商家诚信约束机制进行规范,严格落实商家"门前三包"责任;对不履行"门前三包"责任制、屡教不改、性质恶劣的商家给予严厉处罚,确保垃圾不落地。与此同时,武侯区多个街道均创新机制,浆洗街街道推广投入垃圾桶的垃圾,不再进入垃圾中转房,而是直接装进具有压缩功能的清运车,直接、快速地抵达终点。全新的"直达快递"垃圾清运模式,通过新引进的垃圾压缩车,在垃圾收运的整个过程中,可以实现垃圾不沾地,清洁、低碳、环保,提高了作业效率和工作成效。

2012年11月4日,武侯区在全省率先开展整治机动车乱丢弃、乱抛撒的"两乱"行为"百日行动",对行政区划范围内的城市环线、城市干线、主要出入城通道、交通流量大的次干道以及临时机动车停车区域进行了全方位监控。对抓拍到的机动车驾乘人员向车外"乱抛洒、乱丢弃"行为,取证属实的驾驶员将受到100元罚款、并处以记2分的处罚;对乘车人将罚款50元。同时,武侯区还专门设立了奖励基金,每记下一次此类违规行为,市民均可获得50元至100元的奖励。

## 第二节 治理多元化 武侯画卷美

城市管理与人们工作、生活密切相关。在社会进程中，城市管理从无到有，管理项目由少变多，从“小城管、少覆盖”转变为现在的“大城管、全覆盖、广参与”的格局。武侯区通过“全域武侯”深化城乡环境综合治理工作，让人民群众享受到延伸的公共服务。在环卫市场化中实现环卫工作“三个规范化”，即设立最低准入标准，分级制定各类环卫作业指导价格，实现环卫招投标工作规范化；统一全区环卫作业标准，实现环卫作业规范化；确保环卫队伍的稳定，实现环卫工人工资发放规范化。创新探索开展城市管理协管市场化试点工作，将道路清扫保洁、绿化管养、河道管护等工作实行捆绑招标，解决了多头管理、多头付费的情况，使有限的资源发挥了最大效能，走出了“大城管”新路径。美丽的武侯，似一幅浑然天成的画卷……

### “公司化”与“路段责任”——
### 武侯区城市管理体制改革创新试水

“望江模式”。2008 年 6 月，武侯区开展了城市管理协管市场化试点工作，将望江路街道范围内的一环路外、二环路内的街面市容秩序维护工作外包给成都市升阳升物业管理公司。在试点取得成功的基础

文明执法

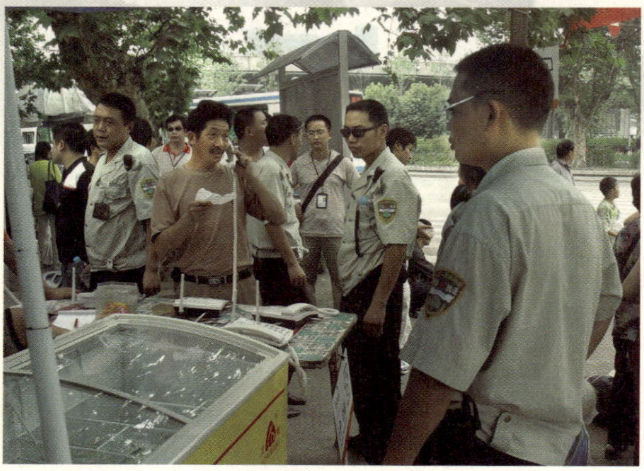

整治出摊占道经营

上，2009年6月，望江路街道全面推开城市综合管理协管市场化工作，将辖区全域涉及城市综合管理中的环卫作业、城市管理协管、治安防范协管等3大类19项工作整体外包给物业管理公司，实行市场化运作、社会化管理。通过实行城管物管化，望江辖区城市管理的专业化、精细化水平大幅提升，因城市管理引发的社会矛盾大幅减少，城市管理的综合效益明显增强。

物管化试点，打造“人性化城管”。武侯区在城市管理上一直都在大胆探索，特别是在望江路街道推行城市管理物管化试点工作中，通过强化“以服务促管理，以和谐促发展”的理念，采用市场化的方式，对城市管理的内容和形式做了一些有益的探索和尝试，有效解决了新时期城市管理中政府执法主体与被管理者之间的矛盾越来越突出这一问题，并取得了实实在在的效果。

成效一：体制矛盾迎刃而解。长期以来，政府在城市管理中一直处于“既是运动员，又是裁判员”的尴尬处境。一方面，作为政府行政执行机构的城管执法队伍是直接参与城市管理的主体之一；另一方面，城市管理的好坏、执法水平的高低又是由政府来予以评价的，这便造成了一种体制上的矛盾。正是这种矛盾的存在，造成了群众对城管工作的不理解、不支持的局面，使得正常的城管执法中只要发生矛盾，群众都会指责城管一方。

望江路街道实施“城管物管化”后，将辖区内环境卫生作业、市容秩序维护和治安防范三方面的协管工作，通过公开向社会招标，交给物管公司负责管理；街道只保留必要的执法力量，对物管公司的协管工作提供执法保障，确保政府职能不缺位。同时，为了工作的顺利推进，望江路街道整合科室职能，成立了城市管理综合监督科，专门负责对物管公司进行工作监督和绩效考核。

实行“城管物管化”后，望江路街道实现了城市“管理权”与“执法权”相分离，物业管理公司主要以告知、提醒、劝导等方式来规范城市秩序，执法变成了城市管理中的最后一道“防线”，执法活动也更加慎重。这种“重劝导轻执法”的“柔性” 管理方式减轻了管理者和被管理者的对立情绪，促进了两者之间的融合，也得到了社会的认可和理解，减小了对抗性矛盾发生的概率。通过改革，望江路街道在城市管理中只充当"裁判员"的角色，有效化解了体制矛盾。

成效二：服务重于执法，化解管需矛盾。实践证明，望江路街道办事处引入物管公司参与城市管理的做法，既符合"小政府、大社会"的现代政府模式，也是推动政府职能转变、建设服务型政府的必然趋势和发展方向，同时也能最大限度地提高管理效能和服务质量。

望江路街道把城市综合管理事务"整体打包"给物业公司后，街道重点围绕"全面覆盖、长效管理、提升水平"的目标，按照《望江辖区城市综合管理协管标准》、《望江辖区城市综合管理协管办法》等规章制度，对物业公司进行日常检查、监督考核，协调解决具体问题，使政府由具体事务的管理者变成公共服务产品的购买者、服务标准的制定者和质量的考核者，有力地推动了政府由管制型、全能型向服务型转变。

同时，望江路街道充分运用市场竞争机制，引入品牌物业公司承担辖区的城市管理事项，并建立日检查、周考核、月评分、年总评的多元考核机制，健全完善居民、社区、媒体、街道和市区职能部门"五位一体"的监督机制，有力地促进了企业服务质量的稳步提升。在实践中，望江路街道还把规范市容秩序与扶弱助困相结合，给辖区28户孤、寡、病、残等困难家庭建立专门档案，对有经营意愿的，划定区域、指定时间摆摊设点，妥善解决其具体生活困难问题，一定程度上缓和了城市管理需要和群众生活需求上的矛盾。

成效三："一岗三责"提升管理水平。望江路街道实施"城管物管化"后，物管公司采取了细分管理单元，细化管理责任的管理服务模式，将望江辖区划分成"两片四区"，把200余名环卫作业人员、160余名城管协管员"定格"到具体的区域"网格"中，实行量化管理，形成了运转高效、责权明晰的工作机制。

城市管理人性化执法

同时，物管公司还改变了以前分线作业、各负其责的状况，全面整合环卫作业、城管治安协管人员力量，实施“一岗三责”，共同承担区域内的环卫作业、城市管理、治安防范等城市综合管理责任，并将环卫作业、城管治安协管人员作为一个整体，实行“捆绑”考核，进一步形成了工作齐抓、责任共担、互为补充的工作格局。

实行城管物管化后，望江路街道城市综合管理力量也明显增强(环卫作业人员由试点前的130人增至200人，协管人员由80人增至160人)，管理的触角进一步延伸，从时间和空间上消除了管理盲区，确保了城市管理的全时段、全方位和满覆盖。通过管理创新，辖区城市形象得到很大改善，市容更加干净整洁，垃圾、建渣得到及时清运，背街小巷的卫生死角逐步消除，流动商贩聚集、出摊占道和违规散发广告、张贴牛皮癣等现象大为减少，治安、刑事案件发案率都同比大幅下降。

四川省社科院社会学所所长黄进认为，成都市武侯区望江路街道推行“城市综合管理协管市场化”模式，有效缓解了城市管理中的诸多矛盾，取得了良好效果。这种多元化治理模式，是对社会主义市场经济体制的主动适应，是对传统的行政单一化模式的主动变革，是一种科学的社区管理模式。

创新社会管理的一个核心问题就是要解决政府越位、错位和缺位问题，因此应当遵从“多方参与、共同治理”的原则，从重政府作用、轻多方参与向政府主导型的社会共同治理转变，改变政府在社会管理中包揽一切的做法。既要发挥政府主导作用，又要鼓励和支持社会各方更加积极、有效地参与社会管理，发挥多元主体的作用，尽快从传统管理转向顺应时代发展要求的“治理”。

环卫公司工人清洗街道

“玉林模式”,路段责任制促进管理落实。玉林街道以落实责任、确保效果为目标,在现行城管体制下对城市管理的人、财、物等资源进行最优化配置,从而达到城市管理效率的最佳状态。

玉林街道辖区面积 2.9 平方公里, 街道在面向社会公开招聘协勤人员的基础上,成立了玉林街道城市管理协勤大队。协勤大队下设一中队和二中队,根据社区分布情况两个中队又分别下设 4 个分队和夜巡分队,再根据地域情况组成两个机动巡线组,增强管理的机动性。结合辖区重难点区域,按照“严控、严管、一般”三类街道划分,确定了 24 个责任路段,每个责任路段按 2 至 4 名协勤人员进行配置,实施每天三班 24 小时无缝轮班制,使辖区全部区域和全部路段的管理责任全部落实到人。街道大力推进协勤大队工作,在人、财、物方面给予了有力保障,同时解决了办公场地,为协勤人员配置了服装、对讲机等。协勤大队下设两个中队,中队长由街道正式在编人员担任,并按照副科级别进行配置。目前协勤大队共有协勤人员 100 名,覆盖辖区大中小街道。

在具体运行中,“眼睛”全天候紧“盯”所有路段。协勤人员按照 10 项职能对辖区园林绿化管护、乱张贴及涂鸦、卫生死角等情况进行监督,发现问题及时上报。他们既是城管执法人员的协勤员,又是城市法律法规的宣传员,还是文明行为劝导员。由于协勤人员增加,相应能够发现街面违章行为的“眼睛”也多了,协勤人员工作的区域、职责明确,工作责任心加强;同时,3 个时间段无缝滚动值班和机动巡查组有效填补了管理难点和空档,做到了灵活机动、有分有合、突出重点、以点带面,辖区市容秩序得到有效改善。

“玉林模式”的路段责任制在本质上仍然是自主管理,通过人力、财力、物力等的强化配置和资源整合,有效提升城市管理整体水平和效果。这种管理模式的优点在于:一是人员和队伍完全自我管理,“老带新”的方式,使队伍的专业化素质较高,执行力较强。二是协勤组均在执法人员带领下巡岗检查,既有管理职能,又有执法职能,能够及时发现问题及时处置,效率较高。三是落实路段责任制,实现了点、线、面管理的结合,辖区所有范围纳入有效管理,确保了管理的长效性和实效性。四是管理环节简单,见效快。不足之处是街道工作量大,投入精力较多。

## “老旧院落”与“靓丽整洁”

### 武侯区城市管理惠民的务实之举

简陋的大门,简单的围墙;局促的花台里,稀疏地长着绿草和小树;破旧的停车棚，显露着年代的久远；楼层不高的房屋，外立面陈旧发暗；管道排水不畅，厕所的臭气不时飘散在空中，这是人们对老旧院落的普遍印象。

随着城市的快速发展，武侯区部分老旧院落普遍存在的公共设施老旧、公共服务稀缺、物业服务水平低等问题日益突出，严重影响了居民的居住环境和生活品质。院落安则人心安，院落治则民心治，为将老旧院落打造成靓丽整洁的文明院落，2010 年 1 月以来，武侯区启动并实施了 400 多个"无物管老式居民院落自治管理和集中整治"工程，通过文明院落的打造，切实改善了全区老旧院落的居住环境，提升城市品质。

在文明院落打造中，武侯区借鉴农村"四大基础工程"的工作思路，以实施老式居民院落整治为突破口，以加强院落居民自治为核心，在城区街道无物管的 400 多个居民院落中，按照"一次集中行动、五项便民服务项目和五项长效工作机制"的要求，开展无物管老式居民院落自治管理和综合整治。2010 年、2011 年，武侯区总共投入 6 500 万元，完成辖区内 400 多个老旧院落的改造，总共惠及 43 658 户居民。2012 年，武侯区又出台《文明院落建设工程实施标准》，根据该标准，2012 年武侯区投入 3518 万元在全区 13 个街道打造 100 个文明院落。整治中通过切实尊重老百姓的意见，注重文明院落建设工程现场管理，保证工程质量，提升群众生活品质。

《2012 武侯区文明院落建设工程实施标准》从五个方面对文明院落建设内容进行了规范，即"一套物业管理模式、一次集中整治行动、五项便民服务举措、三项长效工作举措、文化品质提升"。2013 年，武侯区投入 850 余万元，将安全隐患严重、社会矛盾突出、社会管理复杂，群众意见大的 63 个"无门卫、无物管、无管理组织"的"三无院落"作为重大民生工程进行全面整治。"三无院落"改造全部比照一个标准，就是"实用、有效"，同时还确定了"四防整治标准"，包括"人防、物防、技防、消防"，以确保各项治安防范措施落实到位；并考虑到充分挖掘辖区历史文化素材，力求一院落一特色。全面消除"三无院落"，增强群众的安全感和满意度。

## "立面整治"与"店招规范"

### 武侯区城市管理升级的前瞻之策

人民南路，被誉为"西南第一路"，不仅承担着成都市交通中轴线的功能，同时也是展示城市形象的重要窗口。2009 年通过立面整治、店招整治和夜景视觉系统多管齐下改造后的人民南路，白天的形象更加靓丽、提档，符合建设现代化

▲数字化城管

国际化的定位；晚上则霓裳炫动，显示出富有活力的城市中央商务区的新形象和时代感。

人民南路改造工程涉及的道路总长为5.3公里，属于武侯区的人民南路二段主要有四川大学华西校区的逸夫楼、校区大门、看台等，以及位于该路段的几家医院；三段主要有省体育馆、红色年代等；而四段建筑主要进行广告清理，重点是进行天府立交和人民南路二环路立交这两座立交桥的夜景视觉系统工程。

除了进行立面整治，道路的夜景视觉系统也在改造中升级换代。人民南路夜景视觉系统分为夜景照明与光彩工程两大部分，其中夜景照明系统设计方案在满足建筑、交通、城市管理及民政等相关要求的前提下，结合人民南路道路景观及建筑风貌特点，按照兼容并蓄、美观科学、相互协调的要求，采用先进理念和技术，高标准、严要求地实施。对人民南路夜景照明则突出展示人民南路的轴线夜景，选用技术先进、优秀节能的控制系统，包括重要节点、单体建筑、光源、控制系统。其中，控制节能系统10年不落后，保证光源耐久性和维护便捷统一。

提起二环路红牌路口，在成都工作和生活的人印象最深刻的是以家居卖场为主要业态的商圈，还有形态比较杂乱的建筑群落。这些印象随着2013年5月武侯区二环路沿线建筑立面整治工程的完工而发生改变。

二环路武侯段全长约5.6公里，占二环路总长的五分之一，分别是以红牌楼为节点的二环路西一段到二环路南四段，及以人南立交为中心的二环路南三段到二环路南一段。为进一步提升城市形象及国际影响力，充分展示武侯区独特深厚的文化，武侯区利用二环路沿线两侧的建筑风貌综合整治这一契机，提升区域城市形象。具体通过对城市固有建筑的改造，加入现代建筑的设计元素，体现时代的发展，实现城市沿街建筑风貌的连续性、统一性和多样性。

2013年2月，武侯祠大街外立面整治全面完工，涉及改造建筑30栋，改造面积约59 000平方米。武侯祠是承载千年文化的三国圣地，武侯祠大街是连接古今、贯穿南北的城市主干道，为彰显三国文化特色，在规划设计和建设工作中，武侯区通过对其背景文脉的梳理，将街道按“千秋序曲、蜀风礼义、万里古道”三个部分，分别进行了规划设计和打造。

2014 年 4 月 17 日，随着大石东西路道路路面改造工程的完成，大石东西路立面综合整治工程全面拉开帷幕。打造中将延伸浣花溪的古典风格，并引用一定欧式的国际化元素，大力改造沿线老旧建筑风貌。改造后，大石东西路成为继武侯祠大街后，成都市新添的又一条特色旅游街道。

规范商招店招旨在治理招牌乱象。2011 年 5 月，武侯区提出整治 75 条主街干道的商招店招，将以人民南路为主轴向东西两侧道路辐射，确定对玉林片区、跳伞塔片区和火车南站片区全覆盖实施商招店招规范整治，涉农区域也首次划入整治区，并在成都市首次补助自己更换店招的商家 100 元。对农民新居、新建楼盘都将提前介入，敦促开发商或物业管理部门统一对店招实施规划，完成基础框架。纳入全区商招店招规范整治的街道共 75 条，规范整治且配备光源的招牌共 3 917 块。

2013 年 3 月，武侯区强力推进商招店招的污损整治工作，对商招店招污损、脱落、设置不规范、霓虹灯缺笔少画等问题进行“治理”，确保中小街道招牌规范美化。

在治理招牌乱象工作中，武侯区继续完善商招店招的审批制，依据《成都市城市户外广告和招牌设置管理条例》(以下简称《条例》)有关规定，城市管理行政主管部门在收到业主设置申请 5 日内对申请进行审查，对符合规定要求的，颁发《招牌设置许可证》；对不符合规定要求的，应当说明理由。《条例》同时规定业主需要变更招牌的设置位置、规格、形式的，也应当到城市管理行政主管部门办理变更手续。

武侯区通过先期启动试点，给每一个符合规范的店招发放《招牌设置许可证》，试点成熟后在全市推广，商招店招管理开始走向规范化、景观化、特色化、现代化的管理之路。

整治夜间市容秩序

## “数字化”与“网格化”

### 武侯区城市管理全天无缝监管之路

武侯区以推广城市管理信息化为核心，围绕长效管理、精细化养护、人性化服务的城市管理要求，切实转变政府职能，创新机制体制，理顺关系、优化流程，不断提高公共服务效能，使城市管理在“作业、管理、执法、监督、评价”五个环节有机衔接，建立城市管理问题的发现、指挥、处理、反馈机制，促进政府调控机制与社会协调机制的互联，政府行政职能与社会自治功能的互动，政府公共服务与社会公众自律的互补，形成强化环境管理、改善公共服务的长效机制。

2006 年 9 月，我区全面实施数字化城市管理系统，使全区公共区域全部处于城管的“看护”之下，有效提升了城市管理的效率和监管。2007 年 7 月 22 日，武侯区数字化城市管理系统建设正式通过了国家建设部的验收。这标志着武侯区的城市管理无论在管理理念、管理体制和机制上，还是在管理手段上都上了一个新台阶，实现了对中心城区数字化城市管理网络的全覆盖。

武侯区目前已将全区 76.66 平方公里的范围划分成为 3 495 个万米单元网格，普查部件 207 467 个，全面完成了市政公用设施类、道路交通设施类、市容环卫设施类、园林和其它类等五大类 60 小类部件的确权工作，为全区的数字化城市管理工作打下了坚实基础。7 月初完成了数字化平台系统软硬件的安装、调试。此外，中心城区数字化城市管理监督员和信息员队伍的招聘、培训、上岗工作也于年内完成。目前整个系统在全市各区(市)县中率先与市级平台进行对接，并通过光纤电视网络系统实现与各街道办事处、区级部门的对接。

为整合这一平台，武侯区充分利用全区 400 个监控探头，24 小时对辖区大街小巷市容秩序进行监控，发现出摊占道、张贴牛皮癣、违法户外广告、违章建设等行为后，先进行图像固定取证，并及时通知所属街道执法人员到场处理；同时对执法人员的执法过程进行全程录像，避免了在执法过程中部分违章者和执法人员发生纠纷时无证可查的局面发生，为及时、高效地处理各类市容问题和有效调动执法人员积极性提供了保障，真正给老百姓一个明白，还执法人员一个清白。

## 第三节 街区特色化 武侯显魅力

一个街区有一个核心的灵魂:以戏曲音乐为代表、充满音乐符号的致民路音乐特色街区;以休闲、音乐、海派等元素为主题的鹭岛步行街区;以传统文化与现代时尚为代表的锦里步行街……武侯区从立面整治、道路改造、景观小品设置、增设居民休闲设施等方面对街区进行别具风情的全新打造,展现出独具地域文化氛围的成都风韵。

### 音乐文化街区 一座城市的呼唤与畅想

音乐是一个城市的情感表达,是一个城市感召力的释放点,是城市精神飞扬的翅膀。没有音乐的城市就像没有水一样无法生存和不可思议。一个街区有一个核心的灵魂,那么,武侯区"西部音乐文化街区",她的灵魂自然是那一个个灵动跳跃的音符……

提起四川音乐学院所在的致民路片区,人们会说,那里是专业的乐器销售街区,是中国"超女"的摇篮。2006 年 9 月作为成都市文化产业重点项目的致民路片区,随后又被列为全市优先打造的文化创意产业基地之一。

项目以四川音乐学院周边区域内的音乐文化资源和旅游资源为依托,充分发挥街区独特的区位优势,打造一个以城市音乐文化为特

致民路音乐文化街区

色，以商品音乐消费为导向，融音乐艺术创作、艺术交流、艺术狂欢和艺术展现为一体的音乐文化聚集区。改造后的致民路片区成了“中国数字音乐基地”、“西部音乐文化街区”、“中国音乐硅谷”、“锦城乐都”。这个片区独特的音乐气质和正在发生的巨变，是成都这座历史文化名城的呼唤与畅想……

历史文脉的传承，从文化到产业的繁荣与演绎。清末民国时期，以戏曲音乐为代表的近世俗乐充斥成都，尤其以安顺桥至九眼桥一带的锦江“老码头”最为热闹。每天上百条木船在这里停泊起航，来来往往，使这一带成为下层民众的“娱乐中心”。与此同时，新南门外的“扯谎坝”也应运而生，大批江湖艺人聚集在这里说唱杂耍，表演献艺。各种音乐艺术形式的集聚，使致民路片区成为当时成都声乐文化的前沿阵地。随着时光的远逝，如烟的往事在浩渺的寰宇中以剪影的姿态沉睡进历史，然而这种文化的余脉，在今天的致民路片区却得到很好的传承。

致民路片区内的四川音乐学院、四川艺术职业学院、川音大地综艺音乐进修学校等，几十年来培养出了无数声动世界的艺术家，使这里散发着浓厚的人文气息。院校内更是人才辈出，无数音乐家、戏剧家在此学习、工作；无数青年艺术工作者从这里走向世界。这里，可谓中国西部的音乐摇篮。

以浓厚的音乐气质和文化为背景，致民路片区激情演绎着文化产业的欣欣向荣，目前该片区已经形成了廊桥、乐器街、音乐广场等独具特色的音乐产业项目。同时调查显示，54%的市民认为致民路街区是成都最专业的乐器卖场，35%的市民认为是成都影响最大的区域之一。由此可见，该区域已经在成都乃至西南地区享有较高的声誉，在人们的心目中已经形成西南地区音乐产业的专业集中区域。

从历史文脉的传承到文化产业的繁荣，从历史的演变到城市文化精神的提升，致民路“音乐文化街区”逐步成型，并正在成长为新兴的文化产业。作为国务院首批命名的历史文化名城，市、区两级联动加快了文化产业跨越式发展，尤其是把致民路片区特色音乐主题的打造和产业规划发展，努力将其打造成成都亮丽的名片。

武侯区通过大力培育和引进音乐产业的其他行业，丰富和延长音乐产业链条。如音乐博览业、唱片业、演艺业等，一些电影公司、唱片企业对音乐街区表现出浓厚的兴趣。与此同时，2007 年，武侯区投入 2 500 万元全面启动了十二街、新生路、龙江路街道形象综治工程。整治工作主要内容包括三条道路范围内的立面整治、人行道铺装、店招以及店面、绿化等建设。街区的打造突出鲜明的音乐特色，以世界、中国音乐文化名人、名曲主旋律、音乐浪潮、音乐流派等为内容，在重要街头建立具有音乐标志的独立雕塑或墙面，在路标、广告牌等构造物上设计明确的音乐符号，在沿街面的楼房、商铺等建筑物上雕塑或绘画出有关音乐文化的装饰；并在适当的位置设计街头小景，以供游人休闲及音乐活动，让街区音乐形式更加符合人文特色。

在武侯区的精心谋划下，通过各级的全力实施，音乐文化街区必将成为一个文化与产业聚集的地方，一个音乐与时尚交融的殿堂。

武侯区在打造中及时为街区注入“活水”。音乐街区的外部打造实质就是对锦江沿岸进行打造，而要让音乐街区真正地活起来，而不是凝固的贝多芬，那就得为街区注入“活水”，让音乐真正地活起来。

陈涤是一名职业音乐人，不仅从事过摇滚乐的演奏和表演，而且还当过很多音乐比赛的评委。他认为，做音乐，重点在做什么，为什么要做，怎么去做，音乐街区的打造急需注“水”。陈涤认为，音乐街区的打造需要灵魂，需要使用更多的市场营销手段，需要搭建适合音乐发展的舞台，即剧场、演出厅、广场等场所，同时还需要音乐产业链的逐步完善。音乐街区外观的打造只迈出了音乐街区打造的第一步，关键是需要我们怎么去推动产业的发展，只要这些问题逐步得到了解决和完善，那么音乐自然会在街区里流动起来。在音乐街区的打造中，武侯区不断倾听圈内人士声音，让陈涤这样的职业音乐人参与街区打造前期策划。

陈涤不仅是职业音乐人，而且也是一个以音乐起家的商人。他曾在四川电视台《乐踢越红》栏目当江湖派评委，与学院派评委公然较过劲。如今，他也把自己的音乐咖啡屋开在了音乐街。除了经营几家咖啡屋，他日常还忙着打理自己的音乐公司。

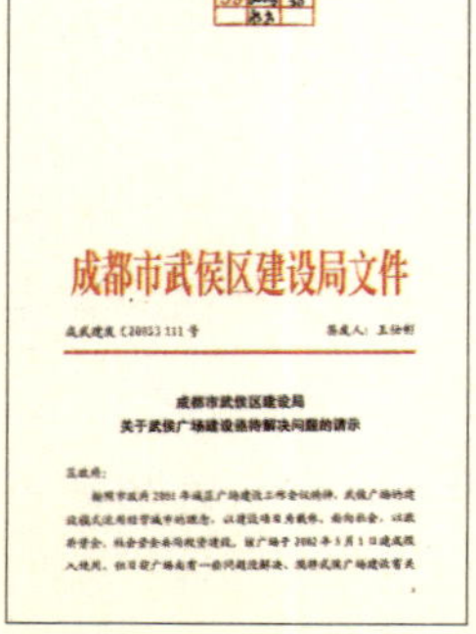
成都市武侯区建设局文件

成都市武侯区建设局
关于武侯广场建设亟待解决问题的请示

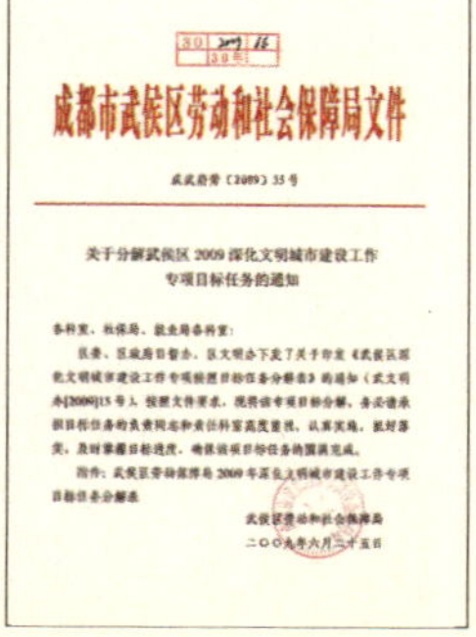
成都市武侯区劳动和社会保障局文件

关于分解武侯区2009深化文明城市建设工作
专项目标任务的通知

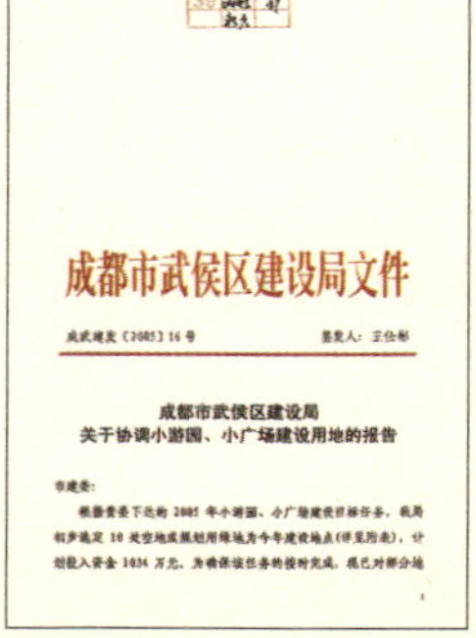
成都市武侯区建设局文件

成都市武侯区建设局
关于协调小游园、小广场建设用地的报告

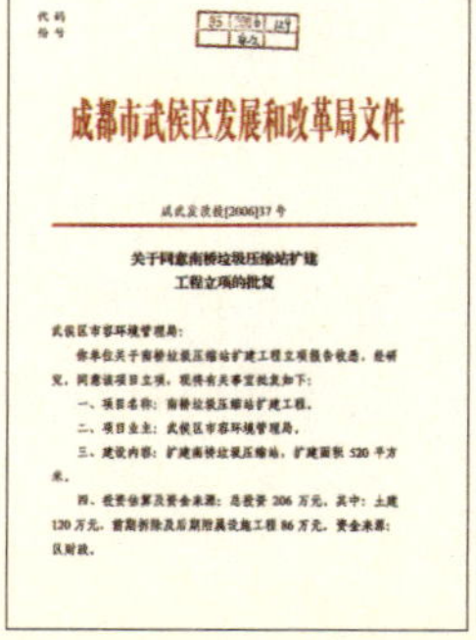
成都市武侯区发展和改革局文件

关于同意南桥垃圾压缩站扩建
工程立项的批复

▲鹭岛步行街

四川大学文化产业研究中心主任、博士生导师蔡尚伟认为，武侯区在打造文化产业方面所具有的先天优势，是同城其他区域无法企及的，几大文化品牌都是响亮的；比如三国文化、川大品牌和川音品牌，而超女的评选更让四川音乐学院在通俗音乐方面的知名度迅速提高，至今仍余波未平。打造音乐街区非常及时，也是顺理成章的事情。

## 鹭岛步行街　缔造商业街区传奇

国际知名的商业街区包括香港铜锣湾商业街、新加坡乌节路、法国巴黎香榭丽舍大街等商业街区，这些街区以商业的精致业态、深厚的文化底蕴作支撑。那里不仅是世人喜欢的购物天堂，更是难得的观光景点。以休闲、音乐、海派等元素为主题的鹭岛步行街缔造了成都市现代商业街区的传奇，成了展现成都市现代化和国际化的一张城市文化名片。

斜阳下，外双楠的鹭岛步行街沉浸在经典的欧美钢琴曲里，欧美风格的钟楼、咖啡厅坐落在鲜花的海洋里，透过花丛中金黄色的芦苇看出去，超大 LED 显示屏播放着高清的欧美风光片。

坐在这样的街区品味咖啡，可以散去一天的劳顿，感受到浓浓的异国风情，这就是被业界称为“成都市第三张名片”的鹭岛步行街。

这里没有太多的茶楼、中餐馆等成都本土符号，而是汇聚了国际成熟商业街区的特色，街区的每个细节均精雕细琢，这里当之无愧地成了成都商业街区的典范之作。

然而之前这里则是民房、厂房、农田等混杂的城郊结合部，谁也没有想到短短几年时间，竟然发生了如此大的变化。这一切变化缘于红牌楼商圈的规划打造和厦门滕王阁地产集团的到来。

鹭岛步行街的成功打造离不开红牌楼商圈的科学规划和政策引导，离不开成都滕王阁房地产开发有限公司的超前规划。该公司全部持有商业街区物业，不惜重金聘请设计过迪士尼景观的美国易道（EDAW）公司担纲街区的景观设

锦绣路银杏街区

计。从街区保洁绿化、商业业态引进、推广活动的开展等方面进行了合理调整，他们最终调出了商业街区的共生发展系统。

只租不售的物业运营模式。受资金实力、商业街区运营等因素的影响，大多数房地产开发公司选择了出售物业，为高品质商业街区的打造埋下了后遗症。各自为政的商业业态和建筑形态规划破坏了商业街区的统一性，因而这些低水平打造的商业街区难以释放出品牌价值效应。

成都打造具有国际化的商业街区缺乏可以借鉴的现成经验，2008 年以来，厦门滕王阁地产集团 CEO 王强博士相继率队到欧洲、日本、美国等地学习考察，着力研究了打造商业街区的成功经验。为了打造与国际接轨的商业街区，他们重金聘请了美国易道（EDAW）公司担纲街区景观设计，确保了步行街外立面风格的一致，实现了建筑外立面、材料选择、色彩搭配的有机统一，街区进而形成了海派的整体文化风格。

根据他们与入驻商家达成的租约协议，所有商铺店招和外立面装饰必须按照统一风格进行设计和施工，并经开发商验收认可，商家墙面挂花的颜色也必须符合招商合同的要求。

他们与商家达成了租期约 10 年的入驻协议，商家要转租必须与公司协调，新入驻的商家也必须符合区域的总体规划。这样的约定确保了街区整体风格不受破坏，实现了街区商业业态合理而科学的布局，同时实现了符合街区定位的高端商业业态的聚集。

规划引领下的商业街区，成都滕王阁房地产开发有限公司决定打造国际化的商业街区不是空穴来风、凭空造城。他们提出这样的规划思路受到了居住在鹭岛国际社区的 100 多户外籍业主和众多白领人士的启发，相继引进了星巴克、欧洲房子、米兰等国内外知名的 9 家咖啡屋，还有卓锦、柴门等具有较大影响力的餐饮机构，从而避免了低端业态进入这个高端商业街区。

考虑到成都居民与欧美人一样喜欢到户外空间休闲的习惯，他们在商业街区打造之前，就预留了商家的户外空间，消费者可以在商家门前的小院或木制平台品茗咖啡。为了确保鹭岛步行街的可持续发展，他们经常与商家和住户协调如何维护商业街区的整体形象和风格，实现了商家、住户、市民的和谐相处。开发初期，开发商就有意识地避免了商业街区与住宅区域因靠得太近而影响到小区居民正常生活的情况出现，特别避免了油烟及噪音等扰民因素的出现。

细致入微的街区运营。商业街区的成功打造不仅需要开发商打造一流的建筑形态，科学而合理地规划商业业态，引进符合街区规划的知名企业，更考验着街区运营方的智慧。关注商业街区的每个细节，要让在街区休闲的艺术家、外企高管以及前来消费的市民能在这里感受到生活的幸福，体验到生活的艺术，确保城市里面有这么一块能安放心灵的净土，真正做到鹭岛是一个来了就不想走的地方。

成都滕王阁房地产开发有限公司对街区的运营可谓细致入微：街区内不得随意停放汽车，只允许少量的符合区域氛围的跑车等高端车辆停靠在指定位置；街区内摆放有足够多的供行人休息的座椅，前来游玩的市民能停下来享受街区的美景；每棵行道树下的泥土不裸露出来，泥土上覆盖有草皮或树皮；街区内超大 LED 显示屏绝不播放任何商业广告，音量调到足够小，以免影响附近居住的业主和前来游玩的市民。

为了给街区注入更多的国际元素，他们除了在街区播放欧美的经典音乐，在钟楼旁边的超大显示屏播放旖旎的欧美风光片以外，还在街区开设有“鹭岛看世界”、“鹭岛论坛”等阅读栏，以图文并茂的方式适时展示国外最新的文化动向。

个性文化注入街区活力，成功运营的商业街区不仅具备浓郁的商业气息，同时处处彰显着浓郁的文化内涵。在徐冰的眼里，成功的商业街区典范是像美国洛杉矶卡梅尔小镇那样能让人感受到浓郁文化气息的街区，那里应该是一个来了就不想离开的地方。走进这个区域，不仅能让市民感受到浓浓的欧美风情，

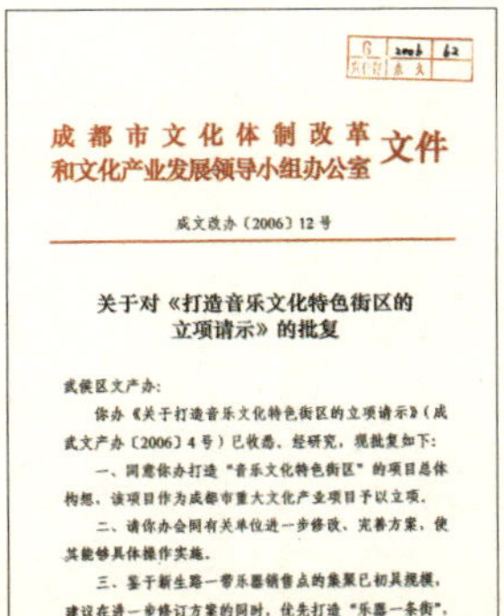
成都市文化体制改革和文化产业发展领导小组办公室文件

成文改办〔2006〕12号

关于对《打造音乐文化特色街区的立项请示》的批复

武侯区文产办：

你办《关于打造音乐文化特色街区的立项请示》（成武文产办〔2006〕4号）已收悉。经研究，现批复如下：

一、同意你办打造“音乐文化特色街区”的项目总体构想，该项目作为成都市重大文化产业项目予以立项。

二、请你办会同有关单位进一步修改、完善方案，使其能够具体操作实施。

三、鉴于新生路一带乐器销售点的集聚已初具规模，建议在进一步修订方案的同时，优先打造“乐器一条街”，年内完成实施；项目引导经费按文化产业项目申报程序申

1

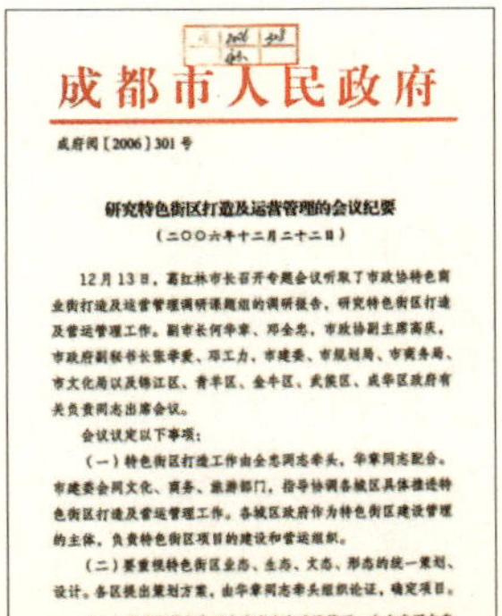
成都市人民政府

成府阅〔2006〕301号

研究特色街区打造及运营管理的会议纪要

（二〇〇六年十二月二十二日）

12月13日，葛红林市长召开专题会议听取了市政协特色商业街打造及运营管理调研课题组的调研报告，研究特色街区打造及营运管理工作。副市长何华章、邓全忠，市政协副主席高庆，市政府副秘书长张学愚、邓工力，市建委、市规划局、市商务局、市文化局以及锦江区、青羊区、金牛区、武侯区、成华区政府有关负责同志出席会议。

会议议定以下事项：

（一）特色街区打造工作由全忠同志牵头，华章同志配合。市建委会同文化、商务、旅游部门，指导协调各城区具体推进特色街区打造及营运管理工作。各城区政府作为特色街区建设管理的主体，负责特色街区项目的建设和营运组织。

（二）要重视特色街区业态、生态、文态、形态的统一策划、设计。各区提出策划方案，由华章同志牵头组织论证，确定项目。

（三）要重视特色街区方案审查和建设管理。由全忠同志牵头，市建委为主组织实施，确保项目质量、安全、品质，市政府

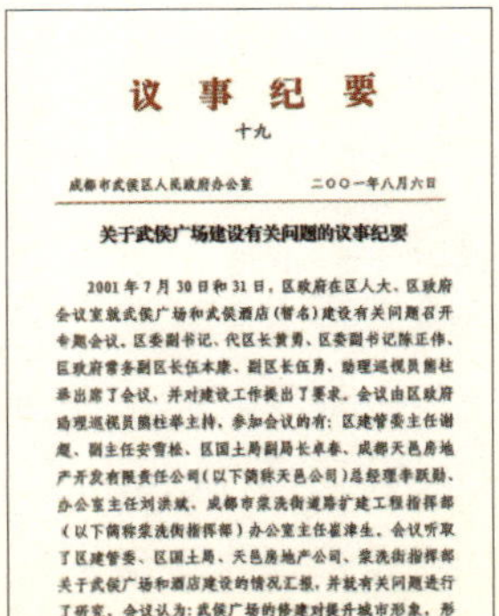
议事纪要

十九

成都市武侯区人民政府办公室　　二〇〇一年八月六日

关于武侯广场建设有关问题的议事纪要

2001年7月30日和31日，区政府在区人大、区政府会议室就武侯广场和武侯酒店（暂名）建设有关问题召开专题会议。区委副书记、代区长黄勇、区委副书记陈正伟、区政府常务副区长伍本康、副区长伍勇、助理巡视员熊柱华出席了会议，并对建设工作提出了要求。会议由区政府助理巡视员熊柱华主持，参加会议的有：区建管委主任谢超、副主任安雪松、区国土局副局长卓春、成都天邑房地产开发有限责任公司（以下简称天邑公司）总经理李跃勋、办公室主任刘洪斌、成都市浆洗街道路扩建工程指挥部（以下简称浆洗街指挥部）办公室主任崔津生。会议听取了区建管委、区国土局、天邑房地产公司、浆洗街指挥部关于武侯广场和酒店建设的情况汇报，并就有关问题进行了研究。会议认为：武侯广场的修建对提升城市形象，形成区域活动中心，有效地联接起城南商务圈，具有十分重

1

还可以感受到音乐等高雅艺术带来的文化气息。

音乐是高品质生活不可缺少的"软件",鹭岛步行街实现了音乐艺术与商业街区的完美融合。步行街每个月都会定期举办主题背景音乐活动,定期派专人到香港去选购欧美原版的古典和最新时尚演唱会的DVD和CD供街区内的LED大屏幕播放。自2011年11月12日鹭岛步行街开街以来,步行街相继举办了近20场艺术沙龙活动,包括音乐剧、交响乐、西方绘画、厦门—成都双城文化、音乐与投资等类型的活动,薛伟、黄滨等国内一流的小提琴演奏家曾应邀前来表演。这些艺术沙龙活动确保了商业街区文艺活动的可持续性。

如果把商业街区分为传统和现代两大类,鹭岛步行街便是洋溢着国际气息的现代商业街区。欧美等古典音乐的融入为街区注入了新的生命力,也充分展现了成都这座极具包容性和开放视野的国际大都市形象。

商业街区是具有共生效应的商业群落,这样的群落需要文化来维系。如今商业街区已经不是冰冷的建筑,而是一个区域文化符号的象征。传统商业街区里游客如织,而现代商业街区更显安静,成了都市里某个人群的心灵港湾。

鹭岛步行街成为集中展现成都市现代化和国际化元素的城市名片,如今鹭岛步行街正对外释放着成都市现代商业街区的独特魅力。

## 最美街道　承载武侯新风貌

2011年4月,"四川最美街道"大型公益评选活动中,近百万读者网友纷纷把最能体现一个城市特色、最能体现城乡环境综合治理成果、最能体现历史文化等特点的最美街道进行推荐,武侯区的大学路、锦里、武侯祠大街、人民南路、锦绣巷五条街道进入100强名单,受到广大市民和网友赞誉。

如今的大学路,有象牙塔的味道。白色波纹状的阳台外观,鲜艳的红色屋檐,高大的梧桐树,经过对路面、楼房墙体的改造,整个街道显得亮堂、气派,品位十足。

大学路文化特色街区2006年10月启动打造。改造之前街道两旁的路面狭窄,道路边川大的老建筑楼的窗户还是木质框架,大多数雨篷七零八落,整个大楼外观显得陈旧。

大学路区域的形成与1910年华西协和大学建校同步,校园建筑多是当年传教士修建的校舍,建筑风格中西合璧,时代特点明显,被称为"中国式新建筑"。大学路原是当年校园内的一条路,如今在其南面、北面和西面,仍有十余处当年的建筑遗址。

大学路文化特色街区

大学路宽约 20 米，全长约 800 余米，共植 2 排 116 棵梧桐树，最初因毗邻当年的华西协和大学（现四川大学华西校区）得名。经过“整容”后，这栋老楼建筑立面颜色为灰白色，且绘制成小条砖的样子；统一的铝合金门窗，每个窗户外还将设置栅栏形的白色窗台。现在整个老建筑宏伟而有气势，更有象牙塔的味道了。

大学路是成都市唯一体现学院风格的特色街区，设计的主要理念是把美好的东西从象牙塔中释放出来，与市民共享。大学路文化特色街区在设计上，既尊重历史和自然，又尽量注重华西古建筑的透空以及与外界的环境呼应。从美学角度挖掘人文积淀，还原成都历史。

同时，为保留街道两旁上百棵的百年梧桐树，许多道路方向都因此做出相应的改变，以维护其完整性。此外，改造所用的青石、砂石和麻石等，绝大部分都是四川的传统石材，目的就是为了打造地道“成都味”的川西风格建筑。四川最美街道评选，大学路当仁不让。“很多人不了解大学路，不懂它的文化内涵。最美街道不仅仅要风景美，更要有丰富的文化底蕴，那才是内外皆美。”

人民南路的知名度早已声名远播。拥有“天府第一大道”美誉的人民南路，既是成都对外开放的窗口和形象大道，又是成都逐渐国际化的见证。

作为从机场坐大巴驶入成都市中心的必经之路，人民南路沿线的景观，让不少外地游客连声惊叹。“整条街宽敞大气，两边的高楼大厦凸显出时尚都市气息，而街道上的绿化设施绝对是点睛之笔。”这条街会让不少外地游客给成都的第一印象打出高分。不光是外地游客惊叹，成都市民也同样对这条街满怀好感：“走人民南路，感觉有点像逛公园，绿树红花搭配起，很巴适。”

为了打造出让外地、本地人都满意的效果，武侯区付出了很多。人民南路武侯段长 4.2 公里。当时在绿化设计时，考虑到人民南路是“天府第一大道”，需要大气壮观，除雪松、银杏和三叶木外，每隔几米，就设置一个木质“花箱”，随季节变换栽种各式花草。改造后的人民南路，白天更加靓丽，符合建设现代化国际化的定位；夜晚更加灵动，显示出富有活力的城市中央商务区的新形象和时代感。

锦绣巷的银杏大道一到深秋，高处满树金色，地面成片落黄，带给市民的是独特的浪漫气息。在四川最美街道评选中，很多市民力挺武侯区在跳伞塔街道锦绣巷和锦绣街打造的“银杏特色文化街区”。

2009年，有网友来到锦绣巷拍摄银杏黄叶，把所拍摄的金黄色银杏落叶美景发到网上，希望环卫工人不扫银杏落叶，立即得到众网友支持，锦绣巷和锦绣街自此名声大噪。这引起了区有关方面的重视，并顺应民意顺势而为，在银杏街区落叶期间，实行只捡不扫，创造性地打造出了深秋初冬季节都市里独具特色的银杏观赏景点。如今的以“银杏”为主题的特色休闲街区，锦绣街及周边500余米银杏景观带，突出银杏主题。同时对街区进行整治和立面美化，完善功能配套，将景区800余米围墙改造成景观围墙，以中心游园为核心景观，设立多处休闲座椅；并围绕“赏杏”、“知杏”、“品杏”等主题，在景观围墙上艺术雕刻展示宣传银杏文化。

现在的锦里，是一条繁华的步行街。街道两旁的建筑为清末古典风格，精致华美，布局严谨有序，茶楼、客栈、酒楼、酒吧、戏台、工艺品商店错落有致。这里喧闹、活泼，有着浓厚的市井味道，漫步其中，便可悠然品味老成都浓浓的生活气息。

青烟袅袅，微波荡漾，水的灵动本来就会让城市显得更加大气，水天连成一

『天府第一大道』的人民南路

人民南路繁花似锦

体，再加上建筑的点缀，这样的街道自然会显得更漂亮；加上灯光的考究，锦里的夜景煞是夺人眼球。

“古街锦里，很多小巷子很不错，充满了浓厚市井气息，很有人情味。”不少市民说，“四川最美街道”不仅要高楼林立、干净整洁、设施齐备，而且要古朴纯净、绿树成荫、小桥流水。

锦里汇集了上百种四川特色小吃，遍布着各式各样的酒吧，现代风情与古朴建筑精妙地融为一体，使得锦里悠闲安静的氛围具有了把人们从都市的喧嚣中剥离出来的独特功能。

武侯祠大街横亘于武侯区的中心地带，沿路展开的武侯祠中外闻名，三国城界碑巍然耸立；“天下要都”不夜城包罗吃喝玩乐，商业网点星罗棋布。建区以来，在整治武侯祠大街时，围绕三国蜀汉文化打造充满古蜀韵味的历史文化街区，武侯区做足了功夫。

武侯祠大街入选四川最美街道，主要是街道充满三国历史文化特色，徜徉在武侯祠大街，就宛如回到了三国。武侯祠大街的建筑是现代文明与蜀汉文化的融合，它与武侯祠的三国文化融合一体，烘托出了整条街浓郁的蜀汉文化气氛，也使之成为武侯区一道亮丽的风景线。

除武侯祠大街外，蜀汉街、瓦子堰巷等许多从历史中走来的街巷，也在保护与改造中焕发出时代的辉光而又不失悠远的底蕴，成为武侯区一个个亮点、一张张名片。

“四川最美街道评选“得到了广大市民和网友的大力支持，武侯众多街巷高票上榜，正是对武侯区多年来注重区域品质打造的最好回报。如果用最美街道既要传承中华民族的民风、民俗、民貌，又要有与时俱进的现代街道的时尚；既要注重街道本身的历史风貌，也要考虑街道承载的市民精神风貌的标准衡量，武侯区这些年的城市建设与改造，成效是实实在在，品质提升更是有目共睹的。

# 后记

经过多年高速发展,中国社会已初步积累了全方位关注民生、改善民生的现实基础。党的十八大更是提出通过创新社会管理,加强社会建设,全面改善民生的目标。

武侯区地处水旱从人的成都平原核心地带,建区以来,区委区政府带领全区人民艰苦创业、实干苦干,坚持科学发展,推动了经济社会的长足进步,区域民生改善也走在了西部地区的前列。在此过程中,积累了大量记录武侯发展的文史资料。作为一个区域的档案管理者,我们深深感到,系统地专注于武侯民生的书籍尚付阙如。我们认为,民生工作的特点是"润物无声",但档案工作则应该让作为一切工作落脚点的民生工作"雁过留声"。为此,在2012年年底,区档案局把编辑出版系统记录武侯区民生工作书籍提上了重要的工作日程。经过将近两年的策划筹备、采写搜集和审稿编辑,《润物无声——武侯区民生档案略览》终于走向了读者。

在此书编撰中,面对可歌可泣的历史画面,面对浩如烟海的原始资料,如何既保持全书档案记录的严肃性,又使之具有一定可读性、趣味性,是编撰者必须考虑的问题。根据本书以档案为底色、叙事为特色的特点,编撰者在大量搜集占有原始资料的基础上,遴选出最能代表武侯区不同阶段事关民生改善的重要事件作为切入点,以点成线,以线成面,从而达成从不同方面真实直观反映民生工作进程的目的。

经过艰辛的努力,现在呈现在读者面前的《润物无声——武侯区民生档案略览》,分别从教育发展、就业增收、城乡保障、人民健康、文化惠民、便民利民、社会管理、平安建设、品质城市、宜人环境10个方面,记述了建区20多年来民生工作中的重要事件和重要节点。记录历史、启迪当前、面向未来是本书编撰的宗旨。当然,由于占有材料的局限,也囿于编撰者本身的水平,本书的微瑕在所难免。我们感到问心无愧的是,我们的初衷是美好的,我们的付出也是真诚的。

**武侯区档案局**